I0815031

LATINAS IMPARABLES

VALERIA ALOE

LATINAS IMPARABLES

UNA GUÍA REBELDE PARA ALCANZAR EL ÉXITO PROFESIONAL

Créditos de portada: © Genoveva Saavedra / aciditadiseño
Ilustración de portada: © iStock / Hammad Khan y Evgenii Brotsmann
Fotografía del autor: © Mike Peters, 2024
Diseño de interiores: © Juan Carlos González Juárez

Bajo el sello editorial PLANETA M.R.
Avenida Presidente Masarik núm. 111,
Piso 2, Polanco V Sección, Miguel Hidalgo
C.P. 11560, Ciudad de México
www.planetadelibros.us

Primera edición impresa en esta presentación: septiembre de 2024
ISBN: 978-607-39-1049-1

Impreso en los talleres de Bertelsmann Printing Group USA
25 Jack Enders Boulevard, Berryville, Virginia 22611, USA.
Impreso en U.S.A - *Printed in U.S.A*

A nuestros ancestros,
cuyos sacrificios allanaron el camino
para que estemos donde estamos hoy.
Que, en su honor,
nos permitamos disfrutar plenamente
de nuestra propia travesía.

Índice

Índice

Debido a lo complejo que resultaría utilizar cada uno de los términos *latinas, latinos, hispanas, hispanos, latinx,* y *latine* repetitivamente a lo largo de este libro, la autora ha simplificado su uso bajo los términos *latinas* y *latinos.* De esta forma busca respetuosamente representar los diversos grupos que componen nuestra comunidad, manteniendo la fluidez literaria.

Introducción

Son las tres de la mañana de una noche helada de febrero de 2016 en Nueva Jersey. Aquí estoy, en la hora más oscura de la noche, tan oscura como el momento que estoy atravesando en mi vida. Como hija de una familia trabajadora y la primera en acceder a una educación universitaria y a empleos corporativos en empresas de primera línea, lo di todo por triunfar en espacios que se sentían muy ajenos a mis humildes orígenes. Empujé tanto, sacrificándome más allá de lo humanamente posible, que terminé cayendo en un agotamiento físico, mental y emocional sin precedentes.

Durante décadas había agachado la cabeza ante las voces internas y externas de desaprobación, mientras cargaba mi acento de migrante como una fuente secreta de vergüenza, sintiendo a cada paso que debía estar agradecida porque *se me permitía vivir en este país,* aun cuando estaba aquí legalmente. En mi esfuerzo por silenciar esa turbulencia interna e incómoda viviendo dentro de un sistema que nunca acababa de aceptarme, me refugié en lo que mejor sabía hacer, aquello que había aprendido de nuestra cultura latina: trabajar duro.

Las consecuencias fueron nefastas y mi caída al vacío, oscura y profunda, casi inevitable. Había llegado a un punto de inflexión en mi vida y las cosas ya no serían como antes. Estaba quebrada por dentro. En el silencio de esa noche ahogo un grito de impotencia para no despertar a mi familia y, entre lágrimas, me pregunto cuando acabará esta pesadilla. Ya no sé quién soy ni adónde voy.

Tras 15 años en Estados Unidos y después de haberlo dado todo para sentirme apreciada, valorada y bienvenida, he perdido el rumbo. Estoy hundida en una experiencia muy diferente a la que imaginé cuando, con grandes sueños y pocas maletas, llegué a este país en 2001 para completar una maestría en Negocios en una universidad Ivy League. Un sistema brutalmente distinto al de donde provengo se encargó de «ponerme en mi lugar», uno que se siente demasiado reducido si lo comparo con todo lo que imaginé lograr cuando pisé este país por primera vez. Me siento inferior, diferente y fuera de lugar. En esta oscuridad que parece no tener fin, las experiencias de los últimos años giran vertiginosamente a mi alrededor y unas voces que vienen de lo más profundo me taladran los oídos sin piedad.

Tú no perteneces aquí. En el fondo sabes que no eres una de nosotros. Regrésate al país de donde has venido.

A nadie le interesa lo que puedas aportar. No olvides que vienes de un país tercermundista.

La gente como tú no llega muy lejos, ¿sabes? Observa... ¿Acaso encuentras mujeres latinas como tú en esos espacios a los que has aspirado a llegar?

Estoy harta de estas voces y de que tras 15 años en este país aún no me sienta en casa, ni bienvenida ni valorada por quien realmente soy. He malgastado demasiada energía intentando ser alguien diferente para recibir ese sello de aprobación externa, poniendo a otros por encima de mis propios sueños y mis necesidades una y otra vez. Poniéndolos, incluso, en pedestales.

Una sensación de impotencia desesperante se suma a mi profundo agotamiento. Empujo hacia abajo todo lo que siento, lo escondo en algún lugar profundo de mí, para que nadie note el peso que cargo. Al final de cuentas, «de eso no se habla». Nuestra cultura nos ha enseñado a callar.

Por más que lo intento, no he podido acoplarme a un molde de éxito diseñado para personas distintas a mí. Aquel «Serás la primera de nuestra familia en ir a la universidad» y el «Eres un orgullo para todos nosotros, vas a lograr los sueños de los abuelos», ya no me alcanzan para seguir empujando hacia adelante. Estoy en un punto de inflexión en mi vida. De pronto, una voz muy tenue me susurra que tal vez, algún día, las cosas podrían ser diferentes.

* * *

—Valeria, ¿has terminado de cubrir tus temas y proyectos? —preguntó el jefe de Operaciones de la empresa para la cual me desempeñaba en aquel momento como directora de *Marketing*. Ese fue el último trabajo corporativo que tuve antes de mi colapso. Yo era una de las pocas mujeres en la empresa, y la única latina.

—Sí, eso es todo lo que tenía para hoy. Gracias por su tiempo —agradecí al equipo de 12 personas que se encontraba del otro lado de la línea telefónica. Llevar adelante esa reunión desde mi casa era inusual, pero no había tenido otra opción, ya que mi hijo menor, entonces de 4 años, había tenido una fiebre repentina por la noche.

—Muy bien —dijo en tono cortante el jefe de Operaciones, a quien la mayoría de las personas en la mesa no solo respetaban, sino más bien, temían—. Ahora puedes regresar a cocinar y a encargarte de tus hijos.

Me quedé totalmente en silencio, casi petrificada... ¿Había escuchado bien? Sí, había escuchado bien. Entre la vergüenza y el haber sido tomada por sorpresa, me quedé sin palabras.

«Déjala pasar —dijo dentro de mí esa voz tan conocida cuando pude reaccionar—. No te conviene decir nada, o te pondrás la carátula de problemática y frenarás tu carrera. Al final, él tiene mucho más poder que tú». Con el nudo en el estómago que aparecía cada vez que me tragaba mis palabras y emociones en lugar de expresarlas, respiré hondo y colgué. Meses más tarde toqué fondo.

Alrededor de la misma época, Natalia, quien creció en los Estados Unidos bajo el cuidado de su madre soltera inmigrante de Colombia, pasó por una experiencia similar.

Natalia también fue la primera en su familia en graduarse de la universidad en los Estados Unidos, convirtiéndose en una de las pocas ingenieras latinas en un océano interminable de hombres blancos que formaban parte del personal de la planta de una reconocida empresa petrolera. Como muchas de nosotras, primeras de nuestra familia en aventurarnos a nuevos territorios, Natalia no contaba con un mapa de ruta que la guiara para navegarlos. Pero Natalia sabía algo, y lo sabía muy bien: para triunfar, tienes que hacer tu trabajo con compromiso y atención al detalle. Tienes que generar confianza en tus jefes y demostrarles que pueden asignarte proyectos con oportunidades de crecimiento. Su compromiso de sobrepasar objetivos captó la atención de sus jefes, quienes la eligieron para viajar a Múnich, Alemania, como parte de una comitiva de siete personas encargadas de adquirir maquinaria de última tecnología. En el viaje iban seis ingenieros y Natalia, la única mujer y la única persona latina del grupo.

—Lo que estás diciendo no es relevante y no tenemos tiempo para eso ahora. ¡Cállate!, ¡necesito pensar! —lanzó el líder de proyecto, un ingeniero peruano-americano, en un tono cortante y despectivo. Había interrumpido a Natalia, quien explicaba su posición acerca de las posibles desventajas de uno de los equipos que estaban evaluando.

Ella sintió que el cielo se le caía encima. Se quedó tan helada como yo aquella vez ante el jefe de Operaciones. Había trabajado muchísimo para llegar a ese puesto, y a cada paso le había tocado enfrentarse con la resistencia de los hombres que no estaban acostumbrados a recibir pedidos e instrucciones de una mujer latina más joven que ellos.

Sin saber que hacer, Natalia optó por el silencio, aun sabiendo que ese incidente pondría las cosas más difíciles para ella. Su credibilidad estaba en juego.

Natalia y yo no estamos solas. Y tampoco lo estás tu. A estas alturas, millones de mujeres latinas nos enfrentamos a situaciones como estas, ante las cuales tendemos a refugiarnos en nuestro comportamiento cultural de «Agacha la cabeza y trabaja más duro» y en la actitud de «Muéstrales con más trabajo y con mejores resultados aquello de lo que eres capaz». Pero esto no es sostenible. Nuestra inclinación cultural a dedicarle más horas y más espacio mental al trabajo, combinada con el desgaste del estrés y las microagresiones, tiene un impacto negativo en nuestra salud mental.

En el siglo XXI las mujeres latinas seguimos viviendo en modo de supervivencia. Sobrevivimos en lugar de vivir plenamente. Con eso de darle aún más duro al trabajo, seguimos intentando empujar por donde claramente no nos funciona, sin saber exactamente qué es lo que podríamos hacer diferente. Y con esto ponemos en riesgo nuestra salud mental y física, como me ocurrió en aquel 2016 cuando, luego de décadas de presión por triunfar en un sistema en donde no me sentía bienvenida, valorada ni apoyada, colapsé con aquel estrés crónico.

Si te sientes identificada con mi experiencia o la de Natalia, quiero que sepas que no estás sola. Nuestra supervivencia es colectiva y heredada. La supervivencia es colectiva, ya que no importa cuál sea nuestro país de origen, nuestro color de piel, nuestra orientación sexual, nuestro idioma de preferencia o nuestro nivel educativo, ya que, como latinas, compartimos el vivir en modo supervivencia. Lo cargamos como un rasgo cultural colectivo que influye en nuestra forma de pensar, sentir y actuar. Y la supervivencia es heredada porque fuimos testigos inmediatos de cómo nuestros ancestros, con muy pocos recursos, debieron enfrentar grandes desafíos y traumas, ya fuera en nuestros países de origen o como migrantes en los Estados Unidos. Muchos de ellos fueron silenciados, minimizados, ignorados y hasta descartados por un sistema americano que no les dio la bienvenida con los brazos abiertos. Sus hijas, como tal vez sea tu caso, no solamente fueron testigos del maltrato, sino que en numerosas ocasiones tuvieron que traducirlo palabra por palabra. Al observar a nuestros ancestros en sus luchas, una parte muy profunda dentro de nosotras creyó que la supervivencia también sería nuestro destino. Por todo eso, podemos estar cargando los traumas y miedos de nuestros ancestros en nuestro ADN, muchas veces de forma inconsciente.

En el choque entre dos culturas de las cuales una es catalogada como claramente superior a la otra, absorbimos cual esponjas mensajes de inferioridad al ser comparadas con el modelo de perfección y éxito de este país: las mujeres y los hombres blancos no latinos. Así, pues, nos cuestionamos innumerables veces si tenemos las cualidades para triunfar en este país, nos sentimos incómodas a la hora de hablar de nuestros talentos y éxitos porque nos parecen insuficientes o nos refugiamos en el silencio cuando enfrentamos situaciones que percibimos como amenazantes, aun cuando ello implique que se nos caracterice como poco preparadas para dar un próximo paso profesional. La supervivencia nos persigue silenciosamente a cada sala que entramos y busca mantenernos en un pasado que ya no nos pertenece pero que nuestra mente y nuestro corazón aún no han superado.

En aquella noche helada del 2016, me aferré desesperadamente a lo único que podría ayudarme a salir de aquel pozo: mi espiritualidad. Con el afán de demostrar mi valor y ante la incesante necesidad de ir por más, había dejado de lado mi relación con esa parte más profunda de mi esencia. Creo que por eso perdí mi rumbo: dejé de quererme, valorarme y sentirme digna. Cambié mi espiritualidad por buscar la perfección inalcanzable y por conseguir la valoración de los demás, cuando yo misma no me la daba.

Aquella noche marcó mi vida para siempre, porque en esa oscuridad aprendí a pedir ayuda.

«Quisiera saber hacia dónde dar mi próximo paso. Necesito una señal», rogué con desesperación a la energía creadora que yo llamo Dios y otras personas llaman de cientos de formas diferentes. Si hasta aquí nada parece haber funcionado, ¿qué puede funcionar? ¿Dónde está la salida de toda esta oscuridad y sensación de fracaso?

A la mañana siguiente, cuando encendí mi teléfono para ver la hora, encontré dos *emails* que habían llegado durante la noche. El encabezado del primero decía «Cuenta tu historia», y el del segundo, «Publica un libro y deja un legado».

Y aquí estamos.

Los años que siguieron no fueron fáciles. Fueron años de tomar conciencia de todo aquello que me había llevado al colapso. Me dediqué a entender las formas de pensar y actuar que me habían empujado a semejante sufrimiento. Me sumergí de lleno en comprender las diferencias culturales que hacen que nos sintamos inadecuadas e infravaloradas como inmigrantes e hijas de inmigrantes. Y en el proceso, aprendí que este es mi país. Que aquí pertenezco y que aquí merezco alcanzar mi potencial y ser feliz. Al quitarme de encima las capas de condicionamiento cultural y el adoctrinamiento en la inferioridad, en el silencio y en el servicio con las que había crecido, logré reconectar con mi verdadera esencia, aprendiendo a amar a la persona que soy y sanando de a poco mi autoestima y mi valía.

En el proceso tuve la bendición de cruzarme con cientos de mujeres latinas que me enseñaron las lecciones de vida más profundas, las que en general no compartimos entre nosotras, ya sea porque estamos demasiado ocupadas en la lucha de abrirnos camino, o por nuestra mentalidad de escasez. De ahí mi decisión de dejar este legado para ti, particularmente si eres la primera en tu familia en navegar espacios que no estuvieron al alcance de tus ancestros y te encuentras luchando por ser aceptada, escuchada o valorada por quien tú eres, como Natalia, como yo y como tantas mujeres que conocerás en estas páginas.

El camino que recorreremos en este libro seguirá una ruta de profunda transformación. Comenzaremos por examinar nuestras sombras individuales y colectivas, el trauma intergeneracional que arrastramos, y las muchas formas en que nuestro pasado cultural sigue marcando nuestro presente, llevándonos a luchar y a sufrir más de lo que deberíamos. Luego nos embarcaremos en entender cómo podemos cambiar la realidad comenzando por nuestro interior, reprogramando nuestras mentes y corazones para crear metas más elevadas y cumplir nuestros sueños más anhelados. Te presentaré un mapa de ruta con los pilares en los cuales enfocarte para llevar tu vida profesional a niveles aun no alcanzados. Por último, exploraremos el futuro de este país y del mundo a medida que, como latinas y latinos, nos atrevamos a traer a nuestros espacios profesionales los valores culturales de autenticidad, empatía, interés genuino, lealtad, resiliencia, alegría y mentalidad colectiva. Seremos líderes de un cambio cultural sin precedentes.

Si no eres una mujer latina, pero sí un aliado o aliada, este libro también es para ti. Conocerás nuestros secretos más profundos y las luchas silenciosas de las cuales no hablamos, y contarás con más herramientas para ayudarnos a crecer. Podrás apoyarnos para alcanzar nuestro máximo potencial y también convertirte en un agente de cambio que participe en la creación de una nueva y poderosa realidad colectiva que también te incluye a ti.

En el camino que nos queda por recorrer, quiero que echemos por tierra aquello de que «ser latina es una desventaja». Al contrario, ser latina o latino es, en realidad, un activo muy poderoso. El poder de la comunidad latina es el secreto mejor guardado, ya que un 77% de los latinos no somos verdaderamente conscientes del gran poder que tenemos.

Lo irónico es que las latinas somos poderosas, pero sin poder. Por un lado, somos un segmento creciente de la población de Estados Unidos, con aportes económicos tan significativos que nos hemos convertido en uno de los principales motores de la economía americana. Somos creativas, comprometidas, resilientes, empáticas, emprendedoras y líderes. Muchas hablamos más de un idioma y navegamos varias culturas simultáneamente. Sin embargo, estamos ausentes de espacios de liderazgo, toma de decisiones y creación de riqueza.

Esto nos convierte en una paradoja, la paradoja hispana: somos dueñas de un enorme y creciente poder, pero seguimos sintiéndonos ciudadanas de segunda clase. Vamos por la vida casi pidiendo disculpas antes de opinar, sintiendo culpa al pedir que se nos pague el valor de mercado por nuestro trabajo o escondiendo nuestra grandeza porque nos sentimos en amenaza constante.

Luego de aquel episodio en 2016, logré salir de mi colapso después de hacerme una simple pero poderosa pregunta que hoy puede ser la piedra fundamental de tu transformación y crecimiento: ¿soy víctima impotente de un sistema injusto que aún no reconoce mi valor? ¿O es posible que, de alguna manera, sea víctima de mí misma, habiéndome creído al pie de la letra todos esos mensajes culturales de inferioridad, silencio, servicio y escasez?

Los conceptos de este libro cambiarán profundamente tu forma de pensar acerca de ti misma y del mundo que te rodea. Si lo lees con conciencia y tomas acción a partir de lo que vayas aprendiendo en cada capítulo, te prometo que al final del camino no solo te sentirás más vista, escuchada y valiosa, sino que habrás conectado con una parte de ti que aún desconoces: una parte digna que tiene el poder de transformar tu vida y también el sistema del que hoy te sientes ajena o en el cual te sientes amenazada. Te presentarás con más confianza, desarrollarás tu voz singular y te rodearás de personas que querrán apoyarte a crecer como mentores y patrocinadores. Mejor aún, tendrás más claridad acerca de qué pasos tomar para alcanzar tu potencial profesional más alto. No podemos esperar más.

El mundo está hambriento de líderes y agentes de cambio como tú y como yo, que estamos dispuestas a transformar nuestra mentalidad y forma de actuar, para provocar un cambio colectivo sin precedentes. Allá vamos.

CAPÍTULO 1

Poderosas sin poder

Toda mi vida fui amante de los números. En un mundo donde hay tantos grises y matices, los números me han reconfortado, ya que cuentan una historia bastante clara. Por eso, tras mi agotamiento e incertidumbre luego de una vida corporativa extrema, me volqué hacia lo que conocía bien: a analizar los números. Quería comprender quienes somos los latinos y, a través de eso, entenderme un poco más.

Lo que descubrí fue fascinante y paradójico a la vez. Había vivido en los Estados Unidos durante 15 años, navegando por espacios elite y corporaciones de primera línea en donde jamás se había mencionado el poder económico y social de la comunidad latina. Eso fue tan revelador que, a partir de allí, me comprometí a compartir esos números en cada oportunidad que tuviera.

Y siempre me he encontrado con la misma respuesta: un silencio arrollador seguido de asombro, indignación y frustración. Ocurre, casi sin excepción, en cada conferencia que imparto. El público en un principio se queda sin palabras, absorto ante las estadísticas contundentes que le voy presentando, las que, por un lado, confirman el inmenso poder de nuestra comunidad latina en los Estados Unidos y, por otro, dejan claro lo poco que ejercemos ese poder. Es como si nuestros aportes históricos, nuestras contribuciones actuales y nuestra indudable influencia en el destino de los Estados Unidos no existieran o no fueran relevantes. Como si simplemente fueran desconocidos para la mayoría de los 340 millones de habitantes de este país, incluidos nosotros mismos. Somos poderosas, pero sin poder.

DESPIERTA A TU PODER

Las mujeres latinas somos un grupo en gran crecimiento en los Estados Unidos. Hace 25 años representábamos un 13% de la población femenina de este país. Hoy en día representamos un 19%, o aproximadamente 30 millones. Entre los más de veinte países que conforman América Latina, solo dos superan este número de mujeres entre sus habitantes: Brasil y México. En Estados Unidos somos uno de los grupos con mayor crecimiento poblacional; para 2050, las latinas representaremos un poderoso 26% de la población femenina; es decir, una de cada cuatro mujeres que te cruces por la calle será latina.

¡Qué diferente podrá ser la vida de mis hijos, ambos nacidos en Estados Unidos, cuando sean adultos! En mi familia, cuando queremos ser abrazados por nuestro calor cultural, nos vamos unos días a Miami. Comemos nuestra comida, escuchamos nuestra música y nos sumergimos en un mundo que habla nuestro idioma. Es una experiencia bastante diferente a la que tenemos en los suburbios de Nueva Jersey, viviendo en un pueblo que es en más de 90% blanco no latino. Es posible que en el futuro no tengamos que ir demasiado lejos para acceder a esa conexión con lo nuestro. Estaremos en todos lados.

Además, nuestra juventud se viene con todo. ¿Sabías que cada sesenta segundos una mujer latina en Estados Unidos cumple 18 años? Estamos ingresando a la fuerza laboral de forma más acelerada que otros grupos. Por ejemplo, mientras que hoy en día las latinas representamos un 8% de la fuerza laboral de los Estados Unidos, nuestra participación en ella crecerá un

26% para el 2030, cerca de nueve veces el crecimiento proyectado para las mujeres blancas no latinas. De ahí la importancia de que apoyemos a nuestros jóvenes, haciéndoles el camino un poquito más fácil de lo que fue para nosotras.

La fascinante historia que cuentan los números no termina aquí. Las contribuciones económicas de la comunidad latina son significativas y valiosas: somos el motor indudable de la economía americana. El término que lo cuantifica, llamado el GDP latino (GDP por Gross Domestic Product, o producto interno bruto), representa el valor agregado a la economía por los bienes y servicios producidos por los latinos en Estados Unidos. En 2021 el GDP latino ascendió a 3.2 billones de dólares. Visto desde otra perspectiva, si los latinos en Estados Unidos nos pusiéramos de acuerdo para constituir nuestro propio país, con este producto interno bruto formaríamos... (por favor, toma asiento antes de seguir leyendo) ...la quinta economía más grande del mundo y la tercera de más alto crecimiento, según un reporte del Latino Donor Collaborative. ¿Entiendes por qué es incomprensible que vayamos pidiendo permiso para expresarnos y adueñarnos de los espacios que nos merecemos? No hay ningún otro grupo étnico o racial en Estados Unidos que aporte el mismo crecimiento acelerado que nosotros estamos creando. El país nos necesita para seguir siendo la primera potencia mundial que es.

Las mujeres latinas estamos creando negocios a un ritmo mayor que las mujeres blancas no latinas. Dicho de otra forma, somos un ejemplo perfecto de lo que resulta al perseguir nuestros sueños, así como de perseverancia y resiliencia. Según un reporte de American Express, en los últimos cinco años la cantidad de negocios creados por mujeres latinas creció un 40%, comparado con solo un 6% de las mujeres blancas no latinas. Nosotras sabemos muy bien que un negocio propio es una vía de escape de la pobreza y una oportunidad de salir adelante.

Hasta aquí, todo es una historia maravillosa. Veamos ahora la otra cara de la moneda.

LA PARADOJA HISPANA

En vista de estas estadísticas tan poderosas, estar ausentes de los espacios de poder, de los lugares donde se toman decisiones y se construye riqueza, es algo insólito, pero no sorprendente. Encontrar a mujeres latinas en puestos directivos es inusual. De hecho, ocupamos menos de un 2% de los puestos ejecutivos de las empresas más grandes del país y estamos subrepresentadas en puestos gerenciales (ocupamos solo un 4%) y roles profesionales (alcanzamos solo un 3%). De las 92 empresas del S&P 100 incluidas en el reporte más reciente, 18 no tienen a una sola mujer latina en ese tipo de puestos.

No solo estamos relativamente ausentes en posiciones de liderazgo, sino que, además, ganamos menos. Durante mi carrera corporativa siempre tuve la sospecha de que algunos pares míos, que tenían menos experiencia global y menos títulos académicos, ganaban más que yo por un trabajo similar. En 2004 —mi primer año trabajando en este país— fui testigo de cómo los hombres que me rodeaban ganaban un salario o un bono anual mayor al mío. Por supuesto que me tragué la bronca y no dije nada al respecto. A fin de cuentas, estaba recién llegada y me tocaba pagar el derecho de piso sin quejarme. Al menos así lo creía en ese entonces. Cuando se trata de salarios y creación de riqueza, las mujeres latinas estamos muy por detrás de otros grupos. En 2022, a las profesionales latinas que trabajaban a tiempo completo se les pagaban aproximadamente 54 centavos por cada dólar que ganaba un hombre blanco no hispano. ¡La mitad! Esta brecha salarial se traduce en una pérdida de casi 1.2 millones de dólares que dejamos de ganar a lo largo de una carrera de cuarenta años. En otras palabras, una mujer latina tendría que trabajar hasta que tenga casi 90 años, o sea, seis años más que su expectativa de vida, para que le paguen lo mismo que ha ganado un hombre blanco no hispano de 60 años.

Las mujeres latinas estamos ahorrando menos y creando menos riqueza, dejando una herencia menor o incluso un triste saldo negativo y cuentas por pagar a nuestras familias. Las generaciones venideras están en desventaja: las estadísticas indican que un hogar latino cuenta con solo 21 centavos de riqueza acumulada por cada dólar de riqueza en manos de hogares blancos no latinos.

Algo muy similar ocurre con las emprendedoras latinas. Nuestros negocios facturan, en promedio, un 23% anual de lo que genera un negocio similar de una mujer blanca no latina. Estamos abriendo nuestros negocios a cuenta de tasas de interés descomunales, pero no crecemos demasiado en ventas.

En resumen, somos muy poderosas, mucho más de lo que creemos, pero no sabemos ejercer ese poder ni estamos acumulando suficiente riqueza como para sentirnos merecedoras de él. Peor aún, nos da pánico ejercer nuestro poder por miedo a enfrentar consecuencias negativas.

Bienvenidas a la paradoja hispana.

RESPONSABILIDAD AL CIEN POR CIENTO

Aquí es donde meto el dedo en la llaga y nos invito a reflexionar: somos cien por ciento responsables de la realidad que estamos viviendo. No somos simples víctimas de un sistema injusto, sino que, caminando día a día como una versión reducida de nosotras mismas, llenas de dudas, infravaloradas e influenciadas por los discursos culturales del silencio, la invisibilidad, la inferioridad y el servicio, terminamos creando una realidad que no nos favorece.

Te prometí que transformaría tu forma de pensar. Aquí vamos con uno de los primeros conceptos: el de cien por ciento responsabilidad, que puede ser diferente a lo que culturalmente nos enseñaron. Cuando eres cien por ciento responsable no eres una víctima impotente de las circunstancias de la vida, sino que lo que ocurre en tu vida es creado, incentivado o permitido por ti.

Una parte de ti grita «¡Pero el sistema es injusto!» y «¡La discriminación es real!». Tienes toda la razón. El sistema no ha mostrado cambios significativos en el acceso y la representación de los hispanos desde la década de 1980, y el sesgo es real y perverso.

A mí me costó bastante aceptar completamente este concepto. Piensa en el jefe de Operaciones que me humilló delante de mis compañeros de trabajo o en la historia de Natalia, quien fue silenciada delante de otros ingenieros. Ni ella ni yo fuimos víctimas de esas circunstancias. De alguna forma las creamos, permitimos, o incentivamos. Por intentar ser aceptada por los demás, permití bromas que parecían inocentes hasta que fueron escalando, y no puse límites cuando los debíería haber puesto. Mis jefes y mis compañeros me tomaron por demasiado buena y, como sabían que no habría consecuencias, se aprovecharon de esos espacios para canalizar su racismo y su machismo disfrazados.

A nosotras se nos ha enseñado, como a tantas otras mujeres, a promover relaciones pacíficas, a ser agradables, a no ir en contra de la corriente, y a servir a los demás antes que a nosotras mismas. Por eso es tan incómodo y poco natural poner límites a situaciones que no nos favorecen. Sé que yo lo permití una y otra vez. Muchas veces, ¡hasta con una sonrisa!

Sería más fácil asignar la culpa por nuestra falta de acceso y oportunidades al gobierno de turno, al sistema, a la comunidad blanca no latina, a los hombres de poca conciencia o a nuestros jefes o compañeros de trabajo. Pero ¿que ganamos? Sentirnos impotentes y enojarnos, seguro, pero esta actitud no cambia absolutamente nada.

Piensa en las microagresiones que han marcado tu vida profesional. ¿Cuántas has permitido y por qué? Tal vez no querías dañar tus relaciones laborales o temías ser despedida o perder un cliente. Todo ello es válido. También lo es darnos cuenta de que, por no haber puesto los límites, hemos sido en cierta medida responsables de la permanencia de esos eventos en nuestras vidas. La responsabilidad no es una culpa o castigo, sino trata de reconocer nuestra capacidad de respuesta. Es decir, en lugar de quedarnos de brazos cruzados, aceptar que somos poderosas creadoras de nuestra realidad al responder a realidades que no nos gustan. Entonces, según este concepto, el hecho de que tus circunstancias actuales no sean exactamente como quisieras, o estar inmersa en un sistema que parece no aceptarte como eres ni darles la bienvenida a tus puntos de vista y contribuciones, no significa que no puedas hacer nada al respecto.

ACTO DE SANA REBELDÍA

Toma papel y lápiz y escribe:

«El día de hoy, *(agrega el día, mes y año)*, yo, *(agrega tu nombre completo)* decido tomar el timón de mi vida y elijo ser cien por ciento responsable de mis acciones y resultados».

Coloca este papel en un lugar visible para recordarte en esos días difíciles el nuevo compromiso que tomaste y ver tu vida desde un ángulo completamente diferente.

Existe una excepción a la regla de cien por ciento responsabilidad. Hay circunstancias en las que somos víctimas de trauma o violencia y en las que no tenemos control sobre los actos de otras personas, especialmente en nuestros primeros años. En estos casos, eres responsable de una sola cosa: de buscar ayuda para sanar y para vivir a plenitud, tal como mereces. Si has sido víctima de trauma o violencia, date la oportunidad de acceder a ayuda profesional u otros recursos para sanarte.

EJERCE TU (SANA) REBELDÍA

Aceptar que tienes el poder de crear eventos y circunstancias positivas en tu vida y que puedes convertirte en agente de cambio de este sistema injusto es una actitud de profunda y sana rebeldía ante los mensajes de inferioridad, silencio, servicio y escasez con que hemos sido bombardeadas desde que tenemos uso de razón.

A las latinas nos hace falta rebelarnos. No en el sentido de ir al choque y a la confrontación, sino en el de poner cuestionar nuestros patrones de pensamiento y autovaloración. Sería genial empezar por rebelarnos contra todo lo que cargamos en el subconsciente y poner en tela de juicio los mensajes ancestrales de que no valemos lo suficiente, de que no podemos o de que es peligroso intentar ser quienes realmente somos. El psicólogo Carl Jung estudió este tema a fondo y le llamó el *inconsciente colectivo*. Según Jung, existen arquetipos y patrones mentales que compartimos como grupo, y que influyen sobre nuestros pensamientos, acciones y decisiones de forma muy similar. Estos esquemas mentales se pasan de generación en generación sin que nos demos cuenta y pueden incluso transformarse en una potente interferencia entre nosotras y nuestros sueños.

Hace un tiempo, Verónica, ejecutiva latina de una institución financiera reconocida a nivel global, me confesó que después de leer mi primer libro, *Latinas descolonizadas. Transformando nuestra mentalidad para crecer juntas*, por fin logró entender por qué es tan difícil para la mujer latina llegar a ciertos puestos ejecutivos en los Estados Unidos. Ser consciente de lo que influía sobre sus pensamientos y decisiones para luego romper con esas creencias limitantes le permitió mejorar su desempeño profesional, porque finalmente se dio cuenta de que lo que percibía como una falla personal eran más bien influencias culturales. Cuando cambias de mentalidad, cambia tu vida. Y si eres madre, padre, o enseñante, si pones fin a esa mentalidad podrás, además de transformar tu vida, romper la cadena y dejar un legado importante a las generaciones futuras.

Con nuestra sana rebeldía, concienciación y autoempoderamiento estaremos mostrando a nuestra familia, amigos, compañeros de trabajo (y a los 440 millones de personas que habitarán el suelo estadounidense en 2050) todo lo que es posible en el plano del desarrollo humano. Ante la creciente incidencia de la población latina, cabe preguntarse: *¿qué clase de latinas queremos en los Estados Unidos?* ¿Qué versión nos conviene como país? ¿Personas desapoderadas que se sienten inferiores, sin acceso a espacios clave y sin confianza en sí mismas y en el sistema, o individuos con autoestima elevada y autoconfianza, que se sienten bienvenidos y están dispuestos a luchar contra las barreras sistémicas y aportar lo mejor de sí mismos para el bien de todos?

Adentrémonos juntas en esta oportunidad histórica de redefinir nuestro futuro, no solo para las mujeres latinas y nuestra comunidad, sino para todo Estados Unidos e incluso otros países del mundo que nos tienen como referente. El empoderamiento y el despertar de nuestra comunidad es un asunto de interés global.

El mundo necesita líderes y agentes de cambio cien por ciento responsables como tú y yo, que estén dispuestas a transformar su mentalidad y formas de actuar para luego propiciar un cambio colectivo sin precedentes.

LECCIONES APRENDIDAS

- Las mujeres latinas somos un segmento cada vez más importante de los Estados Unidos. En el 2050, representaremos casi un 30% de la población.
- Nuestros aportes a la economía americana (GDP latino) son significativos, y creamos nuevos negocios a ritmos desproporcionadamente altos.
- A pesar de nuestra importancia y nuestros aportes a la economía, estamos relativamente ausentes de espacios de liderazgo y creación de riqueza. Esta es la paradoja hispana.
- El concepto de 100% responsabilidad nos invita a tomar las riendas del cambio, reconociendo que al ser creadoras de lo que ocurre en nuestras vidas, tenemos el poder de transformar nuestra realidad.
- Un primer paso hacia el cambio es tomar conciencia de que ciertos mensajes presentes en el inconsciente colectivo de nuestra comunidad nos llevan a dudar de nosotras mismas, a conformarnos con menos o a creer que es riesgoso mostrarnos como somos.
- Un primer acto de sana rebeldía consiste en cuestionar esos patrones de pensamiento que retrasan o impiden nuestro crecimiento y perpetúan las brechas sistémicas.

CAPÍTULO 2

Rebélate contra los discursos culturales

Hemos sido indoctrinadas por siglos. Cual esponjas, absorbimos, generación tras generación, un sistema de creencias y discursos culturales que no han hecho más que desgastarnos emocional, física y mentalmente, además de desconectarnos de quienes somos en verdad.

Llegó el momento de rebelarnos contra todo lo que fuimos programadas para creer, comenzando por entender cómo ciertos mensajes culturales crearon formas de pensar que se han arraigado en nuestro subconsciente colectivo y que influyen, sin que nos demos cuenta, en nuestras acciones y decisiones. Toma nota de lo que resuena para ti. Ahí está la clave para empezar a crear el cambio que anhelas: en observar y tomar conciencia, sin juicios, de lo que te ha estado limitando. Y si de todas formas aparecen los juicios, la culpa, o la vergüenza, te invito a que respires profundamente y, al exhalar, los dejes ir. No es posible aprender y crecer si durante el proceso nos autoflagelamos. La expansión y la contracción no pueden convivir al mismo tiempo.

Descubrirás que muchos de estos discursos pueden aplicarse a la mayoría de las mujeres, no solo a las latinas. Sin embargo, no tienen el mismo impacto en los diversos grupos. Cada cultura tiene su propia historia ancestral, así como una relación única con la autoridad, el dinero,el concepto del éxito, la relación con la pobreza, la aceptación del castigo físico y los roles de género, por ejemplo. Eso hace que el impacto de esos discursos varíe de comunidad en comunidad, según las creencias culturales específicas que nos hayan influenciado desde pequeñas y las condiciones en las que crecimos.

EL DISCURSO CULTURAL DE LA INFERIORIDAD

La inferioridad se traduce en el sentirnos inadecuadas o insuficientes. Es un hábito que me ha acompañado a lo largo de mi vida.

Esta impresión de ser menos que otros (particularmente en comparación con hombres y mujeres blancos no latinos) es tan persistente que la sentimos aun cuando nuestros logros son extraordinarios. Por ejemplo, ¿sabías que apenas un 1% de todas las mujeres con doctorados (PhD) en los Estados Unidos son latinas? Dado que somos casi el 20% de la población, ese porcentaje es sumamente bajo. Si eres latina y tienes un doctorado, te encuentras dentro de un grupo que ha accedido a la educación superior y, por lo tanto, eres extraordinaria en nuestra comunidad. Aun así, dentro de este grupo he encontrado una y otra vez mujeres que se sienten inadecuadas o insuficientemente capaces. Ni siquiera alcanzar altos niveles educativos nos quita la sensación de no estar preparadas. ¿Cuántas veces, siendo personas sumamente calificadas, seguimos luchando por un título más, o por una certificación más? No para ampliar nuestro ya excelente perfil, sino por apaciguar esa sensación interna de que aún no somos lo suficiente.

Como ya mencioné, las latinas no somos las únicas que cargan con ese sentimiento de inferioridad. Hace un tiempo conecté por teléfono con una latina que ha llegado a espacios ejecutivos dentro de su organización, y reporta directo al presidente. Me contó acerca de un retiro corporativo de dos días en el que había participado junto a otras ejecutivas. Mientras que al inicio del retiro todas se mantenían a un nivel políticamente correcto en sus intervenciones, durante el segundo día, después de una actividad en grupo, fueron brutalmente honestas: la mayoría admitieron no sentirse preparada para ejercer su rol o dudar de sus capacidades para llevarlo adelante con éxito. Cargamos con el mito de que cuando lleguemos a espacios de liderazgo tendremos más confianza porque tendremos más poder, cuando, en realidad, si no sanamos nuestro sentimiento de ser inadecuadas, esos espacios no harán más que potenciar la sensación. En el caso de la mujer latina, ciertas interseccionalidades, como nuestro color de piel o nuestro acento, amplifican nuestra sensación de sentirnos menos preparadas que otros.

Cuando un sistema está diseñado para el éxito de cierto tipo de individuos, los que no cumplimos con ese perfil nos sentiremos fuera de lugar a medida que ascendemos por los escalafones del sistema. Ante estas circunstancias, las mujeres hemos aprendido a esconder nuestras inseguridades, a callar nuestras necesidades y a seguir adelante enfocadas solamente en los negocios, como hacen tantos hombres, dejando de lado todo lo que nos haga parecer débiles o inseguras.

En el caso de nuestra comunidad latina, tanto las mujeres migrantes como las hijas de migrantes cargamos en silencio con ese sentimiento de inferioridad. Quienes somos migrantes lidiamos con cierta vergüenza al venir de países que han sido catalogados de tercermundistas. Venir de la pobreza sistémica puede transformarse en un estigma al movernos por estas tierras de primer mundo. Cuando comencé mis estudios de maestría en 2002, mi primer día en la Tuck School of Business en Dartmouth lo primero que pensé fue: «¿Qué voy a contribuir acá, si vengo de un país de tercer mundo, quebrado, con pobreza sistémica, y que acaba de atravesar una de sus mayores crisis económicas?». En aquel entonces pensaba que Estados Unidos era el país perfecto y que yo tenía todo por aprender y poco por aportar. Como me sentía inferior, opté por hacerme tan invisible como se pudiera.

También podemos cargar con un sentimiento de vergüenza por nuestra manera de hablar inglés, sin saber que pasados los 11 o los 12 años, la parte del cerebro que controla el lenguaje ya se ha desarrollado en su mayor parte; así, si aprendimos un segundo idioma pasada esa edad, será complicado borrar completamente nuestro acento al hablarlo. La vergüenza por nuestro acento se potencia cuando los de alrededor nos hacen notar que somos diferentes o cuando insinúan que nuestra forma de hablar es una barrera para que se nos entienda. Perdemos un poco de dignidad cuando nos echan nuestras inseguridades a la cara. La misma ejecutiva que me habló de aquel retiro tan revelador me contó que en una reunión con una docena de ejecutivos donde ella era la única latina, uno de sus pares, aludiendo a su acento, le pidió que hablara más despacio y más claro, pues no entendía lo que quería decir. Ella se sintió humillada.

Para las mujeres latinas y de color nacidas de migrantes, el sentimiento de inferioridad o de ser inadecuadas puede provenir de lo que observaron de sus padres en la infancia. Mónica Martínez Milán, empresaria nacida en Nueva Jersey de padres españoles, lo expresa muy claro:

> Mis padres tenían sus estudios y entendían su valor antes de llegar a los Estados Unidos, pero una vez aquí, el sistema los obligó a comenzar de cero, como si todo lo que habían logrado no existiera. Cuando observas a tus padres migrantes sintiéndose disminuidos delante de personas norteamericanas, incluso como personas con estudios universitarios, algo ocurre dentro de ti como hija. Al colocar a otros en pedestales, automáticamente se ponían a sí mismos en un escalón inferior. Eso lo vivimos desde nuestro nacimiento. Yo terminé creyendo que era inferior a los demás. Pensé que había algo mal en mí y que era menos capaz o valiosa que otras personas.

La inferioridad no es solo un sentimiento que cargamos en silencio, sino que se manifiesta en comportamientos muy específicos y muchas veces inconscientes que bloquean nuestro crecimiento.

Señala los comportamientos con los que más te identifiques:

- He dejado ir mejores oportunidades, sintiendo que no estoy lista para ellas, o que no voy a poder con ellas.
- He dejado de postularme para puestos de trabajo si no cumplo con el 100% de los requisitos, mientras que las estadísticas muestran que los hombres se postulan incluso cuando solo cumplen con un 60% de los requisitos.
- Trabajo demasiado, más allá del agotamiento, para demostrar que valgo, o para demostrarles a otros que tomaron la decisión correcta al darme el proyecto, el ascenso de puesto, o el aumento de salario.
- Cobro menos por mi trabajo o doy descuentos a través de mi negocio, aun sin que me lo hayan pedido. Cobrar el valor de mercado resulta intimidante cuando pienso que mi trabajo tal vez no lo vale.
- Procrastino en proyectos importantes, que es una forma inconsciente de protegerme de hacerlo mal y confirmar que, al final, no soy buena en lo que hago.

Has dado un gran primer paso al observar cómo el discurso de la inferioridad se presenta en tu vida. Sentirnos inadecuadas, inferiores o de segunda clase es una carga cultural profunda y silenciosa de la que no se habla. O, mejor dicho, no se hablaba, ya que al permitirnos observar con neutralidad cómo la sensación de inferioridad se presenta en nuestras vidas y en qué comportamientos influye, estamos generando cambios. La observación y la toma de conciencia son un gran primer paso.

EL DISCURSO CULTURAL DEL SILENCIO

¿Has escuchado alguna vez «Calladita te ves más bonita» o «Los niños no tienen nada que opinar aquí»? Esos mensajes, aun cuando hayan sido expresados en broma, tuvieron un efecto real y vienen de tradiciones culturales y roles de género en los que las mujeres y los niños no tienen derecho a expresar sus voces de la misma forma en que los hombres lo hacen. Recordemos que en nuestra cultura han sido históricamente ellos quienes han dominado los espacios de poder e influencia, como los negocios, el gobierno, la Iglesia y la milicia. Las mujeres y los niños no opinan, o al menos no abiertamente.

El discurso cultural del silencio no se logró solo con acallar las voces de quienes querían expresarse. En nuestra cultura latina, el silencio se logró con el castigo físico: la chancla, el cinto e incluso la cachetada han sido efectivos para crear respeto (o al menos silencio) ante personas con autoridad en nuestras vidas. ¿Acaso no decimos, refiriéndonos a nuestros hijos de la generación Z, «Si yo le hubiera levantado la voz así a mi padre ya hubiera recibido un buen chanclazo»?

De ese tema hablamos en Boston cuando organizamos un día de entrenamiento como parte del movimiento Rising Together (Creciendo Juntas), que fundé hace unos años y que tiene como objetivo transformar nuestra relación con nosotras mismas, nuestro dinero y nuestro poder. Cuando estábamos hablando de nuestra tendencia cultural a mantenernos en silencio ante situaciones de conflicto, una joven se puso de pie y acertadamente expresó: «Las experiencias pasadas, en que el castigo físico buscaba inculcarnos respeto a la autoridad, nos persiguen hoy en día cada vez que callamos ante algún superior en nuestro trabajo o ante personas de una raza que consideramos superior a la nuestra». Aunque nos duela un poco admitirlo, el chanclazo habrá impuesto respeto a la autoridad, pero también despertó en nosotros una tendencia al silencio y a la supervivencia. Pero de eso no se habla. O no se hablaba, porque me atreví a sacar el tema en un canal de televisión.

Hace un tiempo me invitaron a CUNYTV en Nueva York para el segmento Caliente Caliente. Entre los varios temas que tocamos salió el del castigo físico dentro de la comunidad latina.

Recuerdo que expresé ante las cámaras que «si te encuentras en una reunión y tienes temor de expresar tu opinión, es posible que vayas por la vida con una chancla pegada a la cabeza». Más allá de lo graciosa que resulte esta imagen, es una representación de la realidad de mucha gente de nuestra comunidad. Muchas recibimos un chanclazo o palmada en nuestra niñez, e inconscientemente lo hemos repetido con nuestros hijos. Mientras no cortemos con ese hábito seguiremos silenciando y limitando a los nuestros.

El chanclazo y otros intentos de silenciar y oprimir las voces de nuestros hijos tienen a veces el efecto contrario al deseado y provocan una rebelión de esas que no son muy sanas. En una de mis sesiones de *coaching*, una de mis clientas me expresó que le resultaba casi imposible mantener la calma ante figuras de autoridad, sobre todo si se trataba de hombres blancos. En diversas ocasiones no había podido controlar las palabras que salían de su boca, ni la energía con las cuales las expresaba. Sentía que estaba destruyendo relaciones laborales importantes y que estaba siendo etiquetada como difícil. Cuando me habló un poco acerca de su niñez, me contó cómo, siendo muy chica, le había tocado asumir el rol de traductora y protectora de sus padres migrantes, quienes se refugiaban en el silencio ante figuras de autoridad. En esas situaciones ella sentía una impotencia tal que en ese momento le habría gustado gritar a toda voz, pero, sintiéndose en peligro, no podía hacerlo. Demasiadas veces se sintió silenciada y con el correr de los años ya no podía contener a aquella niña que no había podido expresarse. El silencio de su pasado volvió a gritos en su presente, afectando su futuro y su paz interior.

En nuestra comunidad, buscar apoyo emocional o psicológico está estigmatizado, ya que eso es solo «para locos.» En mi experiencia personal, y en el de tantas latinas que han logrado sanar un pasado doloroso y crear un presente extraordinario, la terapia ha sido pieza clave y fundamental, sobre todo porque logramos aceptar que quienes silenciaron nuestras voces hicieron lo mejor que pudieron con lo que sabían en el momento. Si hubieran sabido hacerlo mejor, posiblemente lo habrían hecho mejor.

Exploraremos en que comportamientos se presenta habitualmente el discurso cultural del silencio. Señala aquellos con los que te identifiques:

- Oculto mi opinión, sobre todo cuando pienso que al expresarla provocaré discusión o conflicto.
- Me mantengo en silencio ante figuras de autoridad o personas diferentes a mí.
- Decido no compartir mis ideas hasta que estoy segura de poder articularlas a la perfección, por estar luchando internamente con mis miedos de no poder comunicarme de manera efectiva.
- Doy mi opinión con tanta fuerza e ímpetu, y tal vez algo de resentimiento y enojo, que termino dañando mis relaciones interpersonales.
- Digo «Lo siento» o «Discúlpame» con demasiada frecuencia y pido permiso para dar mi opinión.

Este discurso me persiguió durante décadas. Demasiadas veces me encontré luchando con voces internas de desapoderamiento y autoinvalidación. Cuando quería decir algo que podía generar discusión, esperaba hasta que otro lo dijera primero para ver cómo reaccionaba el grupo, o cuando tenía una idea brillante dudaba tanto acerca de cómo articularla que perdía la oportunidad cuando alguien más la presentaba y recibía todo el crédito. Me silencié una y otra vez, como nos ha pasado a millones de nosotras. Gracias al discurso cultural del silencio hemos creído que nuestra voz no cuenta y que expresarla es peligroso. Más adelante, con un acto de sana rebeldía, lo vamos a cambiar.

EL DISCURSO CULTURAL DEL SERVICIO

En esa misma reunión de Rising Together en Boston, el tema que generó mayor discusión e intercambio de ideas fue cómo las mujeres latinas tendemos a decir muy pronto «Sí» a las peticiones recibidas en nuestros espacios laborales, sin entender del todo a que le estamos diciendo que sí. Luego llegamos a casa y nos damos cuenta de que tal vez cometimos un error al prometer más de lo que realmente podríamos llevar adelante. En consecuencia, terminamos exhaustas por intentar hacer felices a todos, excepto a nosotras mismas. El discurso del servicio es muy sutil, y aparece disfrazado como una presión interna a acoplarnos a los intereses de los demás y a ponerlos por encima de los nuestros. En otras palabras, nos lleva a crear una vida donde el centro no somos nosotras mismas.

Ancestralmente, las mujeres latinas fueron educadas para seguir la voluntad masculina y para servir al hombre de la casa y a los hijos, desempeñando un papel tras bambalinas que no siempre ha sido valorado. Con el correr de las décadas, y sobre todo en las últimas dos generaciones, millones de mujeres latinas estamos saliendo al mundo, siendo las primeras de nuestra línea generacional en acceder a estudios universitarios y a espacios profesionales que no estuvieron al alcance de nuestras madres y abuelas. Sin embargo, nuestro subconsciente e inconsciente colectivo no cambian tan rápido como las situaciones externas, por lo que, aun sin ser plenamente conscientes de ello, podemos seguir cargando mandatos culturales asignados a nuestro género, relegando nuestras decisiones y poder personal.

Esos mandatos culturales tienen un efecto amplio que va más allá de poner a otros primero e influyen en grandes decisiones que tienen que ver con «cuán mujeres somos realmente». Por ejemplo, nos presionan a casarnos antes de determinada edad, generalmente antes de los 30, y luego de que hemos dado el *sí*, aparece la presión por subir a un escalón aún más alto: convertirnos en madres («¿Para cuándo el bebé?»). Y, una vez que somos madres, nos enfrentamos al peso cultural de ser quien lleva la mayor parte de la crianza de los hijos y el cuidado del hogar. Si sumamos a esto nuestras obligaciones profesionales, tarde o temprano colapsaremos ante el peso de intentar ser profesionales, madres y jefas de hogar de tiempo completo. Pasarán los años y continuaremos creando una vida en la que no somos el centro.

Gran parte de mi colapso en 2016 fue provocado por este discurso del servicio. En 2007, mi marido y yo decidimos ser padres. Cuando mi hija Valentina nació, sentí una presión enorme por continuar mi carrera laboral. Había invertido tanto en mi educación y en mi carrera corporativa que quería continuar por ese camino. Sin embargo, los mandatos culturales de ser quien cuidara a mis hijos a tiempo completo se presentaron con toda la fuerza, de tal forma que no pude confiar la atención de mis hijos a nadie más. Intentando ser profesional y madre de tiempo completo, me dejé de lado para serlo todo para los demás y me derrumbé emocionalmente.

Señala los comportamientos que manifiesten la existencia del discurso cultural del servicio en tu vida:

- Digo «Sí» sin estar segura de a qué me estoy comprometiendo, para luego darme cuenta de que acepté un proyecto que está más allá de lo que mis recursos permiten.
- Trabajo más allá del agotamiento para cumplir con todas las obligaciones que acepto.
- Relego algo muy importante para mí, porque otra persona no lo ve importante; por ejemplo, dejar de asistir a un acto escolar de mis hijos pensando que mi superior se enfadará o cambiará su percepción acerca de mí.
- Vivo en un dilema continuo entre dos o más opciones, luchando internamente entre hacer felices a los demás y hacerme feliz a mí, cuando ambas no son posibles simultáneamente.

- Siento culpa cuando finalmente me pongo en primer lugar y hago algo para mí, por pequeño que sea.

Aquella vez en Boston el debate se tornó aún más interesante cuando alguien en la sala preguntó: «Si empezamos a decir que no sin pensarlo demasiado, ¿no estaremos dejando pasar oportunidades importantes?». Decir que sí o que no a una oportunidad no siempre es una decisión obvia. S e trata de un arte lleno de matices. En ese arte, lo más importante para quien intencionalmente pinta el cuadro de su vida es frenar ante la tendencia automática de servir a los intereses de los demás y, en lugar de eso, hacer todas las preguntas necesarias y tomarse un tiempo para evaluar las implicaciones antes de tomar una decisión final. Asegúrate de que tus decisiones te tengan a ti en el centro de tu vida, porque si tú te derrumbas, todo a tu alrededor también lo hará.

EL DISCURSO CULTURAL DEL PERFECCIONISMO

¿Perfeccionismo o, más bien, epidemia de perfeccionismo?

El verano pasado mi familia se tomó unos días de descanso en la playa. Uno de esos días, cuando el tiempo estaba nublado y fresco, salí a caminar con mi hija adolescente y tuvimos una de las conversaciones más importantes de nuestras vidas.

—Valentina, ¿vos sentís presión por ser hija de migrantes? —le pregunté directamente. Con los adolescentes de hoy día no se puede andar dando mucha vuelta porque pierden la paciencia rápidamente.

—No solo siento presión. Siento que debo ser la hija perfecta: ir a la mejor universidad para luego conseguir un trabajo mejor que el que ustedes tuvieron. Y si no lo logro, voy a ser la decepción de mis ancestros —me dijo.

A sus 15 años, Valentina resumió lo que yo había escuchado de cientos de mujeres latinas hijas de migrantes. La presión de ir por más de lo que sus padres lograron y, para muchas, la presión de transformarse en el pilar emocional y financiero de sus familias.

—Decime un poco más. ¿Qué es lo que querés decir con decepcionar a tus ancestros? —le pregunté.

—Papá y vos llegaron con nada como migrantes. Vos fuiste la primera en ir a la universidad, y acá en Estados Unidos lograron mucho. Yo siento que debo lograr aún más, que debo ir por más de lo que ustedes lograron. Y si no lo hago, no solo seré una decepción para ustedes, sino para mis ancestros. Y eso para mí significa que tengo que ser perfecta.

Valentina es conocedora de nuestros orígenes humildes y de una realidad muy diferente a la suya en nuestra natal Argentina. Sin embargo, nunca imaginé que a tan corta edad ya sentía sobre sus hombros la presión de hacer valer los sacrificios de sus padres, abuelos, bisabuelos y más allá, sintiendo que valieron la pena solamente si ella excede lo que los demás hemos logrado. Aún peor, la presión de ser perfecta. Conozco muy bien las consecuencias que la búsqueda del perfeccionismo tuvo en mí, y no quiero eso para mi hija.

Mi obsesión por el perfeccionismo nació a mis 7 u 8 años, cada vez que los ojos de mis padres se iluminaban con mi boletín escolar de calificaciones. Sabiendo que mi éxito académico los hacía felices, me embarqué en la misión de tener calificaciones impecables. Después, eso se tradujo en ser la empleada perfecta que buscaba, ya no la aprobación de mis padres, sino de mis superiores.

Es así como, con la cabeza gacha, trabajaba más y más duro para exceder las expectativas de los demás, quienes retribuían mi sacrificio con esporádicos halagos o comentarios positivos, pero rara vez con un aumento de sueldo o un ascenso. Mi solución no fue pedirlos, sino trabajar aún más, pensando que faltaba cada vez menos para ser promovida o recibir un aumento. Hasta que colapsé; mi cuerpo y mente dijeron «Basta».

El perfeccionismo es una epidemia en nuestra comunidad. Persiguiendo un modelo de éxito muchas veces establecido para personas blancas no latinas, nos encontramos trepando una cumbre demasiado empinada que nos hace cuestionar nuestro valor personal. Al sentir que no llegamos a esa cumbre, insistimos con el trabajo duro como una fórmula única para seguir adelante.

Entre las mujeres latinas, el bombardeo de mensajes que ahondan en nuestras inseguridades y en nuestra autoestima comienzan a muy temprana edad. Se nos hace aprender a criticarnos y a sentir que aquello que es lo deseado, lo perfecto, no es lo que nosotras somos:

> *¡Ni se te ocurra ponerte al sol, vas a quedar muy bronceada!*
>
> *Tú y ese pelo malo, imposible de controlar.*
>
> *Estás demasiado gorda; así ningún hombre te va a mirar.*
>
> *No muevas tanto las manos cuando hablas: distraen demasiado.*
>
> *Pero, ¿cómo que no te interesa aprender a cocinar? Así nadie se va a casar contigo.*
>
> *¿Cómo que no planeas tener hijos? Las buenas esposas dan hijos a sus maridos.*
>
> *¿Ahora por qué lloras? ¡Que dramática! Vamos, sacúdete y sigue adelante.*

Los mensajes expresados por figuras de autoridad, tanto de manera inocente con el objetivo de protegernos como directamente en forma de críticas para intentar corregirnos, tuvieron un impacto real en nuestra mentalidad y en nuestras conductas.

Señala cómo se manifiesta el discurso cultural del perfeccionismo en tu vida:

- Tengo que ser un ejemplo para los demás y cargo en mis hombros la presión de crear algo más grande que lo logrado por mis ancestros.
- Procrastino o pospongo un proyecto o una decisión importantes. Puedo sentirme tan abrumada con la búsqueda

de la perfección que no sé ni siquiera por dónde empezar y dejo el proyecto para el último momento, cuando ya no hay escapatoria, y eso afecta la calidad de mi trabajo.
- Me siento tan incómoda ante la ambigüedad que no expreso mis ideas u opiniones porque no son perfectas.
- Me presiono continuamente y trabajo más allá del agotamiento, sabiendo que puedo acabar con un colapso físico, mental, emocional.
- Rechazo quien soy, lo cual se manifiesta en forma de ansiedad, depresión e incluso desórdenes alimenticios.

Te invité a identificar los comportamientos que más te bloquean porque quiero que tomes conciencia de ellos y que los aceptes. La aceptación es muy poderosa para transformar tu vida. No se trata de bajar los brazos y rendirnos ante una situación, sino de estar en paz con ella sabiendo que somos humanas y que mucho en nuestro actuar, pensar y sentir tiene una raíz inconsciente. Aceptar es hacer las paces con habernos equivocado o con haber sostenido pensamientos o acciones en contra de nuestro propio bienestar y felicidad. Aceptar es aprender a amar nuestras limitaciones y al ser humano que somos, que hizo lo mejor que pudo con lo que sabía en aquel momento.

Consideremos algunos actos de sana rebeldía que tienen que ver con la aceptación.

En primer lugar, aceptemos que los discursos culturales fueron transmitidos a nosotrasde generación en generación de forma inconsciente por personas que hicieron lo mejor que humanamente pudieron hacer. Lo que tú y yo sabemos hoy en día, ellos no lo supieron. De haberlo sabido, habrían actuado diferente. Entonces podemos comenzar a perdonarlos.

En segundo lugar, aceptemos en nuestro corazón que aquel modelo de perfección que fuimos programadas a alcanzar está tan desconectado de nuestra realidad que simplemente será inalcanzable. No porque seamos inferiores, sino porque se trata de un modelo creado sin tenernos en cuenta. Es un desperdicio de energía intentar cambiar quiénes somos o cómo nos expresamos; mejor hay que invertirla en alcanzar nuestras metas. Aceptemos nuestro más alto potencial como la vara con la cual medir nuestro éxito.

En tercer lugar, aceptemos que está bien no sentirnos bien con las experiencias vividas y con un sistema que no termina de acogernos. No debemos fingir ser fuertes y perfectas. Está bien sentirnos incómodas, frustradas, cansadas o impotentes. Como personas responsables de nuestra realidad y destino, tomemos los pasos necesarios para sanar todo lo que necesita ser sanado y perdonado.

ACTO DE SANA REBELDÍA

Analiza los comportamientos que marcaste en este capítulo y responde:

¿Qué miedos o creencias necesito aceptar?
¿Cómo puedo comenzar a vivir de forma distinta?

____

____

____

____

____

Aceptar es, en definitiva, reconocer nuestros discursos culturales heredados para soltarlos y perdonar a otros o incluso a nosotras mismas. Desde ese espacio de paz podemos tomar fuerza para hacer las cosas distinto. Esa es la mejor forma de rebelarnos.

LECCIONES APRENDIDAS

- Generación tras generación, hemos aprendido un sistema de creencias culturales que inconscientemente impactan nuestras acciones y decisiones cotidianas.
- El discurso de la inferioridad está presente cuando nos sentimos inadecuadas e insuficientes y se manifiesta como consecuencia de un sistema cuyo modelo de éxito fue diseñado sin tener a profesionales como nosotras en cuenta.
- El discurso del silencio nos hace creer que estamos más seguras si no expresamos nuestras opiniones, pues al hablar podemos crearnos un problema. Una de las raíces del silencio se encuentra en el castigo físico recibido por quienes de niñas cuestionaban a sus padres.
- El discurso del servicio aparece disfrazado de presión interna para servir los intereses de los demás y ponerlos por encima de los nuestros. Impacta en mayor grado a las mujeres, quienes fuimos empujadas a cumplir un rol tras bambalinas.
- El discurso del perfeccionismo se presenta cuando estamos ante un modelo de éxito que parece distar de quienes somos, y ante el cual insistimos en trabajar más o mejor. Puede presentarse también como procrastinación en proyectos o decisiones importantes, aumentando aún más el estrés y la presión.
- Parte de nuestra transformación requiere aceptar que quienes influenciaron nuestro pensar hicieron lo mejor que pudieron con lo que sabían. El proceso de perdón hacia a esas figuras de autoridad, y hacia nosotras mismas, por habernos empujado a actuar de formas que terminaron desgastándonos es clave para nuestro crecimiento.

CAPÍTULO 3

Las hermanas ¿estamos unidas?

Te confieso que este capítulo y el siguiente fueron un poco difíciles de escribir. Mis voces internas se dispararon. Me preguntaba: «¿Hago bien en hablar de estos temas controversiales? Resulta muy incómodo. ¿Qué pasa si alguien se ofende, o si lo que digo cae mal? Mejor lo dejo para mañana Hoy no es un buen día para escribir sobre este tema».

Las voces internas de duda y de temor se volvieron demasiado fuertes, aún más cuando escribí un post en redes sociales acerca de lo notoriamente desunidas que estamos en la comunidad latina. Ese post fue uno de los más vistos de todo lo que he compartido, pero uno de los que menos reacciones y comentarios tuvo. Sentí que la gente tenía miedo de aceptar públicamente lo que nos pasa. Nos sigue ganando el «De eso no se habla».

A pesar del silencio público, me llegaron varios mensajes privados de personas que no se animaban a opinar abiertamente por temor a las represalias: «Gracias por poner en palabras lo que muchas pensamos pero no nos animamos a decir», me dijo alguien. «No puedo decir mi verdad. Tengo miedo a perder mi trabajo o a que se me catalogue como la latina difícil».

Lo entiendo perfectamente. No es fácil ser agente de cambio en nuestros espacios profesionales, ya que vivimos en un constante dilema. Se nos dice que tenemos que decir la verdad, pero sin ser controversiales. O que tenemos que ser más asertivas, pero a la vez dejar a todos contentos. O que tenemos que cambiar el sistema, pero no incomodar a nadie en el proceso. Personalmente, todo esto de generar cambios sustanciales y hacer que todos se sientan felices durante el proceso se me hace una misión casi imposible.

Desde el momento en que nos comprometemos a cambiar las cosas, es inevitable que el proceso será un poco incómodo, incluso para nosotras mismas. Para mí lo sigue siendo. Y posiblemente también lo será para ti. Así, acompáñame y permitámonos sentirnos incómodas, enojadas o aliviadas con los temas que tocaremos a continuación. Démonos el permiso de que nuestras voces internas griten a viva voz lo que hemos reprimido por tanto tiempo y todo aquello que nos hemos tragado hasta la indigestión.

EL ELEFANTE EN LA SALA

«El elefante en la sala» (en inglés *the elephant in the room*) es una expresión que aprendí cuando llegué a los Estados Unidos en 2002; se usa para referirse a algo grande y bastante obvio que se niega o se ignora por la incomodidad que genera.

Imagínate una reunión de negocios con una docena de profesionales sentados alrededor de la mesa. En esa reunión hay un enorme elefante sentado en medio de la mesa, como analogía de un problema grave que es ineludible e inevitable, pero del que nadie quiere hablar. De hecho, todos lo ven, pero nadie se anima a mencionar que hay un elefante en medio de la sala.

En nuestra comunidad latina el elefante en la sala es nuestra falta de unión. ¡Las hermanas no estamos unidas! Y si bien en los Estados Unidos se habla de los «latinos» o «hispanos» como si fuésemos un grupo o comunidad, más bien nos parecemos a una familia disfuncional y dividida. Y ese elefante al que pretendemos no ver y del que no hablamos con franqueza es uno de los más perversos y silenciosos frenos a nuestro progreso individual y colectivo. Nos toca admitir (¡sin juicios, por favor!) que competimos entre nosotras, que nos envidiamos y que hasta le ponemos el pie encima o le damos la espalda a otra latina que comienza a avanzar más rápido que nosotras.

Entonces no se vale quejarse de lo injusto del sistema que te presenté anteriormente, ya que, evidentemente, nuestro comportamiento colectivo contribuye en cierta medida a nuestra situación. No somos solo víctimas, sino que creamos nuestra realidad a través de nuestras acciones, o la falta de ellas.

La mayoría de nosotras sabemos de este elefante en la sala. En otras palabras, somos bastante conscientes de nuestra realidad. Recientemente, una encuesta del IBM Institute for Business Value preguntó a miles de latinos y latinas si estaban de acuerdo con que la comunidad Latina está unida y se expresa con una voz unificada. Tan solo un 16% de los encuestados respondió afirmativamente.

Entonces, si sabemos que no estamos unidas, que no tenemos una voz común y que no vamos caminando juntas en una misma dirección, ¿por qué el silencio ante ese elefante en la sala? ¿Por qué ni siquiera nos animamos a hablar de ello? Formulé esta misma pregunta a varias líderes de nuestra comunidad y aquí van algunas de las razones del silencio ante nuestra división, tal como ellas lo expresaron:

> *Nuestra división es ancestral y está tan arraigada en el pensamiento colonial que no creo que seamos totalmente conscientes del impacto que causa.*
>
> *Estamos tan enfocadas en nuestro progreso individual en espacios en los que no nos sentimos en casa que no nos queda tiempo y energía para ponernos a pensar como grupo.*
>
> *La división está ya tan arraigada que es una utopía pensar que nos uniremos algún día. ¿Para qué hablar de eso? No tiene solución.*
>
> *Estamos influenciadas por todo esto de mejor no sacar los trapitos al sol, pretender que todo está bien aunque nos moleste o por el clásico «¡Qué va a pensar la gente!».*

Podemos tener miles de razones para pensar que es mejor no seguir adelante con este tema, pero desde el momento en que abriste este libro te habrás dado cuenta de que aquí les entramos de frente a los temas más controvertidos o incómodos que afectan a nuestra comunidad. Así, empecemos a desenmarañar poco a poco los motivos de nuestra división, comenzando en este capítulo por los más visibles.

MUY DIVERSAS Y BASTANTE CARGADAS DE JUICIOS

Soy argentina y ella es mexicana. Incluso hablamos un poco diferente y hasta comemos comidas muy distintas. No veo que tengamos mucho en común.

¿Las afrolatinas son latinas? ¿No se identifican más con la comunidad afroamericana?

Ella no domina el español, entonces no es una verdadera Latina. Ni siquiera tiene un nombre latino.

Pensé que tenía que haber nacido en Estados Unidos para ser latina. Yo soy peruana, no latina.

¿Uno de tus padres no es latino? Entonces no eres tan latina como yo. Mis dos padres vinieron de América Latina. No es lo mismo.

Se ve bien blanquita. Más bien parece gringa que latina. Además, seguro que todo debe ser más fácil para ella.

Gran parte de nuestra división se origina en nuestra profunda diversidad como comunidad: nuestros diferentes países de origen, el color de nuestra piel, las costumbres particulares de nuestros países que conservamos, nuestro idioma de preferencia, el acceso a educación, nuestro nivel socioeconómico y, fundamentalmente, cómo percibimos nuestra propia identidad y nuestro grado de pertenencia a la latinidad respecto al de otras latinas.

Empecemos por nuestras raíces. Si bien casi el 60% de las latinas en los Estados Unidos proviene de México o tienen ascendencia mexicana, el restante 40% proviene de más de veinte países muy diversos, cada cual con un fuerte orgullo nacional, apego a su cultura y hasta diferencias idiomáticas, con lo que una misma palabra puede significar algo totalmente distinto según el país donde te encuentres.

Un 77% de las latinas somos conscientes de que dentro de nuestra comunidad existen subculturas, por el hecho de que provenimos de una multitud de países. Y esa identidad u orgullo de provenir de cierto país de origen se encuentra muy arraigada entre nosotras. Tanto es así que, a pesar de que se nos quiera meter en el mismo saco etiquetándonos como hispanas, latinas, latinx, latine u otras versiones, las estadísticas muestran que la mitad de nosotras nos identificamos más con el país de origen de nuestras familias (mexicana, dominicana, cubana, argentina, salvadoreña, etc.) que con cualquiera de esos términos.

Esa influencia de nuestros países de origen es tan fuerte que, dependiendo de qué ciudad de los Estados Unidos visites, tendrás una experiencia de nuestra latinidad un poco diferente. Esto pasa porque diferentes ciudades tienen una influencia mayor o menor de diferentes países latinoamericanos. Por ejemplo, mientras que un 78% de los hispanos en Chicago y un 75% de los hispanos en Los Ángeles se identifican como mexicanos, en Orlando, Florida te encuentras con que 43% de los hispanos provienen de Puerto Rico, mientras que, en Miami, Florida, un 40% proviene de Cuba. Y si visitas Washington, DC, te encontrarás con que un 31% de los hispanos son salvadoreños. En consecuencia, cada ciudad desarrolla una subcultura latina donde es posible sentirse como extranjera entre nuestra propia gente.

Aquí quiero hacer un paréntesis para reflexionar acerca de lo confuso que debe ser para un americano no latino intentar entender estas diferencias culturales dentro de nuestra propia comunidad. Es por eso que algunas empresas han tirado millones de dólares por la borda intentando llegar hasta nosotras con campañas de *marketing* que no terminan de entendernos ni de hablarle a nuestro corazón. Si las empresas quieren seguir creciendo a través del creciente mercado latino, nos necesitan sentadas en las mesas donde se toman esas decisiones estratégicas. A fin de cuentas, nadie mejor que nosotras para entender lo compleja que es nuestra comunidad.

¿NI DE AQUÍ NI DE ALLÁ?

Nuestro nivel de aculturación o adopción de costumbres de la cultura norteamericana también nos hace percibirnos diferentes unas de otras. Algunas hemos llegado hace tiempo, otras más recientemente, y en otros casos varias generaciones de nuestros ancestros han habitado en este país. Es así que algunas latinas nos sentimos más de aquí que de allá, y otras más de allá que de aquí, y que mostramos un diferente grado de confianza al hacernos camino por el sistema americano. Algunas nos movemos como pez en el agua y otras nos sentimos, según decían en mi pueblo, como sapos de otro pozo.

Las latinas estamos divididas en tres grupos bastante claros. Las estadísticas muestran que un tercio nació en un país extranjero, otro tercio nació en los Estados Unidos de padres inmigrantes, y el tercio restante está en este país desde hace varias generaciones, posiblemente no como migrantes, sino como familias que quedaron de este lado del Río Grande en 1848, cuando se estableció la frontera entre México y Estados Unidos que conocemos hoy.

En teoría, mientras más tiempo pasa, más usos y costumbres de la cultura norteamericana adoptamos, como celebrar el 4 de julio o el Día de Acción de Gracias, dar la mano en lugar de abrazar a las personas, o incluso mantener una distancia física mayor cuando nos comunicamos con otros. Luego de una década de vivir en este país, estando de visita en Argentina me di cuenta de que cuando alguien se me acercaba demasiado para hablarme, yo daba unos pasitos hacia atrás disimuladamente, para crear más distancia con la persona. Lo hacía en automático, inconscientemente. Me había acostumbrado a la distancia que mantenemos en Estados Unidos cuando nos comunicamos unos con otros. De a poco vamos emulando la nueva cultura, casi sin darnos cuenta. Pero si piensas que quienes llevan más tiempo o más generaciones en este país la tienen más fácil o se sienten más cómodas, déjame hablarte de una charla que echó por tierra esa generalización.

Los ancestros de Cynthia, una mujer latina que vive en El Paso, Texas, quedaron de este lado del Río Grande hace ya varias generaciones. Cuando la conocí di por sentado que ella se sentiría una norteamericana típica, con un fuerte sentido de pertenencia a esta cultura. Sin embargo, en una de nuestras charlas me confesó que no se siente cien por ciento norteamericana y que a veces incluso tiende a encogerse frente a hombres blancos no latinos, tal como hacía su mamá, quien mostraba una fuerte personalidad alrededor de otras personas de nuestra comunidad pero se hacía pequeña y guardaba silencio ante los americanos blancos.

Ahí me di cuenta de lo peligroso que es generalizar. No importa si pasaron tres o cuatro generaciones, algunas mujeres latinas aún no terminan de sentirse totalmente en casa. Además, sus hijos heredan esa sensación de sentirse diferentes e incluso incómodos. Las estadísticas indican que muchos nos sentimos así; según Pew Research, un 44% de los latinos y latinas en Estados Unidos (¡casi la mitad!) nos sentimos muy diferentes a un norteamericano típico. Estamos hablando de unos 26 millones de latinos y latinas que se sienten diferentes a la norma. ¿Cuántas de esas latinas tampoco encuentran ese sentido de pertenencia y bienvenida dentro de nuestra propia comunidad por haber sido juzgadas como no lo suficientemente latinas?

DIME QUÉ IDIOMA HABLAS Y TE DIRÉ QUIÉN ERES

El idioma que hablamos y cuán fluidamente lo hablemos puede ser causa de división, y también de vergüenza y estigma. Al estar fuertemente conectado a nuestra expresión personal, y tanto a la cultura de donde provenimos como a la que navegamos en este país, es posible que sintamos la enorme presión de hablar ambos idiomas a la perfección.

Pasa que quienes portamos acento solemos sentir cierta vergüenza acerca de la forma en que hablamos, o nos ponemos presión y expectativas poco realistas deseando pronunciar las palabras tan bien como quien ha nacido aquí. Por otro lado, quienes hablan perfecto inglés y han perdido el dominio del español pueden sentir vergüenza al enfrentarse a las risas de sus familiares («Pero mira qué gringa que estás») o ante los juicios de latinos que hablan perfecto español («Mírala, quiere actuar como blanca, ya ni habla nuestro idioma»).

El dominio del idioma es muy variado entre nosotras. Mientras que un 36% de las latinas somos bilingües, un 25% usan mayormente el inglés para comunicarse y el 38% restante usan mayormente el español. ¡Y no olvidemos el portugués, que siempre parece quedar relegado de estas estadísticas!

Cuando llegué a los Estados Unidos, en 2002, me cargué de juicios hacia latinos que no hablaban español, porque «¡cómo puede ser que no lo hayan aprendido!». Con el tiempo, y como madre de dos hijos nacidos en este país, he aceptado que mis hijos tengan más facilidad en un idioma o en otro, y a permitirles que se expresen libremente como ellos elijan, en lugar de estar interrumpiéndolos a cada minuto gritando «¡Habla español!». Para algunas familias, que sus hijos dejaran de hablar español para no cargar un acento de migrante ha sido una estrategia de supervivencia y de búsqueda de aceptación.

Con el tiempo dejé de medir a una persona como más o como menos latina según el idioma que hablara y comprendí que tenemos la oportunidad de unirnos más allá del lenguaje que usemos para comunicarnos entre nosotras.

Hasta aquí hemos cubierto solo algunas de las intersecciones que hacen a nuestra diversidad. Aún hay más. Por ejemplo, nuestra diversidad en el acceso a la educación. En nuestra comunidad existe una minoría que ha accedido a la educación formal y una gran mayoría que no siguió ese camino. Solo un 23% de los latinos entre los 25 y 29 años poseen un título universitario (comparado con 45% de los blancos no latinos). Asimismo, solo un 3% de los latinos tienen una maestría y menos de 1% han completado su doctorado. En nuestros países de origen, donde predomina la cultura clasista, es casi impensable que dos individuos con acceso tan radicalmente diferente a la educación formal se identifiquen como pertenecientes al mismo grupo. La diferencia en estos niveles educativos contribuye a fomentar nuestra sensación de división, y si seguimos repitiendo ese hábito ancestral limitaremos el potencial de nuestros latinos más jóvenes.

La falta de unión nos afecta de varias maneras. Cuando nos sentimos separadas unas de las otras tendemos a evitar traspasarnos conocimientos y experiencias valiosas, a dejar de recomendar a otra latina para una oportunidad laboral y a dejar de utilizar nuestro capital social para el progreso de nuestra comunidad. Darle la espalda a otra latina o sentir desinterés por su progreso tiene consecuencias reales: vamos quedando relegadas y ausentes de los espacios donde deberíamos estar, mientras dejamos pasar delante de nosotras a grupos que se apoyan entre sí para llegar donde a nosotras tanto nos gustaría. Nos transformamos en espectadoras de un éxito colectivo que, pudiendo haber sido nuestro, se nos escurre de las manos, y nos vuelven a ganar los paradigmas ancestrales que no han funcionado.

No nos dejemos engañar por la creencia cultural de que solas podemos. Probablemente podamos hasta cierto nivel, pero luego nuestro progreso profesional frenará. Nos necesitamos unas a otras si queremos llegar lejos.

Nuestro desafío como familia está en dejar de medir nuestro grado de latinidad según las variables que ya vimos de país de origen, nivel de aculturación, idioma, entre otros. Aceptemos nuestra ineludible diversidad y reconozcamos que quienes han aprendido a nadar en el sistema como peces en el agua tienen la oportunidad de apoyar el desarrollo de quienes aún se sienten como sapos de otro pozo. Así como la unión hace la fuerza, perpetuar la desunión crea nuestro colapso colectivo.

ACTO DE SANA REBELDÍA

Reflexiona:

¿Qué acciones concretas puedo tomar hoy para crear unión en nuestra comunidad?

____

____

____

____

____

Estamos aquí para revertir nuestra tendencia al aislamiento, porque en nuestra unidad está la clave para el progreso. Solamente a través de nuestra unión en la diversidad y de ayudarnos unas a otras dejaremos de ser una paradoja de poderosas sin poder.

LECCIONES APRENDIDAS

- La desunión en nuestra comunidad, ese elefante en la sala que pretendemos no ver o del que nos cuesta hablar, es posiblemente el freno más perverso a nuestro progreso individual y colectivo.
- Gran parte de nuestra división se origina en nuestra diversidad, como tener distintos países de origen, colores de piel, idiomas, niveles socioeconómicos y grados de pertenencia a nuestra comunidad.
- Cuando nos sentimos separadas y diferentes unas de las otras tendemos a dejar de traspasarnos conocimientos, experiencias, oportunidades y conexiones clave para nuestro crecimiento.
- Como consecuencia, nos vamos quedando relegadas y ausentes de los espacios donde deberíamos estar, mientras avanzan otros grupos que se apoyan entre sí para llegar adonde a nosotras nos gustaría.
- Aceptar nuestra ineludible diversidad y comenzar a compartir lo nuestro con otras latinas es nuestra única arma contra el aislamiento.

CAPÍTULO 4

Colorismo: cómo negamos nuestra propia historia

Hace un tiempo, mi querida amiga Carmen me llamó llorando. La noche anterior había estado en una reunión social y delante de otras 15 personas, una supuesta amiga latina que conocía desde hacía décadas le lanzó:

—Carmen, ¿por qué te casaste con un europeo? ¿Para mejorar la raza?

Las personas que se encontraban sentadas alrededor de la mesa se rieron, algunas visiblemente incómodas, pero nadie dijo absolutamente nada. Carmen, migrante de Venezuela, soportó en silencio la humillación y la vergüenza de un ataque en su círculo más íntimo.

El colorismo, o superioridad de individuos de piel blanca y facciones europeas, es una cruda realidad en nuestra comunidad, la cual arrastramos desde la época colonial. Con el colorismo elevamos a los latinos y latinas que tienen piel blanca por ser supuestamente mejores, más inteligentes y confiables, en detrimento de quienes tienen piel morena, que pueden ser considerados inferiores, menos capaces y en algunos casos hasta peligrosos. Según Pew Research, un 22% de los afrolatinos encuestados han sido detenidos injustamente por la policía, comparados con solo un 8% en el caso de los no afrolatinos. Otros estudios remarcan que los afrolatinos son vistos con recelo cuando ingresan a hacer compras a un negocio y a veces incluso los persiguen entre los pasillos.

El origen del colorismo está en nuestra diversidad. Las latinas somos un crisol de razas, con una mezcla de sangre indígena, negra, blanca y asiática, presente en diferentes grados en cada una de nosotras. Por eso tenemos latinas morenas, trigueñas, blancas, afrolatinas, latinas con rasgos asiáticos y otras muchas interseccionalidades más. En esta amplia variedad, quienes sin duda sufren más los efectos del racismo son las afrolatinas, quienes tienen algún grado de ascendencia africana.

Según el mismo reporte de Pew Research, en 2020 había alrededor de 6 millones de adultos afrolatinos en los Estados Unidos, que representaban aproximadamente el 2% de la población adulta norteamericana y el 12% de la población adulta latina. Los hombres y mujeres afrolatinos han sido un grupo significativo e históricamente relegado y discriminado, no solo en los Estados Unidos, sino en toda América Latina.

En el proceso de descubrir nuestro pasado, ese que los libros de historia no nos contaron, aprendí que en el periodo colonial fueron llevados a las colonias españolas y portuguesas aproximadamente 15 veces más esclavos africanos que a los Estados Unidos. Por ello, hoy en día alrededor de 130 millones de personas de ascendencia africana viven en América Latina, aproximadamente un 25% de la población total de esa región. ¡Una de cada cuatro! ¿Cómo puede ser que, salvo en contados casos, sus aportes no hayan sido del todo reconocidos? Es más, ¿cuántos afrolatinos y afrolatinas hay en espacios de poder e influencia, como corporaciones, el gobierno o los medios? Muy similar a lo que nos ocurre en la comunidad latina en los Estados Unidos, en América Latina los afrolatinos y afrolatinas se encuentran relativamente ausentes de los espacios de liderazgo, poder y toma de decisiones.

No reconocer la importancia e influencia de la comunidad afrolatina en nuestra historia colectiva equivale a desconocer nuestro pasado, y esta negación de una parte significativa de quienes somos perpetúa situaciones dolorosas, como la que experimentó mi amiga Carmen.

En mi camino de autora me ha dolido profundamente escuchar las historias de vida de amigas afrolatinas: mujeres que conozco desde hace décadas, o más bien mujeres cuyas historias pensé que conocía hasta que se atrevieron a contarme lo que habían cargado en silencio durante la mayor parte de sus vidas: experiencias de discriminación, prejuicios y agresiones recibidas de personas de nuestra propia comunidad e incluso dentro del círculo familiar, con frases que en un pasado podían ser habituales pero que hoy nos erizan la piel: *¡Salte del sol o quedarás más oscura!; Mira qué bello ese bebe, ¡tan blanquito!; ¡No puedes salir a la calle con ese pelo malo!*

Escuchar sus historias fue una de las experiencias más enriquecedoras y a la vez más tristes para mí en los últimos años. Abrió mis ojos a una realidad que desconocía simplemente por haber nacido con una piel más clara. Me di cuenta de que una parte importante de la historia de nuestra comunidad ha sido suprimida por siglos, ocasionando un impacto real en nuestra gente.

EL COLORISMO TIENE CONSECUENCIAS PERVERSAS Y REALES

En un estudio de Pew Research, una mayoría (62%) de los latinos adultos encuestados expresaron que tener un color de piel más oscuro limita su progreso profesional en los Estados Unidos, y cerca de seis de cada diez (61%) de los afrolatinos encuestados afirmaron haber experimentado al menos un incidente de discriminación en el último año, comparado con un 54% de los latinos sin ascendencia africana. Asimismo, un 35% de los afrolatinos incluidos en la encuesta dijeron haber sido discriminados por otro latino. ¡Por alguien de nuestra propia comunidad!

Recibir comentarios negativos por sus rasgos físicos; ser obligadas a sentarse al fondo de la clase y ponerse en duda su capacidad intelectual; no ser invitadas a eventos o conferencias porque «no pertenecen»; dejar de ser reconocidas en los medios, revistas, o premios dirigidos a nuestra comunidad; ser excluidas de mesas directivas. De estas y muchas otras formas, las afrolatinas siguen sufriendo la negación de sus capacidades y aportes, lo cual es un tipo de violencia y discriminación.

Cuando las encontramos en espacios de poder y visibilidad, ellas sienten que se enfrentan a los juicios silenciosos de otros *(¿Habrá llegado aquí por el color de su piel, ya que la organización necesitaba chequear esa casilla?)*, que ponen injustamente en duda su experiencia y mérito. Un estudio de la University of California, Los Angeles, echa por tierra esos juicios, ya que indica que las mujeres afrolatinas han alcanzado niveles de educación más altos que otras mujeres latinas en nuestra comunidad: un 26% ha completado la universidad, comparado con un 18% del resto de nuestras latinas.

—Estas experiencias me hicieron sentir que mi identidad es denegada, como si mi sangre y el pasado de mis ancestros fuera algo de lo cual avergonzarse —me confió Carmen—. Lo peor es que siento que no puedo decir nada al respecto, porque no quiero ser juzgada como la mujer de color difícil o con actitud hostil.

Así como tantas otras mujeres afrolatinas, Carmen me contó que a veces no se siente ni parte de la comunidad latina ni de la afroamericana. Para las mujeres afrolatinas, los efectos de la opresión y la discriminación son tan profundos y devastadores que pueden terminar impactando en la formación de su identidad y en su valoración personal y autoestima.

Las estadísticas del último censo son sorprendentes en este sentido, ya que tres de cada diez afrolatinos y afrolatinas se identifican como pertenecientes a la raza blanca. Me llevó mucho tiempo y varias conversaciones con amigas afrolatinas para entender el porqué de esa identificación. Estas mujeres me explicaron que asociarse al grupo dominante que históricamente se ha alzado en todos los espacios de poder puede ser un mecanismo de supervivencia para algunos miembros de la comunidad afrolatina. Imagínate el grado de opresión y discriminación que esta comunidad ha enfrentado para llegar a ese punto.

El impacto en la identidad no solo queda reflejado en las estadísticas, sino también en el día a día. Como lo expresa la doctora Marisol Capellán en su revelador libro *Leadership is a Responsibility* (El liderazgo es una responsabilidad), no solo se espera que las mujeres afrolatinas actúen como hombres para triunfar: también tienen que actuar como «más blancas». Es decir, deben modificar su forma de vestir, su cabello y hasta la forma en que hablan para ser percibidas como «menos étnicas» o para «no incomodar a quienes tenemos enfrente». Con eso tratan de ser aceptadas para acceder a oportunidades, ascensos laborales y hasta para que se las escuche o se las interrumpa menos cuando se expresan en una reunión.

Espero que esta información te haya sido tan iluminadora como lo ha sido para mí, y que te invite a reflexionar acerca de la opresión vivida por un amplio sector de nuestra comunidad, así como del privilegio relativo de quienes tenemos piel más clara. Pero no podemos quedarnos solo con esto. Exploremos cómo podemos usar nuestro privilegio, aun si parece poco, para el beneficio de nuestra comunidad. Es aquí donde me gustaría hablarte un poco más de mi historia personal.

SER LATINA DE PIEL BLANCA EN LOS ESTADOS UNIDOS

Te hablaré desde mi corazón de algo que jamás antes me he atrevido a mencionar públicamente, por miedo a ser juzgada de insensible o desconsiderada. A pesar de lo incómodo que me resulta, debo contarte lo que ha significado para mi ser una mujer latina blanca en los Estados Unidos, como un acto propio de sana rebeldía. Exploremos lo que significa tener un corazón orgullosamente latino y a la vez vivir en un cuerpo físico que se ve como el de una mujer norteamericana blanca no latina.

Desde que llegué a los Estados Unidos ha habido ocasiones en las que no me he sentido del todo aceptada ni por mi comunidad latina ni por los norteamericanos blancos no latinos. He tenido esa sensación de no pertenecer a ninguno de los dos grupos, pero lo que más me duele es sentirme como una extranjera en mi propia familia. Luego de dejar mi carrera corporativa sentí un llamado a apoyar el empoderamiento y crecimiento de nuestra comunidad, compartiendo de lo mucho que he recibido en esta vida. Ese llamado ha sido tan profundo que las ocasiones en las que sentí no pertenecer a nuestra comunidad me dolieron bastante. Por ejemplo, hace unos meses fui panelista en un evento presencial para nuestra comunidad. Media hora antes de iniciar el panel, me reuní con los otros panelistas en una sala adjunta a la de conferencias para acordar los últimos detalles antes de salir al escenario. En esa reunión había un hombre y otras tres mujeres latinas.

Llegué a la sala temprano y, un poco nerviosa, como me ocurre casi siempre que voy a hablar en público, me senté a esperar a que llegaran mis compañeros de panel. Cuando llegó otra de las mujeres latinas noté una excesiva distancia cuando nos saludamos en inglés, pero luego de darle un abrazo y presentarme en español, esa tensión disminuyó. No ocurrió lo mismo con la segunda mujer latina. A medida que íbamos uno a uno presentándonos, noté que ella no me miraba a los ojos. Intenté romper el hielo haciéndole una pregunta, pero ella respondió con los ojos fijos en los demás panelistas, sin verme a mí. Son esos pequeñísimos gestos los que marcan la diferencia e incluso confrontan mi deseo de pertenecer a esta comunidad, ya que crean distancia con personas que incorrectamente suponen que no soy latina o sacan conclusiones acerca de mi identidad, origen e idioma basándose solo en mi físico.

Luego de mi terrible colapso de 2016, acepté dirigir una incubadora de pequeños negocios hispanos y tuve la oportunidad de presentarme ante 250 personas para introducir las iniciativas del año entrante. Con el corazón latiendo veloz ante el gentío, tomé el micrófono y saludé con un efusivo «¡Buenas noches!» en mi español natal. Rápidamente noté las caras de sorpresa y confusión. Algunas personas incluso se reclinaron disimuladamente hacia la persona de al lado, murmurando algo mientras sus ojos se mantenían fijos en mí. ¡Qué incómodo! Era como si les estuviera leyendo los pensamientos, «¿Y esta es latina o gringa?», se preguntarían confundidos. «Mira cómo se ve, es gringa. ¡Pero qué bien le sale el español!» Mi mente se lo imaginó todo en unos cuantos segundos.

Al final de mi presentación confirmé lo que había intuido. Conforme la gente se acercaba a hacerme preguntas o para saludar, algunos me preguntaban: «Y usted como americana, ¿dónde aprendió a hablar tan bien el español?».

A través de esas experiencias me fui dando cuenta, tal vez por primera vez en mi vida, que la forma en que me veo hace que algunas personas no me consideren latina. Viví en carne propia que, a pesar de que nos quejamos de los sesgos que los demás pueden tener hacia nosotras, tenemos nuestros propios prejuicios sobre cómo debería verse o no verse una mujer latina. Más de una vez deseé cambiar cómo me veo para sentirme un poco más aceptada, pero con el tiempo he aprendido a reírme de lo irónico que ha sido Dios al darme un corazón profunda y orgullosamente latino y a la vez ponerme en un paquete que se ve más blanco que el de las americanas blancas y que da testimonio de la gran variedad de razas que componen nuestra comunidad.

Estas experiencias personales me llevaron a reflexionar acerca del impacto del color de piel en nuestra comunidad. Si yo tengo estas luchas, ¿te imaginas las que les toca afrontar a nuestras afrolatinas? Si yo me siento así, ¿te imaginas cómo se sienten ellas, que han enfrentado la discriminación y el racismo sistémico desde pequeñas? Todas tenemos nuestros obstáculos y cada una de nosotras ha sido marcadas de diferentes maneras. No es justo igualar o comparar el peso de nuestras muy diversas historias, pero si nos quedamos estancadas en el dolor propio perdemos la oportunidad de usar nuestro privilegio, por pequeño que sea, en beneficio de las demás.

Con el tiempo me di cuenta de que este cuerpo en el que vivo me da acceso a espacios donde enfrento una barrera menos o en donde logro incomodar menos, como decía Marisol, por verme como me veo. A pesar de las batallas pasadas y de tantas luchas que me ha tocado atravesar como migrante, cuando tomé conciencia de mi privilegio la pregunta que surgió en mi corazón pasó de ser «¿Por qué todo parece tan difícil para mí?» a «¿Cómo puedo usar este privilegio para apoyar a nuestra comunidad?».

TU PRIVILEGIO ESTÁ PARA SER USADO

Todas tenemos luchas y dificultades, y seguramente para cada una de nosotras esas luchas han sido duras. Personalmente, por el acento que cargo siempre me tocó demostrar que soy inteligente, no importa cuántos títulos académicos acumule o en cuántas compañías de renombre haya trabajado. Varias veces se me ha tomado por menos de lo que soy, se ha dudado de mi valor y hasta me han discriminado por ser mujer y ser migrante. Muchas veces he tocado puertas que no se han abierto y todo ello me llevó a sentirme como una víctima de un sistema cruel. Realmente me quejé y lamenté de mis circunstancias hasta que me sumergí, como te contaba, en las vivencias de otras mujeres.

El privilegio no es cuestión de todo o nada. No es que seamos siempre privilegiadas o que no lo seamos nunca, sino que nuestro grado de privilegio varía dependiendo de quiénes tengamos alrededor. Por ejemplo, si estoy ante chicos latinos en edad de asistir a la escuela secundaria, tengo un privilegio claro, que fue acceder a una educación de posgrado. Puedo usar ese privilegio para invitarlos a perseguir sus sueños y servirles de guía para ingresar a la universidad. Por otro lado, si planeo ir a una conferencia donde no conozco a nadie, pero en la que estará presente una ejecutiva latina bien conectada, tal vez ella pueda usar su privilegio para ayudarme a conectar con otras personas. Lo importante es que en cada momento nos preguntemos cómo podemos usar nuestro privilegio para apoyar a nuestra comunidad. ¿Cómo podemos aportar nuestro granito de arena para romper las cadenas coloniales del racismo desde el lugar donde estamos? Seamos francas: ¡ya basta de prejuicios raciales y de la división según el color de nuestra piel, que no hacen más que mantenernos relegadas! Tú y yo, aquí y ahora, tenemos la oportunidad de cambiar esos hábitos racistas ancestrales que nadie se ha atrevido a cambiar.

ACTO DE SANA REBELDÍA

Responde:

¿Cómo puedo apoyar a otra mujer latina, especialmente afrolatina, hoy?

____

____

____

____

____

Te doy algunas ideas: puedes nominarla para una oportunidad laboral o ascenso, para que le den ese premio que tanto merece, para que la inviten a hablar a una conferencia o que la entrevisten en esa revista latina que le encanta. Puedes referir un cliente a su negocio, apoyar sus publicaciones en redes sociales, comprar sus productos o servicios y compartir una reseña positiva de ellos. Otra excelente manera de empezar es preguntándole: «¿Qué puedo hacer por ti?», no como su salvadora, sino como iguales. Deja que te guíe con su respuesta y, si quieres ir un paso más allá, pídele que te cuente su historia.

Atrevámonos a romper las cadenas ancestrales del colorismo de una vez por todas. Seamos partícipes de una transformación sin precedentes, tan necesaria para nuestra comunidad, y mostremos un modelo de aceptación incondicional para que otros puedan ver lo que es posible.

EL COLORISMO Y EL RACISMO ESTÁN MÁS CERCA DE LO QUE IMAGINAS

Cuando terminaba de escribir la sección anterior me llamó por teléfono mi amiga puertorriqueña Victoria. Después de comentar el tema de este capítulo me contó, por primera vez en cinco años de amistad, que, si bien su tez es blanca, su cabello es rizado.

—¡¿Qué?! —le pregunté asombrada—. ¿Cómo es que jamás he visto tu cabello al natural, ni siquiera cuando me quedé a dormir en tu casa el año pasado?

Sinceramente, no dejo de sorprenderme cuando estas cosas ocurren.

—Amiga —me dijo—, trabajo en una corporación y quiero verme profesional. Por eso me plancho el cabello todos los días, sin excepción.

Procedió a contarme que una de sus abuelas era afrolatina, y de ella heredó su cabello rizado.

—Cuando era chiquita, cada vez que el cabello me llegaba a los hombros, mi papá me llevaba a la peluquería para que me lo cortaran bien cortito, como si fuera un varón. Me creí desde entonces que mi cabello era feo, y que yo era fea por tener ese *pelo malo*, como me decía mi papá.

Esa charla me dejó reflexionando acerca de cuántas nos sentimos demasiado o no lo suficiente, pero casi nunca perfectamente quienes somos, tal cual somos. O somos demasiado morenas o demasiado blancas, o nuestro cabello se ve poco profesional, o tenemos caderas muy anchas, o nariz y labios que nos hacen *poco profesionales o poco atractivas* a ojos de un estándar creado sin nosotras en mente. Todas tenemos algo que nos hace sentir poco aceptadas, poco bienvenidas. Cambiar ese sentimiento depende de nosotras.

Al despedirme de Victoria le pedí que me enviara una foto de ella con su pelo al natural, rizado. Más bien se lo supliqué. Me dijo que no tenía ninguna en su teléfono celular, pues la última que se había tomado era de una época en que no había cámara en los celulares.

No me ha enviado esa foto, a pesar de que le insistí varias veces. Supuse que tal vez la estaba invitando a mirar hacia una parte importante de su historia o esencia que fue causa de cierto dolor, así que decidí olvidarlo. Entendí que por mucho que lo intente, y a pesar de quererla como a una hermana, no podría dimensionar la experiencias de vida de Victoria. Simplemente no es posible. Pero sí es posible quererla y valorarla por quien ella es y tal cual es, así, sin que sienta que necesita cambiar nada. Como mujeres latinas que buscamos hacer las cosas diferente, podemos regalarnos más de esa aceptación y ese amor incondicionales.

LECCIONES APRENDIDAS

- El colorismo, o superioridad de individuos de piel blanca y facciones europeas, es una realidad que arrastramos desde la época colonial.
- Los hombres y las mujeres afrolatinos representan un grupo significativo e históricamente relegado y discriminado tanto en los Estados Unidos como en América Latina. No reconocer su importancia e influencia en nuestra historia colectiva equivale a desconocer nuestro pasado.
- El colorismo tiene consecuencias reales: limita nuestro progreso profesional; nos expone a prejuicios, comentarios hirientes y exclusión, y afecta nuestro sentido de identidad y de pertenencia.
- Las mujeres latinas blancas también sentimos que no pertenecemos totalmente a la comunidad latina. Tocar este tema puede ser incómodo, ya que no queremos ser percibidas como insensibles o desconsideradas.
- El privilegio no es cuestión de todo o nada, sino que varía dependiendo de quién esté alrededor.

CAPÍTULO 5

Relegadas y peleando por migajas

En este capítulo terminaremos de desenmascarar al elefante en la sala: nuestro clasismo, nuestro machismo y nuestra tendencia a competir con otras latinas, comportamientos por los que podemos terminar peleando por migajas mientras otros se comen el pastel.

Es posible que hayamos traído estos comportamientos de América Latina y que los continuemos pasando de generación en generación. Son ancestrales, coloniales, y están enterrados en nuestro inconsciente colectivo, desde donde ejercen su influencia sobre nuestros pensamientos y acciones.

CLASISMO: EL SISTEMA DE CASTAS QUE NOS SIGUE RELEGANDO

El clasismo es la discriminación de otros por la clase social a la que pertenecen. Tiene sus orígenes remotos en la Colonia, cuando nos colocaban en castas según nuestro color de piel, nivel de educación, riqueza o, principalmente quizás, según qué gente de poder e influencia conformaba nuestro círculo social.

Siglos más tarde continuamos perpetuando ese comportamiento. Quien pertenece a esos círculos selectos quiere garantizarse permanecer en ellos, y puede ser que, como táctica de supervivencia, quien aún no pertenece esté desesperado por ingresar. ¿Por qué supervivencia? Piensa en nuestros antepasados. Con recursos limitados y con un destino casi seguro de seguir hundidos en la pobreza, la posibilidad de contar con la atención y los favores de quienes tenían el poder de abrir puertas podía marcar la diferencia entre irse a la cama con hambre o luego de haber comido una buena cena. En las colonias, pertenecer a esos círculos selectos daba cierto nivel de seguridad.

Es interesante observar lo que puede ocurrir cuando combinamos nuestro clasismo ancestral con nuestra mentalidad cultural de escasez, la que nos ha llevado a creer que no hay oportunidades ni espacio para todos en esos círculos exclusivos. Como latinas y latinos, podemos llegar a esos espacios elitistas para luego cerrar la puerta detrás de nosotros, excluyendo a otras personas de nuestra comunidad que vienen abriéndose paso. Quienes alguna vez hemos sido excluidas conocemos muy bien este comportamiento, y quienes han excluido o continúan excluyendo, tal vez ni siquiera son conscientes de ello.

Esta exclusión clasista muchas veces se traduce en comportamientos sutiles, como asistir a eventos solamente con personas de nuestro mismo círculo social, guardar celosamente nuestros contactos sin compartirlos con otras latinas que se puedan beneficiar de ellos, e ignorar (o hacer *ghosting*) a latinas que no cuentan aún con nuestro mismo poder e influencia cuando nos piden alguna ayuda.

Con este comportamiento perpetuamos el sistema de castas, y lo que parece una victoria para un individuo o un pequeño grupo de nuestra comunidad se transforma en una gran pérdida para miles de mujeres latinas que se quedan fuera, sin importar sus talentos o su genuino propósito de crear impacto. Conozco demasiadas latinas talentosas y preparadas que están comprometidas con nuestro avance colectivo, pero que, por ser ignoradas y excluidas por quienes cuentan con mayor acceso y contactos, terminan reduciendo su impacto a una fracción de lo que sería posible.

En esos casos perdemos todos y ni siquiera nos damos cuenta. En este momento, cientos de miles de mujeres latinas a quienes el sistema clasista catalogaría como nacidas en estratos sociales bajos vienen abriéndose paso a gran velocidad en espacios educativos. Según el National Center for Education Statistics, un 40% de las latinas que cursan estudios superiores en universidades son las primeras en su familia en llegar a ese espacio. Y si tú, al igual que yo, has sido la primera de tu familia en ir a la universidad, sabes muy bien que graduarnos y contar con un título no trae consigo la red de conexiones e influencias que necesitaremos para triunfar profesionalmente. Parte de nuestro despegue como comunidad depende de dotar a estas jóvenes latinas del apoyo, la mentoría y el acceso que necesitan para triunfar. De no hacerlo, estaremos perpetuando el sistema clasista colonial, donde solo ciertos grupos privilegiados pueden acceder a más privilegio.

Existe otro tipo de clasismo, aún más sutil que el basado en clases sociales, y que parece asignarle un mayor valor profesional a la mujer latina empleada en grandes corporaciones que a la mujer latina dueña de su pequeño negocio.

—Me siento muy mal —me dijo Dolores cuando me contó cómo le había ido en la conferencia de latinos a la que había viajado. Ella es migrante centroamericana y dueña de su propio negocio. Por primera vez había sido invitada a una conferencia donde la mayoría de los asistentes eran latinos empleados por corporaciones o líderes de organizaciones sin fines de lucro. Como dueña de su negocio, lo vio como una oportunidad de expandir su red de contactos, algo en lo que trabajaba desde hace años—. Me sentí un poco fuera de lugar, no demasiado bienvenida —me confesó—. Terminé juzgándome a mí misma por no hacer más para conectarme con otros y por sentirme inferior a los demás. Salí sintiendo que había hecho algo mal o que lo que tengo para ofrecer no es importante —me confió, angustiada.

En ese momento me vino a la mente una conferencia para latinos en espacios ejecutivos a la que había concurrido hacía tiempo y de la cual salí con una sensación similar. Allí, la dinámica en el comportamiento de nuestra comunidad era impresionante y digna de observar. Quienes trabajaban en espacios corporativos recibían un tratamiento diferente: se les acercaban más personas, las conversaciones duraban más tiempo y había un intercambio de tarjetas de negocios. En cambio, cuando, como dueña de mi propio negocio, me acerqué a conectarme con esas mismas personas, noté que la conversación era amistosa, pero duraba poco. Algunos incluso miraban por encima de mi hombro mientras les hablaba, para ver con quién más podían conectar cuando terminaran conmigo. Llegó a pasar que, cuando le entregaba mi tarjeta de presentación, la misma persona que dos segundos antes había repartido la suya me decía que ya no tenía más tarjetas, pero que me contactaría en el futuro. Esos contactos nunca se dieron.

Trabajé casi dos décadas en espacios corporativos en empresas de renombre, como Procter & Gamble, Citibank y McKinsey & Co., antes de lánzarme a abrir mi propio negocio, y noté la enorme diferencia entre el trato que recibí de nuestra comunidad cuando trabajé como empleada corporativa y el que recibí como emprendedora. Empecé a sentir que quienes portan una empresa de renombre en su tarjeta de negocios pertenecen a una casta superior a quienes somos emprendedoras. Creo que yo misma inconscientemente los puse en un pedestal, colocándome a mí misma varios peldaños por debajo.

Igual que Dolores, me juzgué y pensé que tal vez era yo quien estaba haciendo algo mal. *¿Será que estoy diciendo algo inadecuado? ¿Será que me notan nerviosa haciendo* networking? *¿Será que lo que tengo que ofrecer no es interesante o no tiene mercado? ¿Será que me equivoqué y debería haberme quedado en mi carrera corporativa?* Durante años me angustié y torturé, al punto que mi cabeza parecía explotar de tanto intentar descifrar qué era lo que estaba haciendo mal. Luego, hablando con otras latinas emprendedoras, supe que no soy la única, y que este comportamiento es tan sistémico como inconsciente.

La oportunidad de romper con este comportamiento clasista puede traernos grandes dividendos. Como mencioné antes, las latinas somos sumamente emprendedoras. En los Estados Unidos hay dos millones de negocios creados por mujeres latinas, los cuales aportan 175 miles de millones de dólares a la economía del país. El 90% de estas firmas no tienen empleados, es decir, se trata de microemprendimientos. La oportunidad radica en que las corporaciones, el gobierno y otras organizaciones más grandes extiendan contratos a estas microemprendedoras y las acompañen en su crecimiento.

En los últimos años las empresas corporativas se han hecho el propósito de contratar bienes y servicios de emprendedores diversos, pero los números siguen siendo bajos. Un reporte de Supplier IO indica que solo un 3% de las compras de las empresas encuestadas se hacen a emprendimientos de minorías, de los cuales una fracción pertenece a latinas emprendedoras. Me pregunto qué porcentaje de esta brecha es sistémica y cuánto de ella ocurre por la falta de conexión, interés y apoyo de los latinos y latinas que trabajan en espacios corporativos y organizaciones similares hacia las emprendedoras calificadas para hacer un trabajo de excelencia, tal como nos ocurrió a Dolores y a mí en esas conferencias. ¿Será que tenemos arraigada la creencia de que los negocios de latinas emprendedoras no están a la altura de lo que ofrecen otras comunidades? ¿Creemos que su trabajo vale menos en el mercado, o que no es tan confiable como lo que ofrece un hombre blanco no latino?

Como agentes de cambio debemos tener el firme propósito consciente de romper con estos paradigmas ancestrales y apoyarnos entre nosotras, ya que las mujeres latinas no solo nos topamos en nuestro día a día con el clasismo sutil, sino también con el machismo ancestral, del que hablaremos a continuación.

EL MACHISMO DUDA DE LA CAPACIDAD DE LAS MUJERES LATINAS

Hace un tiempo me contaron este acertijo que se hizo viral; tal vez lo conozcas:

> Un padre y su hijo viajan en coche y tienen un accidente grave. El padre muere y al hijo se lo llevan al hospital porque necesita una compleja operación de emergencia, para la que llaman a cierta eminencia médica. Cuando entra en el quirófano esta eminencia dice: «No puedo operarlo, es mi hijo». ¿Cómo se explica esto?

Si quieres resolverlo por tu cuenta no sigas leyendo, pues porque a continuación te daré la respuesta.

La eminencia médica es la madre del niño. Si no lo pudiste resolver, no te sientas mal. No toda la gente responde correctamente el acertijo, ya que en nuestro cerebro el concepto de una eminencia médica viene representado por la imagen de un hombre. Nuestra cultura, los medios y hasta los libros que hemos leído nos conducen a pensar de forma machista.

El machismo se define como la actitud o manera de pensar de quien sostiene que el hombre es por naturaleza superior a la mujer. Nuestra cultura latina ha delineado desde hace siglos los roles de género, representando a los hombres como los que dominan, protegen y proveen, mientras que las mujeres somos ancestralmente definidas como las que cuidan, sirven y se sacrifican por la familia.

El machismo no termina solamente en la superioridad o dominio de los hombres en ciertos espacios y para ciertas tareas, sino que muchas veces lleva a la violencia, la agresión y otros comportamientos destructivos hacia las mujeres y hacia miembros de la comunidad LGBTQIA+. El machismo también puede impedir que los hombres formen relaciones saludables, tanto en su vida personal como en el trabajo.

—La próxima vez tienes que consultarme antes de tomar una decisión —le dijo Raúl a una mujer latina, que llamaré Rocío, luego de convocarla a la sala de conferencias para que se reuniera con él, en privado—. Tú no sabes lo que haces —le lanzó.

Rocío trabaja como directora de logística para una empresa privada desde hace cinco años. Nacida en Venezuela y residente en los Estados Unidos desde hace más de dos décadas, ha forjado su carrera a base de trabajo, compromiso y resultados. Raúl llegó a la empresa como director de planta hace apenas un año. Si bien Raúl y Rocío son pares que trabajan al mismo nivel, Raúl no tardó en intentar ejercer su dominio sobre Rocío.

Ese no fue el único incidente controversial. Tres días más tarde Raúl se paró detrás de Rocío cuando ella estaba en su cubículo trabajando en su computadora, y comenzó a gritar a toda voz: «¡A mí tú no me vas a faltar al respeto! ¡Tú vas a hacer lo que te digo!».

Rocío no podía creer lo que estaba viviendo. En un ambiente conservador como el de esa oficina en Nueva Jersey, escuchar a un compañero latino a los gritos en español y queriéndola avergonzar e intimidar fue más de lo que Rocío pensó que podía soportar. Lo increíble es que nadie salió a defenderla; sus compañeros de trabajo siguieron mirando sus pantallas como si nada pasara. Seguro no entendieron las palabras de Raúl, pero el tono era evidentemente abusivo. Harta de soportar esas situaciones en silencio, Rocío se dirigió ese mismo día a Recursos Humanos para plantear su caso.

—Habrás entendido mal su intención —le dijo el director de Recursos Humanos—. Raúl solo quiere sacar los proyectos adelante sin mayores contratiempos. Entiendo que a veces sea un poco temperamental, pero es un líder muy valorado en esta empresa. —Ante la incredulidad de Rocío, cerró—: Habrá querido ser persuasivo. Tal vez te lo estás tomando demasiado personal.

El machismo siempre encuentra algún amigo que lo defienda, sobre todo cuando es una mujer quien intenta poner los límites o alzar la voz ante comportamientos inaceptables. En el caso de Raúl, es posible que su actitud haya sido un mecanismo de defensa por sentirse inadecuado e inseguro en su nuevo trabajo, e incluso por la «vergüenza» de estar en el mismo nivel jerárquico que una mujer.

Nuestra comunidad puede ser bastante machista, lo cual es entendible cuando en los espacios tradicionales de poder en América Latina (como el gobierno, los militares, la Iglesia y la agricultura) las mujeres nos hemos encontrado ausentes o relegadas a un rol secundario. Solo en las generaciones más recientes la mujer latina ha accedido a la universidad y a trabajos profesionales fuera de la casa en grandes números. Muchas de nosotras hemos observado cómo nuestras abuelas e incluso nuestras madres asumieron el rol de apoyo al hombre de la casa, más que el de salir a ganarse la vida. Los hombres latinos han crecido observando ese mismo rol, por lo que no es enteramente sorprendente que en su inconsciente la mujer pueda asumir ciertos roles pero no otros.

También es posible que algunas madres latinas exacerbemos el problema (yo sé que lo he hecho), asignando a nuestras hijas tareas que no asignaríamos a nuestros hijos, o creando en ellas la idea de que deben depender de un hombre para su seguridad financiera y física: *Cuando llegues a casa, por favor prepara algo de comer para tu hermano mayor; Si no aprendes a tener buen carácter, ¿quién se va a querer casar contigo?; ¡Qué dramática!*, o *¿Ya casi 30 años y sin novio? ¡Te vas a quedar soltera! Si eso pasa, ¿cómo vas a hacer?*

Muchas de nosotras, en mayor o menor medida, hemos recibido este tipo de mensajes que surgen del marianismo, la ideología de que la mujer debe sacrificarse sirviendo a los demás siguiendo los pasos de la Virgen María (de ahí su nombre). Tanto el machismo como el marianismo asignan roles y conductas específicas a hombres y mujeres, perpetuando un sistema de inequidad que oprime a las mujeres que desean alcanzar otros sueños.

En los últimos años, al estar relacionada con cámaras de comercio y espacios para emprendedores, he presenciado cómo algunos hombres latinos suelen favorecer a otros hombres latinos, compartiéndoles acceso a sus contactos y refiriéndolos a posibles clientes, mientras que las mujeres latinas (algunas posiblemente más calificadas) no reciben ese mismo apoyo, salvo en contadas excepciones.

La buena noticia es que el mundo está cambiando. Un estudio realizado por la profesora emérita Alice Eagly y publicado por la American Psychological Association indica que la percepción negativa relacionada con la capacidad intelectual de las mujeres ha cambiado de forma significativa en las últimas décadas. En 1946 solamente un 35% de los encuestados creía que tanto hombres como mujeres eran igualmente inteligentes, mientras que el resto consideraba a los hombres como más inteligentes que las mujeres. ¡Qué bueno que en 2018 un 86% pensaban que hombres y mujeres somos igualmente inteligentes! Pero ¿cómo se verían estos números si la encuesta se hiciera solo para la comunidad latina?

Nuestra oportunidad de crecimiento colectivo estriba en darle a la mujer latina el espacio que le corresponde, apoyándola en el logro de sus metas, y en cortar la cadena y dejar de reforzar roles machistas y marianistas en las generaciones más jóvenes. Especialmente las que somos madres. Si así lo hacemos, nuestras hijas podrán atreverse a soñar que ellas también pueden llegar a ser eminencias en su campo, como la cirujana del acertijo. Los hombres, como veremos más adelante, serán aliados fundamentales para generar un cambio sistémico sostenible y a escala. El profundo proceso de cambio que tenemos por delante nos invita a todos a trabajar juntos, de igual a igual.

LA COMPETENCIA Y LA ENVIDIA ENTRE NOSOTRAS

¿Sabías que si colocas cangrejos dentro de una cubeta es muy probable que ninguno escape? Esto ocurre porque en cuanto algún cangrejo empieza a trepar hacia arriba, los que están debajo lo tironean para no dejarlo escapar. Este tipo de comportamiento garantiza el fracaso colectivo, ya que al final ninguno logra salir con vida. Es un comportamiento muy similar a lo que puede acontecer en la comunidad latina: cuando una de nosotras avanza y comienza a tener éxito, es posible que otras latinas y latinos se sientan incómodos y por eso dejen de apoyarla.

Después de sostener cientos de diálogos con otras latinas, noté que este comportamiento ya no es novedoso en nuestra comunidad ni causa sorpresa, ¡pero seguimos repitiéndolo! Seguimos jalándonos hacia abajo, sintiendo envidia y celos de la que trepa hacia arriba en la cubeta. El inconsciente es poderoso. Y, si bien esos sentimientos pueden originarse en una mentalidad ancestral de que no hay suficiente para todas, creo que hay algo más profundo aún. Por ejemplo, las redes sociales son especialistas en desencadenar sentimientos como los celos y la envidia, ya que la gente suele mostrar solo una parte de su vida: la exitosa. En cambio no se muestran el sudor y las lágrimas derramados en el camino, ni los sacrificios y frustraciones del proceso.

Seguramente te ha pasado como a mí. Mirando lo que otras personas ponen en sus redes sociales, siento celos y activo los juicios hacia mí misma por no sentirme tan buena o exitosa como esa persona. Observando esto aprendí que mi envidia ocultaba una realidad: yo anhelo ese mismo éxito o reconocimiento, pero una parte de mí no creía que eso fuera posible en mi vida. La envidia y los celos ocultaban mi falta de confianza en mí misma.

Desde que me di cuenta de esto, hago lo posible por mantenerme consciente en esos momentos en los que siento celos o envidia, y cambio mi diálogo interno; mejor me digo: «Si ella pudo, yo también puedo». A eso le sumo una acción externa, como apoyar públicamente en redes sociales el trabajo de esa persona o enviarle un mensaje de apoyo. A través de esta acción, me permito confiar en la abundancia del universo. ¡Confío en que hay suficiente para todas!

Y tú, ¿cómo romperás el dañino hábito de jalarnos hacia abajo o dejarnos llevar por los celos o la envidia?

SÉ PARTE DEL CAMBIO CREANDO TU LEGADO

Pretender que los problemas no existen tiene una consecuencia clara: que todo siga igual. Si bien el colorismo, el clasismo y el machismo no cambiarán de la noche a la mañana, tocar estos temas poniendo de lado la culpa y la vergüenza es un primer paso para tomar conciencia de cómo frenamos nuestro propio progreso y para seguir rompiendo nuestras cadenas de limitación colectiva. Luego nos toca un segundo paso aún más importante, por el cual hay que reconocer nuestro privilegio relativo y tomar una acción concreta (¡nuestro acto de sana rebeldía!). Así como hicimos con el colorismo, volvamos al tema del privilegio. Recuerda que el privilegio es relativo e irá variando según qué persona se encuentre frente a ti.

ACTO DE SANA REBELDÍA

Piensa en cinco latinas que formen parte de tu vida y escribe:

¿Qué privilegios tengo en comparación con ellas y cómo puedo usarlos para apoyarlas?

____

____

____

____

____

Usar tu privilegio para el avance y el progreso de nuestra comunidad hará que las luchas con las que te enfrentas alcancen un sentido trascendental. Tus experiencias desafiantes ya no serán solo para ti, si no que se transformarán en luz para otros y se convertirán en tu legado personal. Así podremos transformarnos en gigantes sobre cuyos hombros los más desaventajados puedan tomar impulso.

LECCIONES APRENDIDAS

- El clasismo, el machismo y la tendencia a competir con otras latinas son comportamientos ancestrales y coloniales, albergados en el inconsciente colectivo, que nos dejan peleando por migajas mientras otros se comen el pastel.
- El clasismo es la discriminación de otros por su clase social. Muchas veces consiste en asignarles tiempo, recursos y oportunidades solo a personas de nuestro mismo círculo social u otro superior, ignorando y excluyendo, inconsciente o deliberadamente, a otras latinas que no aún cuentan con ese poder o influencia.
- El machismo sostiene que el hombre es por naturaleza superior a la mujer y le asigna a él el rol de dominar, proteger y proveer, mientras que a la mujer la coloca en el papel de cuidar, servir y sacrificarse por la familia.
- La competencia entre nosotras y la mentalidad de escasez nos llevan a comportarnos como cangrejos en una cubeta, jalando hacia abajo a quienes comienzan a ascender. Es un comportamiento de supervivencia que desemboca en envidia y en dejar de apoyar el crecimiento de otras latinas.
- Tú tienes las llaves del cambio: tu experiencia con el clasismo, el machismo y la competencia puede emplearse para dejar un legado si la usas para apoyar a quienes se ven más afectadas por tales comportamientos.

CAPÍTULO 6

El cambio empieza dentro de ti

Espero que este capítulo te sirva para generar una transformación duradera y profunda en tu vida. Te invito a que lo leas con detenimiento, lo marques con colores, tomes notas, hagas los ejercicios y te animes a los actos de sana de rebeldía. La transformación profunda de tu vida y la superación de esos mensajes, conscientes e inconscientes, que vienes arrastrando por generaciones, comienza dentro de ti. En otras palabras, tu prosperidad, plenitud y felicidad no dependen de tu jefe, de tus compañeros de trabajo, de tus amistades ni del gobierno de turno. Las claves del cambio se encuentran en tu interior.

¿No es maravilloso? ¿Puedes explorar la posibilidad de que el cambio radical de tu vida comience contigo misma? Realmente no depende de nadie más. Me imagino lo que puedes estar pensando en este momento: *Pero, Valeria, en mi profesión me enfrento continuamente a microagresiones y envidia; además, siento que no me están pagando mi valor de mercado. Me parece que más bien debo cambiar a los demás, su manera de verme y valorarme.*

Exactamente ahí está el problema. El mundo nos ha enseñado una fórmula para el cambio en nuestras vidas, pero nos la enseñó totalmente al revés. Nos han dado un mapa en el que el norte está al sur y el sur esta al norte. Así es fácil perderse en el camino y no lograr esa transformación que tanto anhelamos, hasta el día que en decidimos hacerlo al revés.

Miremos el caso de Sara, una migrante latina que se desempeñaba como directora en una reconocida institución financiera. Por varios años sintió que su carrera se iba frenando. Ya no le asignaban los proyectos más interesantes, sus opiniones e ideas no eran tomadas en cuenta, y hasta dejó de estar en el radar de los líderes de su organización, con lo que perdió acceso a mentorías y patrocinios. Llegó un momento en que su carrera se frenó casi completamente.

La fórmula para generar cambios que Sara había estado utilizando era:

Resultados → Comportamiento → Realidad interna

Sara quería sentirse valorada, respetada y escuchada (realidad interna), pero para ello se enfocó en primero modificar su realidad externa (resultado). Pensaba que tal vez cuando lograra que le asignaran un proyecto importante, los líderes la tomarían en cuenta y la promoverían (resultado), y con el respaldo y patrocinio de esos ejecutivos ya podría comportarse con la confianza de una líder (comportamiento). Por consiguiente, los demás comenzarían a escucharla y ella se sentiría valorada y respetada (realidad interna).

Esta fórmula no le funcionó. Centrada en obtener aquel proyecto, solicitaba reuniones con los ejecutivos de su empresa para hablar de su futuro, pero cada vez que articulaba una palabra le temblaba la voz, se sentía demasiado expuesta y vulnerable, y su crítica interior le gritaba «Pero ¿qué estás haciendo? ¡Cállate!». El desgaste emocional y físico fue tan brutal que, después de una década ahí, decidió salir de la empresa y buscar otro trabajo para cambiar de aires. Ese cambio de ambiente la llevó a reflexionar sobre cómo podría hacer las cosas de forma diferente, trabajando en fortalecer su confianza y creer en su valor, en lugar de esperar a que otros la validaran o destacaran sus contribuciones. Inconscientemente revirtió su fórmula a:

Realidad Interna → Comportamiento → Resultados

Ahí fue cuando todo cambió.

—Me convencí de que tenía muchísimo valor para aportarles —me dijo Sara aquella mañana en la que nos juntamos a tomar un café para que me contara su historia—. Me presenté al nuevo trabajo con tanta confianza en mí misma que hasta emanaba una energía diferente por los poros. Y los demás lo notaron. Me escuchaban con atención en las reuniones y al poco tiempo acudían a mi oficina para que les diera mi punto de vista sobre temas en los que estaban trabajando.

Los resultados no tardaron en llegar, ya que en pocos años su crecimiento profesional se hizo exponencial y Sara se convirtió en una de las pocas latinas en haber logrado acceder a un puesto directivo en la industria financiera, y nada más y nada menos que en el muy competitivo Wall Street.

Lo que había hecho Sara fue cambiar su realidad interna (la confianza en sí misma y el reconocimiento de su valor), lo cual influyó sobre su forma de actuar y presentarse cotidianamente: ahora se expresaba con confianza y firmeza, en una versión de sí misma muy diferente a la que había presentado por décadas (comportamiento), lo que se tradujo en oportunidades de crecimiento exponencial, ascensos y aumentos de salario. En otras palabras, Sara cambió su realidad externa gracias a que antes cambió su mundo interior y la imagen que tenía de sí misma.

—Me ayudó mucho tomarme el tiempo para reflexionar y observar cómo lo hacían otros a quienes yo admiraba —me confió—. Descubrí que otras personas eran más benevolentes y menos críticas consigo mismas. Por ejemplo, recuerdo a un hombre que tenía un acento marcado en inglés, aún más marcado que el mío. Mientras yo juzgaba mi acento de migrante y me mortificaba pensando que los demás no entendían lo que quería expresar, este hombre continuaba creciendo a pasos agigantados, con acento y todo, porque demostraba confianza en sí mismo. Me di cuenta de que yo misma me estaba poniendo barreras, así que decidí creer en mí y dejar de sentirme menos que los demás. Al final del día, si yo no creo en mí misma, ¿cómo puedo esperar que otros lo hagan?

A Sara le tomo unos meses hacer ese clic interior; a mí me tomó muchos años. Quienes me han conocido recientemente pueden ver en mí a alguien que habla en público con soltura y confianza, pero quienes me conocen de años y me llegaron a ver en esos espacios corporativos, mortificada y ruborizándome cada vez que tenía que hablar en público, se dan cuenta del trabajo arduo que tuve que hacer para cambiar la imagen encogida de mí misma que había formado en mi mente.

Con todo, Sara y yo tenemos algo en común: aprendimos que el primer paso de todo cambio radical está en modificar nuestra realidad interna para permitir que, desde la autovaloración y el amor propio, los nuevos comportamientos fluyan naturalmente. Y a su vez, esos comportamientos dieron lugar a nuevos resultados que parecían hasta impensables solo unos años atrás. En otras palabras, los resultados presentes en nuestra vida no son más que un espejo de nuestra realidad interior. Aquí vamos al primer acto de sana rebeldía de este capítulo. ¿Quieres cambiar tu vida? ¿Quieres ganarte el respeto de otros? ¿Quieres cobrar valor de mercado por tu trabajo? Deja de intentar cambiar a los demás y empieza por cambiar tu mundo interior.

TRES PILARES PARA CAMBIAR TU MUNDO INTERNO

Varios reportes e investigaciones respaldan la existencia de una conexión entre nuestra realidad interior y nuestra realidad externa. Un artículo en *Psychology Today* de la doctora Jennice Vilhauer indica que donde empezamos a crear nuestra realidad es en la forma como percibimos, interpretamos y pensamos acerca de los aconteceres de nuestra vida, y en la forma como respondemos con ciertos comportamientos ante situaciones similares. Es decir, si piensas que eres un fracaso, te sentirás como un fracaso, y si te sientes un fracaso, te comportarás como tal.

El mismo artículo menciona que un pensamiento que se repite en nuestras mentes una y otra vez termina transformándose en verdad y se convierte en creencia. Si piensas que no eres buena en lo que haces y actúas como si eso fuera cierto, no harás sino reforzar tu creencia de que no eres lo suficientemente buena. Te encontrarás entonces en un ciclo repetitivo difícil de romper, a menos que empieces por la punta del ovillo: los pensamientos que albergas en tu mente.

Es fascinante lo que nos enseña la neurociencia acerca del funcionamiento de nuestro cerebro. El cerebro actúa a partir de un sistema de filtrado selectivo. En otras palabras, una vez que se establece una creencia, el cerebro, en su función de simplificar los estímulos provenientes del mundo que nos rodea, influido por nuestras creencias se pone a buscar algo determinado, y bloquea o inhibe las redes de neuronas que compitan con ese enfoque. Por eso, una vez que se establece un sistema de creencias, no le resulta fácil a tu mente encontrar pruebas de lo contrario. Si has tomado la decisión, así sea inconsciente, de que no eres lo suficientemente buena en lo que haces, a tu mente le costará trabajo identificar y resaltar tus logros y tus momentos de éxito. Posiblemente los pasará por alto.

Hay algo aún más interesante. Según Fred Luskin, de la prestigiosa Universidad de Stanford, el ser humano tiene alrededor de 60 000 pensamientos al día, el 90% de los cuales son repetitivos. O sea, literalmente tenemos en la cabeza un disco rayado que de forma obsesiva piensa lo mismo día tras día, semana tras semana. De aquí la importancia de tomar conciencia de lo que pasa por nuestra mente para romper ese hábito automático y transformar nuestros pensamientos limitantes a otros de expansión. Reprogramar nuestra mente es posible y requiere enfoque, esfuerzo y repetición. De hecho, esta es una técnica conocida entre los atletas de alto rendimiento. Quienes buscamos lo mismo en nuestra profesión haríamos bien en incorporarla.

Mi hijo, Tommy, sentía ansiedad cada vez que estaba por jugar un partido de futbol. Pensaba que jugaría mal, que perdería la pelota, que no rendiría en su máximo nivel y que desilusionaría a sus compañeros de equipo y a su entrenador. En vista de eso, decidí poner a prueba con él este concepto. Cada vez que Tommy decía sentir nervios y ansiedad antes de un partido, le pedía que se visualizara jugando como Lionel Messi, el mejor jugador de la historia (¡aquí salió mi corazón argentino!). También le pedí que se permitiera sentir lo que Messi sentía cuando metía un gol de esos que parecen casi imposibles. Así lo hizo. Usando su imaginación se visualizaba convirtiendo goles, se permitía experimentar el sentimiento de triunfo incluso antes de entrar a la cancha y cambiaba su diálogo interno por un «Sí puedo». Los resultados fueron casi inmediatos. Su confianza aumentó de tal forma que en la final de un torneo regional, siendo uno de los jugadores físicamente más pequeños de toda la cancha (lo que en el futbol de los Estados Unidos se considera una desventaja), Tommy metió dos goles que le permitieron a su equipo levantar el trofeo de campeón.

Con este ejemplo quiero que notes los tres componentes fundamentales del cambio interno: 1) las imágenes que mantienes en tu mente, 2) los sentimientos que acompañan esas imágenes y 3) el diálogo interior que mantienes contigo misma. Vayamos por partes.

Las imágenes que mantienes en tu mente

¿Te visualizas como una persona exitosa? ¿Puedes verte actuando con confianza en situaciones desafiantes? Es fundamental que siempre ganes en tu imaginación. Al elegir qué imágenes de ti misma mantienes en la mente, inclínate por las imágenes positivas y de triunfo, no imágenes catastróficas. Al comienzo de este libro prometí que iba a ayudarte a transformar la forma en que piensas. Pues bien, el primer gran paso será que me acompañes a cambiar la manera en que te piensas a ti misma.

Te cuento como fue mi experiencia. Cuando decidí empujar mis límites y lanzarme como oradora y conferencista, me propuse firmemente usar mi imaginación para visualizarme en la situación deseada. Ya mencioné que en mi pasado corporativo solía quedarme en silencio en reuniones, aterrorizada de expresarme y de dar mi opinión. Entonces empecé a crear en mi mente la realidad que quería en mi vida, y que en ese momento no existía para mí. Me imaginé frente a cientos de personas, expresándome con soltura y confianza, sonriendo y captando su atención. Hacía estas visualizaciones con todos los detalles, incluyendo el color y la textura del piso, la ropa que llevábamos puesta (tanto las personas del público como yo), las luces, los colores, los sonidos. Me sumergía en una experiencia tan real como me fuera posible, y todos los días, aunque fuera por unos pocos minutos, me imaginaba triunfante en esos espacios.

Con el tiempo, esas imágenes que habían ocupado un lugar en mi imaginación se comenzaron a manifestar en mi vida, y una parte de mi parecía saber exactamente qué hacer y cómo sentirme. Era como si ya hubiera vivido esos momentos y supiera manejarme con soltura y confianza. Para el cerebro no hay distinción entre lo imaginario y lo real, ya que en ambos casos se desencadenan una serie de reacciones físicas. Si no me crees, imagínate ya mismo masticando un trozo de un limón bien ácido. ¿Qué le pasa a tu cuerpo? Debemos ser cuidadosas con las imágenes que nos permitimos mantener en nuestra mente, porque sus consecuencias son reales.

¡Inténtalo! Lleva adelante este gran acto de sana rebeldía y vete triunfante en situaciones donde hoy te encuentras bloqueada. El momento ideal para este tipo de ejercicios de visualización no es solamente antes de entrar a cierta reunión o al enfrentarte a una situación difícil. Prueba llevarlos a cabo por la mañana al despertar, o en la noche antes de conciliar el sueño. En esos dos momentos la mente consciente y tu despiadado juez interno se encuentran menos activos, así que a la hora de visualizar en grande tendrás menos resistencia, dudas y juicios.

Elige los sentimientos que acompañan esas imágenes

De poco sirve visualizar situaciones de triunfo si incluso en sueños sientes terror o miedos profundos: muy probablemente te estés programando para experimentar esos sentimientos limitantes cuando tengas dichas situaciones en la vida real. Es muy importante que te permitas sentir una emoción elevada cuando estés en el proceso de triunfar en tu imaginación. ¡Pruébalo! Sentir gratitud hacia lo que te estás imaginando, por ejemplo, envía a una parte de ti la señal de que el acto ya ocurrió y salió muy bien, aunque no se haya manifestado en tu vida y el exterior no lo refleje todavía.

A veces no es fácil dejar de sentir miedo ante una meta ambiciosa. A mí me ha funcionado reconectar con las emociones de triunfo y gratitud, recordando algún acontecimiento importante del pasado en el que me haya sentido así. Al viajar hacia el pasado recuerdo esos sentimientos, los siento nuevamente y los traigo al presente para unirlos a la nueva visualización con la que esté trabajando.

Hace algunas décadas, cuando vivía en Argentina, hice un cambio un cambio importante de carrera. Pasé de finanzas y auditoría a *marketing* cuando me incorporé a una prestigiosa empresa global (más de uno de mis compañeros de la universidad habrían dado lo que fuera por trabajar ahí). El proceso de entrevistas no fue fácil: tuve que responder exámenes similares a los que tiempo después presenté para ingresar a la maestría en Negocios en Dartmouth. Todavía recuerdo el momento en que recibí la llamada telefónica en que me anunciaron que el puesto era mío. La sensación de triunfo y profunda gratitud que sentí en ese momento son indescriptibles, y los recuerdo como si fuera ayer. Hoy en día, al visualizar una gran meta, sobre todo cuando me intimida, me concentro en encender en mí las mismas emociones que sentí cuando esa empresa multinacional me invitó a unirme a su plantilla.

¿Cuál sería para ti ese momento de logro y expansión mayúscula? Para una de mis clientas de *coaching* fue recibir el primer cheque con su sueldo y sostenerlo en sus manos; para otra, convertirse en madre después de años de tratamiento y poder abrazar a su bebé por primera vez. Solo tú sabes cuál es el acontecimiento de tu vida que te genera una sensación de logro y profunda gratitud; es muy importante que lo identifiques para tenerlo presente en el camino que recorreremos en los siguientes capítulos.

Transforma tu diálogo interior

Allí donde nadie más te escucha salvo tu misma, ¿cómo te hablas? ¿Qué palabras eliges decirte ante situaciones desafiantes?

Hace unas semanas salí a cenar con una latina que tiene un puesto directivo en una empresa de productos de consumo masivo. Se había dado cuenta de que su propio diálogo interno la bloqueaba, según me contó. Cuando se encontraba en reuniones con otros ejecutivos, esas voces internas eran tan fuertes que la distraían y se perdía parte de la conversación, con lo que dejaba pasar toda oportunidad de aportar un comentario de valor.

Ella no está sola. En mis seminarios hago encuestas anónimas en las que les pido a los participantes que escriban lo que su crítico interno les dice con más frecuencia. Desde *No eres lo suficientemente inteligente (o fuerte, joven o bien conectada), hasta Otros lo pueden hacerlo mejor que tú, ¿Quién te crees que eres?, ¡No mereces estar aquí!, Ya se darán cuenta de que no sabes nada*, o incluso *Eres un parásito* y *No mereces triunfar.* Lo he escuchado todo. Si por un momento expresáramos en voz alta cómo nos hablamos a nosotras mismas, más de uno se horrorizaría. Tenemos que frenar ese diálogo interno y reemplazarlo por otro que nos apoye; por ejemplo: *Soy lo suficiente, Merezco triunfar, Me las puedo arreglar para resolver lo que la vida me presente, Soy valiosa, Pertenezco a este lugar, Lo que tengo para decir aporta valor, Mi experiencia vale y cuenta.*

¿Cuál es tu voz más limitante? Atrévete a identificarla. Trabaja en crear una frase que sea opuesta a lo que esa voz te grita cada vez que te encuentres en una situación desafiante. Recuerda: lo que resistes, persiste. La manera de cambiar una voz limitante no es aporrearla y silenciarla a la fuerza, porque de eso trata la resistencia: de suprimir, negar o empujar a un costado lo que nos molesta o avergüenza. La manera de bajarles el volumen a esas voces limitantes es amarlas. Ama tu voz de limitación, ama tus voces de juicio, ama tu humanidad con tus fortalezas y tus áreas de oportunidad. Ama con locura cada parte de ti y verás que ese amor le bajará el volumen a la cruel voz con que te juzgas negativamente. Ir reemplazando estas voces requiere concentración, repetición y disciplina, pero es posible. Debemos ganar en nuestra imaginación y en nuestro espacio interior.

Hace unos años me embarqué en el acto de sana rebeldía de empapelar mi casa con notas adhesivas para ayudarme en el proceso de darles más volumen a las voces de autoempoderamiento interior. Elegí la frase *Soy suficiente* para comenzar a reemplazar aquella voz de *No eres lo bastante buena* que en 2016 me había llevado a trabajar en exceso hasta colapsar, y coloqué las notitas en mi espacio de trabajo, en el espejo de mi baño, en la alacena del cereal del desayuno, junto a mi taza favorita de café. El poder de este acto tan simple ha sido profundamente transformador. ¡Inténtalo!

Es una pérdida de tiempo centrarnos en intentar cambiar a otros. Es más eficiente y revolucionario enfocarnos en crear nuestra realidad interior para formar un nuevo sistema de creencias que nos permita presentarnos ante el mundo con una confianza en nosotras mismas tan profunda que las puertas comiencen a abrirse. Las personas desean ser parte del éxito. Derrama éxito y confianza por cada poro de tu ser y la gente te rodeará ofreciéndote apoyo y recursos para poder crear juntos algo aún más grande.

Así como las semillas dan sus frutos más rápidamente en suelo fértil, si quieres que tus tomas de conciencia y actos de rebeldía y de visualización florezcan con raíces profundas, debes preparar tu suelo para que ocurra. Eso te permitirá crecer más de lo que alguna vez soñaste. Se trata de un bien escaso en este mundo de desenfreno, productividad y estímulos constantes, algo profundamente sanador y transformador. El suelo fértil del que te estoy hablando es el silencio.

EL SILENCIO CAMBIÓ MI VIDA

Como te conté en las primeras páginas de este libro, 2016 fue uno de los años más duros para mí. Estaba agotada física, mental y emocionalmente. Quienes habían visto mi ascenso en espacios de elite desconocían mi realidad más íntima. Mis logros se habían manifestado, pero no habían cesado las dudas y los juicios hacia mí misma, y esa presión me cobró un precio demasiado alto: mi salud física y mental, mi felicidad y hasta mis ganas de vivir. Muchos me vieron moverme como pez en el agua, desconociendo que por dentro me estaba ahogando en un mar de dudas, sumida en las garras del inalcanzable perfeccionismo y atrapada en una búsqueda feroz de aprobación externa para así llenar mi profundo vacío interno. Había volado alto, y desde esa altura la caída fue devastadora.

—Renuncia ya mismo y tómate unos meses para pensar que quieres hacer —me sugirió mi esposo; sus ojos reflejaban una profunda preocupación. Posiblemente desconocía esa versión desgarrada y vencida de la mujer valiente con la que se había casado 16 años antes. Durante años yo había escondido hábilmente mis miedos, mi sensación de inferioridad y mi adicción a la autocrítica, hasta que con mi colapso la versión desconocida de un ser doblegado por sus luchas internas quedó frágilmente expuesta.

Ese día fue el inicio de la transformación más profunda que jamás hubiera imaginado. Al principio no fue fácil. Al renunciar a mi trabajo me sentía culpable de no estar produciendo. Para calmar la mente me inscribí en un gimnasio; volqué toda esa energía de empeño y logro en alcanzar un estado físico envidiable en solo unos meses. Así como en el espacio profesional mi obsesión había sido el perfeccionismo y superar las expectativas de todos mis superiores, en el gimnasio fue quemar la mayor cantidad de calorías en una hora y ser la última en tomar un descanso en las clases más intensas, mientras mi mente exigía «Sigue, vamos por más». Obviamente, continuaba con la misma actitud de autocastigo y exigencia, solo que había cambiado las paredes de la oficina y el tecleo de las computadoras por un gimnasio y la música a todo volumen.

Estaba claro que eso no me llevaría muy lejos. Unos meses más tarde, en una clase grupal, en un espacio reducido colmado de gente, estaba distraída mirando el teléfono y no vi venir la pesa de 15 libras que la mujer a mi izquierda lanzó con fuerza en un ejercicio de omóplatos. Me causó una contusión cerebral.

—Necesitas de dos a tres semanas de descanso mental en tu casa, sin pantallas y sin estimulación de gente a tu alrededor —me dijo la doctora.

Una semana más tarde volví a visitarla, pero esa vez por una fractura en el pie. Había olvidado mi botella de agua en el congelador; cuando fui por ella, y como consecuencia de mi contusión cerebral, perdí el equilibrio, con lo que dejé caer la botella congelada sobre mi pie descalzo, con tan mala suerte que me quebré uno de los huesos más frágiles y dolorosos del pie. Eso ya era una señal clara de Dios o del universo, como prefieras llamarlo, que me decía algo así como «Valeria, como insistes con tus hábitos de autodestrucción, ahora te quedarás encerrada a la oscuridad de tu habitación, inmovilizada sobre la cama con un yeso en el pie, sin las interferencias de este mundo. Tal vez ahora sí puedas ir al único lugar donde tu sanación puede ocurrir: tu interior». Y así fue. Finalmente entendí el mensaje; no me quedó otra opción.

Las dos semanas siguientes fueron un tiempo de oscuridad para aliviar mis migrañas, de silencio para evitar la sobreestimulación de mi cerebro y de mucha oración para pedir claridad sobre cómo había llegado a esa situación. En ese espacio comencé de a poco a recordar mi niñez, lo feliz que era con una vida simple, cuánto amaba jugar con mis primos y mis hermanos en las calles de tierra de mi pueblo durante las calurosas e interminables siestas, cuando todo esto de ser productiva y exigirme más allá del agotamiento no existía.

El silencio interior no fue inmediato. Al principio todo era ruido en mi interior, con demasiadas voces de juicio y un incesante tsunami de pensamientos. Con el correr de los días el ruido interno comenzó a disminuir, y entonces comencé a experimentar mi silencio interior,una sensación desconocida de paz y una expansión infinita de mi propio ser, como si mi esencia no estuviera reducida a los límites de mi cuerpo físico. Poco a poco, y a medida que mi «prisión domiciliaria» llegaba a su fin, me encontré haciendo cosas para las que antes no me daba el tiempo, como tomar un baño de sales, escuchar música suave, leer libros de espiritualidad y hasta hacer terapia por primera vez en mi vida, porque tal vez eso no era solo «para locos», como me habían dicho.

En el silencio me reencontré conmigo y empecé a amarme una vez más, poco a poco. Me hacía mucha falta pasar tiempo conmigo misma y darme un espacio. Comencé a escucharme, a cuidarme y a valorarme. Cuando pude incorporar el silencio a mi vida me enfoqué en conectarme con la energía de la paz y la gratitud, y fui más consciente de los pensamientos que me pasaban por la cabeza. El silencio me permitió enfrentarme cara a cara con mi vida interior, y aunque no fue nada cómodo, lo volvería a hacer una y mil veces más, pues me transformó desde lo más profundo.

Hace tiempo escuché una entrevista con el escritor Pablo d'Ors titulada «La meditación es un camino radical para el autoconocimiento». En ella compartió ideas reveladoras acerca del poder del silencio, la reflexión y la meditación para transformar nuestras vidas.«No conozco un camino más radical, incluso diría más salvaje o directo, para el conocimiento de uno mismo que la práctica de la meditación. O si quieres, la práctica del silenciamiento interior —decía—. Vivimos aturdidos por tantos mensajes, palabras, sonidos e imágenes». Agregó que «la meditación es una práctica de silenciamiento que consiste en sentarse, si es posible todos los días, con la espalda erguida y simplemente tomar conciencia del propio cuerpo, siguiendo el ritmo de la respiración».

ACTO DE SANA REBELDÍA

Siéntate en silencio por al menos 10 minutos

Toma conciencia de tu mundo interno e intenta despertar el amor por la versión más pura de ti. Todo lo que este amor incondicional traerá a tu vida será quizá el mayor acto de sana rebeldía que puedas permitirte. Deja que tu silencio interior se transforme en un rugido que te propulse hacia la versión más poderosa de tu ser.

D'Ors explicaba cómo nos cuesta quedarnos quietos, porque así es como nos percatamos del parloteo interior que experimentamos de forma constante. Ese parloteo puede ser tan abrumador que la mayoría de nosotros no lo tolera y corta la meditación para ponerse a hacer «algo más productivo». Sin embargo, si perseveramos en lograr ese progresivo silenciamiento interior, a la larga veremos los frutos. Según D'Ors, los primeros frutos son la claridad y la valentía para actuar. Doy fe de que así ha sido conmigo. En el silencio descubrí con claridad mi propósito de vida, y allí también encontré la valentía para ponerme de pie y hablar ante cientos, cuando solo unos años antes sudaba a mares si tenía que hablar delante de dos personas.

No esperes a que la vida te ponga de rodillas para darte el regalo del silencio y la oportunidad de descubrir quién eres realmente. ¿Quieres rebelarte contra un sistema en el que te sientes minimizada, invisible y no valorada?

LECCIONES APRENDIDAS

- La fórmula que el mundo nos enseñó para cambiar nuestras vidas (*Resultados → Realidad Interna → Comportamientos*) está totalmente al revés. Si en lugar de intentar cambiar nuestros resultados empezamos por cambiar nuestra realidad interna, presentaremos una serie de comportamientos diferentes que generarán resultados diferentes.
- El cambio interno tiene tres componentes fundamentales y simultáneos: las imágenes de ti que mantienes en tu mente, los sentimientos que acompañan esas imágenes y tu diálogo interior.
- Gana en tu imaginación. Cuando se trate de las imágenes que mantienes en tu mente, enfócate en imágenes positivas y de triunfo, no en otras catastróficas que no hacen más que desbalancearte y crearte estrés.
- Acompaña esas imágenes de triunfo con sentimientos expansivos: reemplaza el miedo u otros sentimientos de limitación por la gratitud, ya que eso envía a tu cerebro la señal de que el suceso ya ocurrió y todo salió muy bien.
- Toma conciencia y cambia tu diálogo interno. ¿Cómo te hablas? ¿Qué palabras eliges decirte ante situaciones desafiantes? Identifica tu voz más limitante y reemplázala por una frase opuesta.
- Crea espacios de silencio en tu día a día, ya que allí germinará tu transformación más profunda. Al comienzo te parecerá que tu ruido interno se potencia, pero con la perseverancia y la paciencia comenzarás a conectarte con tu esencia más profunda y tendrás más claridad acerca del propósito de tu vida.

CAPÍTULO 7

¿Se puede triunfar siendo tú?

¿Cuántas veces no hemos escuchado frases como «Sé tú misma», «Sé auténtica», «Siéntete orgullosa de tus raíces y de tus valores y muéstralos al mundo sin miedo»? También se nos ha dicho que la diversidad, en la que estamos incluidas, es buena para los negocios y aporta valor. De hecho, una serie de estudios de la consultora McKinsey indica que las compañías con mayor diversidad étnica y racial entre los ejecutivos generan mayores ganancias. Aun así, nos cuestionamos si sería bueno mostrarnos tal cual somos. Cada vez que escucho ese tipo de frases se disparan mis voces internas y de alarma, ya que a mí, más de una vez, ser auténtica me salió mal: *Si me muestro tal cual soy, las puertas podrán cerrarse; Si me expreso como me sale más natural, dirán que muevo demasiado las manos o levanto mucho la voz, o incluso me juzgarán como agresiva o demasiado emocional; Si me muestro firme y segura de mí misma me dirán que soy conflictiva y eso me va a perjudicar; Si digo exactamente lo que pienso, los clientes dejarán de trabajar conmigo; Hay una buena oportunidad en el horizonte y mostrarme como «muy latina» en este momento no me conviene para nada.*

A los hombres no se los somete a ese tipo de presión. Cuando se presentan y hablan con confianza, son vistos como buenos líderes. Cuando se toman tiempo para llevar a sus hijos al médico o verlos en la obra de teatro de la escuela, son vistos como excelentes padres. Mientras tanto, parecería que a nosotras, las eternas equilibristas, nos toca cambiar quiénes somos, qué nos interesa, y cómo nos expresamos más naturalmente para agradarle a ese mundo externo que, antes de que abramos la boca, ya emitió un juicio acerca de nuestro valor y capacidad para hacer un excelente trabajo. Retrocedamos un poco para entender cómo llegamos hasta aquí.

El día que llegaste al mundo, lo hiciste como puro potencial. Podemos usar la analogía de un libro con cientos de páginas sin escribir, del que irradia la más pura y brillante luz, prometiendo esperanza y cambio para la humanidad. Esas páginas se comenzarían a escribir a partir de cada experiencia, cada encuentro, cada palabra que llegara a tus oídos y cada imagen de la que tus ojos fueran testigos. Es posible que en los primeros años de tu vida hayas escrito los primeros trazos en tu libro con plena libertad, confianza y sin miedos, llenando esas páginas con tu esencia, con tu verdadero ser. También es posible que con el correr del tiempo, cuando levantaste tu libro sosteniendo en las manos con orgullo lo que tenías para ofrecer, hayas recibido como respuestas un *Así no, Lo estás haciendo mal, o Personas como tú no logran ese tipo de sueños.* Es posible que, con el corazón un poco roto, hayas comenzado a tachar las páginas que habías escrito con tanto orgullo, que hayas arrancado algunas otras para tirarlas lejos, o que hayas tomado otros papeles y los hayas pegado arriba de tu expresión original, cubriendo con vergüenza aquello que para ti era tu pura esencia y para el mundo no era perfecto o suficiente.

Cuando tenía 8 años comencé a tomar clases de inglés en mi pueblo natal. En aquel entonces mis padres me dieron a elegir entre estudiar piano o estudiar idiomas. Mi respuesta fue «¡Las dos cosas!», pero el presupuesto familiar daba solo para una de esas opciones. Aún recuerdo el entusiasmo que tenía cada vez que montaba en mi bicicleta para asistir a mis clases de inglés, en una casita pintada de blanco ubicada cerca de la zona céntrica. Un día en particular quedó grabado en mi memoria. Mientras esperábamos para empezar la clase, mis compañeros y yo estábamos sentados alrededor de una mesa rectangular, cerca de una gran ventana por donde entraba el sol de la tarde. Mi entusiasmo por aprender un nuevo idioma era casi tan grande como la alegría de hacer nuevos amigos y amigas, y podrás imaginar lo feliz que estaba a medida que mis amigos se iban sentando alrededor de la mesa. Con mucho entusiasmo, y tal vez un poco a los gritos, les contaba sobre un nuevo juego que había inventado con mis primos, o de los planes para el resto de esa tarde luego de la clase.

—Silencio de una vez, ¡Valeria! —El portazo me sobresaltó de tal forma que quedé como si me hubieran arrojado un balde de agua helada. La maestra de inglés, una joven de unos 20 años, caminó hacia mí con la mirada fija. No se veía muy feliz. Evidentemente había querido empezar su clase y yo, totalmente sumergida en mi experiencia, ni me había dado cuenta de que había entrado a la sala hasta que cerró la puerta de un golpazo, cual juez que pega el martillazo para llamar al orden en la sala—. ¡¿Cuántas veces tengo que decirte que te calles la boca?! —lanzó cual cachetazo invisible y con la misma energía. Mi humanidad de 8 años no sabía dónde esconderse. Sentí el calor de la vergüenza subir por mi cuello y mi rostro. De inmediato tuve ganas de llorar, pero me las aguanté. Todavía mirándome fijamente a los ojos, expresó toda su frustración—: Tan tímida que estabas el primer día de clases ¡y ahora no puedo lograr que te calles! Voy a tener que hablar con tu madre si sigues así.

Este día me marcó profundamente. A partir de aquel evento decidí que esa parte de mí que era divertida, que hablaba con total autenticidad y riéndose cada tres oraciones podía ponerme en peligro y someterme a humillaciones y vergüenza. Mejor quedarme callada para evitar consecuencias mayores. Así lo hice por muchos años, incluyendo el resto de la escuela primaria, la secundaria, la universidad, mis múltiples trabajos y, hasta hace muy poco, como dueña de mi negocio.

Acontecimientos del pasado que nos parecen irrelevantes o pequeños pueden habernos marcado profundamente y empujado a tomar decisiones que nos impactaron por años o incluso décadas, como en mi caso la decisión de que el silencio sería mi espacio seguro y de que mi expresión auténtica debía ocultarse porque podía traerme humillaciones, vergüenza y el rechazo de las figuras de autoridad.

El rechazo externo, sobre todo cuando estamos creciendo, nos marca profundamente. Puede plagarnos de dudas acerca de nosotras mismas, nos lleva a esconder nuestros talentos, a ocultar nuestros valores y a frenarnos ante la oportunidad de ofrecer al mundo todo lo bueno que tenemos. Conmigo el rechazo externo dio lugar al autorechazo, porque desde ese día quise deslindarme de aquella parte de mí que era libre y auténtica. Le puse cadenas en los pies y en las manos, y una cinta adhesiva bien gruesa en la boca, a esa niña de 8 años. Limité su libre expresión.

ACTO DE SANA REBELDÍA

Recuerda eventos similares al de arriba que hayan marcado tu vida y reflexiona:

¿Qué tipo de decisiones tomé en aquel entonces respecto a mí misma, las figuras de autoridad y al mundo en general?

____

____

____

____

____

Trabajaremos de nuevo en esto más tarde.

Cuando revisité mi pasado para sanar esos eventos que me marcaron, descubrí algo: mi poderosa esencia y mi potencial seguían estando ahí. No importa cuántas capas les hubiera puesto encima para protegerme, o cuánto de mi esencia hubiera intentado arrojar como una bola de papel lo más lejos posible: la realidad de quienes somos clama por salir en libertad. Ya es hora. La luz que está destinada a brillar con intensidad no puede ocultarse por demasiado tiempo: tarde o temprano se empieza a colar por las pequeñas rendijas y llega un momento en que clama por su libertad y se hace visible en toda su magnitud. Si hay algo que aprendí de otras mujeres que han pasado por lo mismo es que si dejas salir esa luz en todo su esplendor, muy probablemente enceguezcas a quien no está acostumbrado al tipo de destello que tú emites. Entonces, ¿se puede triunfar siendo tú? ¿O estás condenada a mostrar una versión de ti misma que ha sido editada miles de veces y que no se siente del todo auténtica?

Para apoyarte en el camino de descubrir qué es lo mejor para ti en cada momento, nos dedicaremos a identificar y quitar algunas de esas capas de protección que nos hemos puesto encima para, en el capítulo siguiente, explorar diferentes formas como puedes presentarte ante el mundo honrando tu esencia.

Con esas preguntas me senté frente a Silvana Montenegro, ejecutiva de una importante firma global de servicios financieros. Mi camino se había cruzado con el de Silvana un tiempo atrás, cuando Lupita Colmenero, jefa de operaciones de *Latina Style* y una muy querida amiga en común, nos presentó. Inmediatamente noté algo peculiar en Silvana. A diferencia de algunas líderes latinas que habían llegado a espacios de poder, ella continuaba presentándose con una energía de autenticidad y transparencia muy singular. Supe en mi corazón que si yo hubiera seguido en mi carrera corporativa, así exactamente me hubiera gustado presentarme. Pero viniendo de ese ambiente sabía muy bien lo difícil que es triunfar siendo tú, sobre todo cuando eres una de las pocas mujeres latinas en un espacio ejecutivo. Mi admiración y respeto hacia Silvana fueron instantáneos, y supe que debía conectar con ella en privado para entender cómo había logrado mantener intacta su esencia en uno de los espacios más competitivos y demandantes.

Ese mediodía de otoño en Nueva York tuve la oportunidad de mantener una conversación fascinante con esta mujer migrante, exitosa, esposa, hija y madre de dos hijos, cuya apertura y transparencia no hicieron más que aumentar mi apreciación por ella. Silvana es un ejemplo del nuevo liderazgo y lo lleva a flor de piel.

—¿Cómo lo haces, Silvana? —le pregunté de forma muy directa—. Quiero entender cómo es que te presentas siendo tú, siendo auténtica. ¿Cómo ha sido tu experiencia?

—Sigue siendo un trabajo constante —me confesó con la autenticidad que la caracteriza.

Cuando Silvana vivía en Brasil no necesitaba pensar demasiado en su identidad. Era brasileña y punto. No dudaba en expresar sus ideas en reuniones, y con confianza en sí misma llevaba adelante proyectos complejos que abarcaban no solo su país, sino la región de América Latina completa. Cuando llegó a los Estados Unidos, hace ya más de veinte años, con una oportunidad de crecimiento único dentro de su organización, se encontró con una realidad que la confundió y la llevó a dudar de sí misma y de los talentos con los que había construido su éxito profesional hasta ese momento, como nos ha pasado a tantas.

—De repente me asignaron la etiqueta de «hispana» sin yo entender demasiado de que se trataba eso —me dijo—. Con lo que sentía como una nueva identidad que no me quedaba demasiado clara, pasé de una cultura donde estaba bien hablar de cómo había sido tu fin de semana y donde los abrazos eran una forma habitual de saludo, a una cultura donde las conversaciones iban directo a los temas de negocios, con eficiencia y directo al grano.

El ajuste cultural de Silvana fue bastante incómodo, sobre todo porque en las salas de reuniones no encontraba mujeres como ella, sino una mayoría de hombres, y además no latinos. En ciertos momentos incluso se sintió como la recién llegada y no como la líder asertiva y llena de confianza que había sido apenas unas semanas atrás, en su tierra natal.

El sentimiento de inseguridad fue casi inmediato y profundamente inmovilizante. Silvana se aferró a mantenerse en un espacio de seguridad, optando por observar mucho y hablar poco, al menos hasta entender un poco más acerca de su nuevo entorno.

—Por mucho tiempo sufrí en silencio —me confesó esta mujer que había dejado a su familia y su novio en su tierra natal—. Me cuestionaba todo acerca de mí misma, y en cierta medida anulaba mi ser auténtico para tratar de asimilarme.

Silvana terminaba los días completamente exhausta. Todo ese cambio y esas emociones desconocidas eran demasiado para su cabeza y para su corazón.

EL PODER DE LOS ALIADOS EN AYUDAR A DESBLOQUEARNOS

En algún momento en nuestras vidas nos cruzamos con personas, o más bien con ángeles, a quienes genuinamente les interesan nuestro bienestar y nuestro éxito, y que saben apreciar lo que nos hace únicas. Así pasó con Silvana.

—Silvana, tu estilo es muy diferente, pero es muy efectivo —le dijo una de las líderes de la organización, quien la había estado observando de cerca. Esas diez palabras causaron un giro radical en la forma en que Silvana se veía a sí misma y se convirtieron en el pequeño empujón que necesitaba para mostrar más de sí, aportar sus ideas y relacionarse con otros como solo ella sabía hacerlo. Esa líder, su aliada, había notado que Silvana se presentaba a las reuniones con una agenda clara y con una visión hacia la cual movilizar al equipo. Esas fortalezas la diferenciaron de los demás, y no pasaron desapercibidas.

—Así es como, poco a poco, fui saliendo del armario como yo misma —me dijo Silvana—. Al principio daba mi opinión con un poco de miedo, pero con la intención de continuar empujándome fuera de la zona de confort. Daba pequeños pasos y prestaba mucha atención a la reacción del entorno. Para mi sorpresa, las evaluaciones fueron muy positivas. Tomé toda esa información como señal de que iba por el buen camino.

La sorpresa que expresa Silvana me resulta muy familiar. En mis primeros años en los Estados Unidos creía que mis evaluaciones de desempeño serían terribles o que pronto me despedirían, pero luego me encontraba con aumentos de salario y ascensos. Las diferencias culturales y comunicativas nos llevan a perder la noción de cuán valioso es nuestro trabajo. Por eso es tan importante que recibamos retroalimentación más a menudo. Cuando sabemos que vamos por buen camino, nos animamos a traer más de nuestra esencia.

Según un estudio de la *Harvard Business Review*, el 76% de los latinos en los Estados Unidos sentimos que no podemos traer nuestra personalidad completa a la oficina. Ese mismo estudio menciona que un 43% de las mujeres latinas y un 33% de los hombres latinos expresan que deben limitar su autenticidad para alinearse con los estándares y las expectativas de su compañía.

¿A cuántos de nosotros no se nos ha dicho que no seamos tan emocionales, que usemos un nombre más «anglo», o al menos que modifiquemos la pronunciación de nuestro nombre para hacerlo más fácil a los angloparlantes? Así, y de a poco, asimilamos nuestro estilo a los estándares masculinos y blancos que representan el modelo de éxito profesional en el inconsciente colectivo.

Tratar de cambiar por la fuerza puede tener un costo elevado, sobre todo cuando se hace desde la supervivencia. En esos casos en que las microagresiones y la discriminación están a la orden del día, tal vez sientas que no tienes más opción que suprimir esas partes de ti que llamarían demasiado la atención, o que harían que otros te consideren demasiado emocional, problemática o agresiva. El problema es que este suprimirse desde el miedo tiene consecuencias reales en tu salud física, mental y emocional.

Un artículo de CALDA Clinic que analizó el impacto en la salud física y mental de quienes reprimen sus emociones para ser aceptados por el entorno concluyó que ese esfuerzo aumenta la actividad del sistema nervioso simpático, con consecuencias inmediatas en la actividad cardiovascular, el aumento de la presión arterial, problemas cardiacos y otras enfermedades a largo plazo. En otras palabras, la supresión de la persona tiene un costo no solo emocional, sino físico, y se puede transformar en una enfermedad silenciosa. El cuerpo nos termina pasando factura.

A pesar de que estas poderosas lecciones marcaron su camino hace veinte años, Silvana las lleva consigo hasta el día de hoy.

—Solo podemos lograr nuestro potencial si aceptamos quiénes somos verdaderamente —asegura—. Aquello que nos hace únicas es un regalo que le traemos a nuestros espacios, y no podemos permitir que se mantenga oculto.

EXPRÉSATE CON AUTENTICIDAD

En el camino para ser mi yo auténtico busqué un mapa de ruta que me ayudara a identificar mi valor personal y me guiara para colocarlo ante los ojos de otros. Curiosamente, encontré ese mapa en lo que había aprendido en la industria del *marketing*. Alrededor del año 1999, cuando trabajaba en Procter & Gamble, a mi equipo le tocó la difícil tarea de reposicionar la línea de champú y acondicionador de la marca Pantene. Si bien Pantene era percibida en otros países como una marca premium para mujeres que buscaban brillo y suavidad para su cabello, en

Argentina la marca contaba con la percepción colectiva de tratarse de un producto para la caída del cabello de los hombres. ¡Nada más distante entre la imagen de una mujer con una cabellera sedosa y la imagen de un hombre que sufre de calvicie!

El proceso de dar a conocer el verdadero valor de la marca requirió varios pasos. Comenzó por intentar entender a profundidad los atributos del producto. ¿Qué era lo que hacía de Pantene una marca, no solo efectiva, sino superior? Después estudiamos la psicología del público femenino con el fin de hacerle ver el valor de la marca como una en la que se podía confiar. Este era un caso de mercadeo estratégico complejo porque había que cambiar la forma en que el producto era percibido en la mente de las personas. Las latinas nos enfrentamos a un trance similar. Nos toca primero conocernos a profundidad, entender que traemos a la mesa algo único y diferente, y luego conocer a nuestro público para convencerlo de aceptarnos con confianza.

Paso 1: Conócete a ti misma y define tu marca

Este primer paso es clave. Nos hemos cubierto de tantas capas para protegernos que hasta nos hemos olvidado de nuestra esencia. Este primer paso consiste en conectar profundamente con quien eres, y no con quien te dijeron que debías ser. También se trata de trascender tu cargo o función actual. Tu marca es quien eres y va más allá del puesto que ocupes hoy en día o del negocio que estés llevando a cabo. Crea una marca que esté alineada a tu identidad y que puedas llevar contigo adonde sea que vayas.

Muchas veces nos resistimos a ver quiénes somos realmente. Como dice América Ferrera en su TED Talk *Mi identidad es un superpoder, no un obstáculo:* «No podía cambiar lo que el sistema pensaba de mí mientras yo creyera lo que el sistema pensaba acerca de mí. Soy solo una entre millones de personas a quienes les han dicho que, para cumplir mis sueños, para poder contribuir mis talentos al mundo, tengo que resistirme a la verdad de quien soy. Yo, por mi parte, estoy lista para dejar de resistirme y comenzar a existir como mi yo pleno y auténtico.»

ACTO DE SANA REBELDÍA

Embárcate con el corazón abierto en el proceso de redescubrimiento y responde las siguientes preguntas:

¿Quién soy yo? ¿Qué adjetivos me describen?
Ejemplos: resiliente, comprometida, creativa, valiente...

____

____

____

¿Qué experiencias hacen que mi marca sea única y diferente?
Tal vez has abierto camino por múltiples culturas, hablas varios idiomas o has trabajo en diferentes industrias... Tus títulos y certificaciones también cuentan, así como tus experiencias de vida. Si, por ejemplo, de niña fuiste sido traductora de tus padres migrantes, entonces has sido empujada a ser líder desde pequeña y posees la habilidad de navegar por espacios y culturas diferentes. Todo eso tiene un gran valor.

____

____

____

¿Qué valores son importantes para mí?

Puede ser la dedicación al trabajo, la comunicación honesta, tu lealtad, el deseo de superarte, tu habilidad de manejar relaciones interpersonales...

____

____

____

Identifica cuáles de estos valores están presentes en personas a tu alrededor, ya que eso puede ayudarte a encontrar aliados y mentores. Asimismo, identifica cuáles de esos valores son reconocidos por tu organización, porque te conviene hacerlos más visibles.

____

____

____

Te dejo un pensamiento final a considerar: toda marca que se gana la confianza de los consumidores tiene que cumplir el trabajo que promete. Si Pantene promete dejar tu cabello suave y brilloso, y en cambio lo deja opaco y áspero, ¿la seguirías comprando? Probablemente no. Entonces asegúrate de hacer el trabajo que se espera de ti con excelencia, no solo para ganarte la confianza de los demás, sino para crear lealtad hacia tu persona a largo plazo.

Paso 2: Aclara tu definición personal de éxito

Cada persona tiene su propia definición de éxito. Más allá de lo que el mundo quiera que pienses y elijas, atrévete a definir qué te hace feliz a ti. En los inicios de mi carrera definía mi éxito por mi sueldo anual y mi cargo. Cuando lancé mi propio negocio, medía mi éxito por la cantidad de clientes y el nivel de ganancias anuales. Con el tiempo me di cuenta de que estas metas eran de corto plazo: hitos importantes, pero no suficientes por sí solas para abarcar el significado trascendental que busco a través de mi trabajo. Hablando con Silvana descubrí que ella había llegado a una conclusión similar.

—Llegó un momento en que dije: «Si llego aquí, bien. Si llego más adelante, también». Nunca tuve la ambición de llegar a la cima solo por llegar, por superar objetivos personales que demandaran dejar de lado mi salud, mi familia y mi felicidad —me explicó Silvana—. Mi ambición consiste en tener un impacto en la vida de los demás, contando con la plataforma para empoderarlos y apoyarlos, y recibiendo respeto por quien soy y por lo que contribuyo. Por supuesto que el cargo y el sueldo son importantes, pero no suficientes por sí solos.

Como madres, ambas entendemos que ser exitosas significa poder estar sanas, felices y presentes, para que nuestros hijos también lo sean. Si nosotras caemos en la desgracia, podemos arrastrar a varias personas con nosotras; por eso, ponernos primero y cuidarnos física, mental y emocionalmente es clave para nuestro éxito y el de las personas que amamos.

En el corto plazo, Silvana tiene sus metas de ascenso y aumentos de salario, así como yo las tengo en cuanto a trabajos de consultoría y como conferencista en diferentes eventos. Ambas tenemos nuestras metas relativas a la salud, el descanso y el ejercicio físico, así como en cuanto al tiempo de calidad que queremos pasar con nuestros hijos y otros seres queridos.

Ahora bien, mi definición personal de éxito en su sentido trascendental consiste en dos conceptos: *impacto* y *satisfacción personal.* ¿Cuál es tu definición personal y trascendental de éxito? ¿Cuáles son tus metas a corto plazo? Toma nota de ellas en detalle y asegúrate de que sean realmente tuyas y no las de tus padres, tu pareja, el resto de la familia o la sociedad. Si en un momento dado no logras alcanzarlas, considera reemplazar la palabra *fracaso* por *aprendizaje*. Para mí ser exitosa significa ajustar constantemente lo que necesita ser ajustado, tomando cada obstáculo como un aprendizaje para mi crecimiento continuo.

Paso 3: Entiende a tus interlocutores

La mayoría de las personas va por el mundo intentando convencer a otros, tratando de venderles algo o de lograr su aprobación, sin antes ponerse en los zapatos de esas personas y entender sus intereses más profundos. En Pantene, esto sería el equivalente a malgastar millones de dólares en campañas de marketing, poniendo frente a las mujeres un producto que ellas perciben para hombres que sufren de caída del cabello. Nos toca primero entender qué las motiva a comprar productos y qué cambios deberíamos hacer en el empaque o en posicionamiento para cambiar la percepción de la marca. A la larga, por más que malgastemos y empujemos, los resultados serán mínimos e insostenibles.

Lo mismo ocurre con tu marca profesional. Si quieres hacerlo diferente de la mayoría de los seres humanos que tienes a tu alrededor, tómate el tiempo de entender a tus interlocutores al detalle. Esto requiere disciplina, concentración y flexibilidad, ya que cada circunstancia será diferente dependiendo de quién esté en en la sala. Pregúntate:

- ¿Qué motiva a cada una de estas personas? ¿Cómo puedo yo motivarlas para ponerlas de mi lado?
- ¿Qué valores, intereses y actividades (dentro y fuera del espacio profesional) tengo en común con esta persona?
- ¿Qué tipo de ideas o proyectos tiende a aprobar esta persona? ¿Por qué?

- ¿Cómo reaccionaría cada persona en la sala ante esta idea que voy a proponer? ¿Qué tipo de objeciones pueden surgir según los objetivos que cada una tenga?
- ¿Qué parte de esta idea beneficiaría a los presentes, y qué parte les va a generar complicaciones o trabajo adicional?
- ¿Cómo podemos resolver esas complicaciones para que todos ganemos?

Estas son solo algunas posibles preguntas iniciales. Lo importante es que te tomes el tiempo para ponerte en los zapatos de otros y para crear en tu mente la experiencia de moverlos hacia la visión que quieres plantearles. Aprende a calar a la gente y anticípate a lo que cada quien dirá y cómo reaccionará. Aprende a observar las dinámicas, los intereses personales y los juegos de poder, asumiendo el papel de observadora neutral para que estas dinámicas no te consuman. Como lo hizo Silvana, observa, escucha, evalúa el ambiente y hazte más exitosa en esos espacios.

Paso 4: Abandona la necesidad de validación externa

A medida que expreses tu autenticidad, puedes encontrarte con que el entorno no siempre te recibe con los brazos abiertos. Ahí es donde te tocará decidir si tú misma te aceptas como eres o si vas a permitir el desgastante vaivén de buscar la aprobación de los demás.

Mónica Márquez es la cofundadora del exitoso emprendimiento Beyond Barriers, que ayuda a compañías líderes a acelerar su crecimiento apoyando el desarrollo de su talento diverso. Orgullosamente, Mónica pertenece al muy reducido grupo de empresarias latinas que han recibido de inversores más de dos millones de dólares para su compañía. Hace tiempo me platicó cómo fue su camino de expresar su ser auténtico como miembro de la comunidad LGBTQIA+ (porque si hay un grupo en nuestra cultura que se enfrenta al rechazo de los nuestros, es la comunidad LGBTQIA+).

—Uno de los procesos más difíciles de mi vida fue salir del armario como latina gay —me dijo—. Por años intenté cumplir con las normas que me impuso la sociedad y el deseo de ser la hija latina perfecta. Sufrí por mucho tiempo con mis luchas internas, ya que tenía esta creencia de que si salía del armario, quienes tenía a mi alrededor me rechazarían.

Con el tiempo, Mónica se dio cuenta de que su felicidad y apreciación personal se habían basado en la validación externa. Sentía la presión y el anhelo de agradar, de pertenecer y, en sus propias palabras, de «ser normal».

Todos los seres humanos tenemos la necesidad fundamental de ser amados y valorados. Quienes en algún momento creímos que lo que somos no está bien, o quienes hemos recibido heridas en nuestra autoestima o en el orgullo de ser auténticamente quienes somos, podemos haber creído que la persona que somos no merece ser amada. Esto genera un vacío interno que intentamos llenar con cosas externas, en particular con la aprobación de los demás. Necesitamos sentir que quienes somos está bien. Y eso, generalmente, termina mal.

—Me sentí miserable viviendo con lo que se sentía como una fachada, una máscara que no me permitía ser mi yo auténtico —continuó Mónica—. Sobrecompensaba y trabajaba durísimo para ser perfecta en todos los otros aspectos, para que cuando descubrieran quién era yo realmente, no me rechazaran tanto, porque habría otras cosas que lo equilibrarían. Fue tremendo. Caí en un agotamiento extremo y llegó un punto en el que me enfermé.

A los 29 años, Mónica se mudó de su pequeño pueblo del oeste de Texas a la ciudad de Nueva York. Quería poner distancia con sus seres queridos para encontrarse con su verdadera y auténtica esencia. A través de trabajo interno y terapia se dio cuenta de que la única manera de ser feliz era dejar de lado toda esta validación externa. Cuando tomó la decisión de aceptarse en su totalidad, las cosas despegaron para ella.

—Cuando normalizas todas estas cosas de ti misma sin importar qué digan los demás, experimentas una gran liberación. Es como desbloquear un potencial que no te diste cuenta de que tenías porque tu energía se iba constantemente a cubrir una parte de ti.

Un estudio de Sylvia Ann Hewlet indica que «salir del armario» definitivamente marca la diferencia en nuestra vida profesional. Cuando miras los mandos medios de una organización, el número de personas LGBTQIA+ que están fuera y dentro del armario es generalmente similar (51% fuera, 49% dentro). Pero si miras a los ejecutivos de alta dirección, te encuentras con que la mayoría de los profesionales LGBTQIA+ en esos puestos ya han salido del armario (71%, contra 29% que aún no lo han hecho). En otras palabras, la progresión de carrera se acelera cuando nuestra energía se enfoca en los proyectos y resultados y no en editarnos a nosotras mismas.

Las latinas debemos concentrarnos especialmente en liberarnos de la búsqueda de aprobación de los demás. Dejemos atrás el qué dirán para desplegar nuestro máximo potencial. A fin de cuentas, es bueno para nosotras y es bueno para los negocios.

Todo cambio comienza por tomar nuevas decisiones para reemplazar las que tomaste en el pasado. Así como de niña había decidido llamarme a la invisibilidad y al silencio por temor a pasar vergüenza, décadas más tarde decidí ser auténtica y expresar mi voz verdadera, aun cuando me resulte incómodo o cuando sienta un poco de miedo. Así como Silvana había decidido que debía observar mucho y hablar poco para encontrar su lugar, y un buen día decidió ocupar su espacio y liderar con las cualidades únicas que traía a la mesa. Así como Mónica había decidido encoger su expresión y su esencia por miedo a ser desaprobada, y un buen día decidió darse la aprobación que hasta el momento había buscado en el mundo.

El mundo necesita más Silvanas y más Mónicas, porque a medida que ellas se dieron la libertad de ser ellas mismas, les dieron a los demás esa misma libertad implícita de presentarse como son, auténticamente. Cuando decidas que no hay nada malo en ti y tomes la decisión de amarte en tu totalidad, la autenticidad fluirá por tus poros de una forma imposible de contener. El amor a ti misma es una vibración energética que llega a quienes te rodean. Te presenta como un ser lleno de confianza, a quien vale la pena escuchar y respetar. Tal vez ese sea tu gran acto de sana rebeldía: darte a ti misma la aprobación y el amor que has estado esperando recibir de afuera, para mostrarle al mundo quién eres realmente.

ACTO DE SANA REBELDÍA

Regresa a la lista de decisiones que armaste al inicio del capítulo y reflexiona:

¿Cuáles de esas decisiones puedo cambiar?

____

____

____

____

____

De estas nuevas decisiones dependen tu éxito, tu salud y tu felicidad.

LECCIONES APRENDIDAS

- Llegamos al mundo como puro potencial, pero las experiencias, etiquetas y juicios ajenos hicieron que cubriéramos de a poco lo que era nuestra esencia pero para el mundo no era perfecto o suficiente.
- El 76% de los latinos y latinas reprimimos partes de nuestra personalidad en el trabajo, modificando nuestra apariencia, lenguaje corporal y estilo de comunicación. Esta represión tiene consecuencias reales en nuestra salud emocional y física.
- No importa cuántas capas de protección nos hayamos puesto, quienes realmente somos claman por aflorar, pues la luz que está destinada a brillar con intensidad no puede ocultarse. Nuestros aliados pueden ser clave en el proceso de hacer brillar esa luz.
- Al dar a conocer el valor de nuestra marca profesional podemos usar como guía lo que nos ocurre con las marcas en las que confiamos. Nos toca primero conocernos en profundidad, entender qué traemos a la mesa y conocer a nuestros interlocutores para convencerlos de que abran su corazón y su mente a aceptarnos.
- Solo podemos alcanzar nuestro potencial si nos aceptamos tal como verdaderamente somos, pues lo que nos hace únicas es un gran regalo que llevamos a nuestros espacios. A medida que nos demos la libertad de ser nosotras mismas, cambiaremos el sistema, pues les estaremos dando a los demás esa misma libertad de presentarse como son.

CAPÍTULO 8

Rompe el silencio y habla de ti

A millones de mujeres latinas se nos enseñó a estar calladitas, sobre todo ante situaciones ambiguas, conflictivas o incómodas. También hemos adoptado de nuestra cultura la creencia de que hablar de nosotras mismas es poner el ego por delante (¡y eso no se hace!), así que nos volvemos excesivamente modestas o humildes. El problema es que en los Estados Unidos, quien no habla ni se hace presente o visible, pierde.

Romper el silencio no consiste solo en usar nuestras palabras para expresarnos, sino también en hacernos intencionalmente visibles, que nos vean activas e involucradas. Piensa en una marca que te guste porque hace su trabajo sumamente bien. ¿De qué sirve tenerla escondida y privar al mundo de sus beneficios? Con nosotras pasa lo mismo. Cada vez que los discursos culturales de *Trabaja duro y alguien se dará cuenta algún día, Calladita te ves más bonita* o *Mejor no opines, no sea que te metas en un lío* dirigen nuestro actuar, no solo perdemos nosotras: también pierde el mundo que nos rodea.

La naturaleza es sabia. ¿Has visto alguna vez cómo la naturaleza ocupa todos los espacios posibles? Recuerdo una foto que me mostró mi amiga Mónica hace un tiempo. En ella se veían varios metros de pavimento negro, con una hendidura muy pequeña en el centro. En la hendidura había crecido una hermosa flor roja. La naturaleza nunca deja espacios vacíos, sino que los rellena con algo hermoso. Si te quedas en silencio ante ciertas situaciones en las que se espera que contribuyas con tu voz, no creas que no habrá consecuencias. Así como la naturaleza planta algo en las más insólitas rendijas, las personas a tu alrededor sacarán conclusiones acerca de ti, aun cuando no hayas dicho palabra. O, mejor dicho, especialmente si no has dicho palabra.

Con tu silencio puedes crear todo tipo de percepciones que no te benefician, como la de que no estás motivada con tu trabajo, que desconoces el tema o que no tienes potencial para un puesto ejecutivo, todo porque en los momentos clave no ven lo que eres capaz de hacer. Con esto no busco presionarte para que hables o cobres visibilidad sin estar preparada, sino arrojar luz sobre las consecuencias reales que nuestra comunidad afronta por aquel bendito discurso cultural de que las mujeres nos debemos quedar con la cabeza gacha, trabajando y sirviendo a los demás, en lugar de salir al mundo a ser creadoras de cambios en nuestros entornos. Admitamos que históricamente se nos puso en un rol secundario, donde nuestra voz tal vez no importaba tanto. Hoy en día ocurre lo contrario, ya que nuestra voz es clave para ser la fuerza de cambio que este país y este mundo necesitan.

Se nos repite constantemente que tenemos que ser menos humildes y mostrarnos más, pero no se nos explica cómo hacerlo. Al no tener esa información podemos actuar desde la incomodidad, generando la impresión contraria a la que queríamos lograr. A continuación encontrarás pilares fundamentales para actuar con confianza, así como distintas técnicas según la situación en que te encuentres.

CONVIÉRTETE EN TU FAN NÚMERO UNO

Si estás comprometida a embarcarte en un proceso de transformación personal sin precedentes, hay un paso clave y muy necesario: el amor incondicional hacia ti misma. Quien ama, todo lo perdona, y nosotras necesitamos perdonarnos por las veces que nos equivocamos; todo lo espera, y necesitamos atrevernos a soñar en grande; todo lo cree, y necesitamos creer en nosotras mismas como nunca antes lo hemos hecho.

Por eso, si estas dispuesta a amarte, trabaja cada día en aceptarte como eres, aun cuando el entorno parezca no darte la bienvenida. Decide ser tú quien ame cada parte de ti, incluyendo tus voces de juicio e inseguridad y tus tropiezos en el camino de aprendizaje. Conviértete en tu fan más leal, la que te perdona los errores, la que te da nuevas oportunidades y la que cree en ti luego de que las cosas no salieron como pensabas. Amarte es una decisión. La puedes tomar en este momento y renovarla cada día. Ser tu fan número uno, tu agente, tu representante, te dará la fuerza y la valentía para salir al mundo con orgullo a mostrar lo que eres, a pedir lo que te corresponde y a defender tus intereses sin miedo.

Te lo digo por experiencia. El día que decidí amarme tal como soy en lugar de criticarme, decisión que me toca renovar frecuentemente, comenzó a cambiar la forma en que hablo de mí misma ante los demás, empecé a abogar por mí misma sin vergüenza y puse límites con dignidad. El amor y el respeto a ti misma son los pilares clave de todo lo que sigue, y son una decisión diaria.

ATRÉVETE A MOSTRAR MÁS DE TI

Muchos piensan que las latinas somos demasiado humildes. ¿Cómo superar ese hábito de humildad excesiva, que incluso se ha convertido en un estereotipo acerca de nosotras? Romper el silencio y la imagen de humildad excesiva no consiste solamente en hablar de tus logros en espacios profesionales, sino en comunicar más acerca de ti, de tus intereses fuera del trabajo, de tus actividades de voluntariado y de todo lo que haga que seas orgullosamente tú.

Hablar de una misma es un arte que se aprende y se desarrolla con la observación y con la práctica, así que debes estar preparada para dar las pinceladas que te representarán cuando la oportunidad se presente. Quienes me conocen saben que no dejo pasar la oportunidad de mencionar mi trabajo como autora y conferencista, mis actividades de voluntariado y contribuciones a la comunidad, y hasta ciertas anécdotas de mi entorno familiar. ¿Mi técnica? Estoy atenta al diálogo del momento, absolutamente presente con lo que está ocurriendo, y en cuanto mi mente hace una conexión entre el tema de que se está hablando y mi trabajo e intereses, aprovecho la oportunidad para compartir una enseñanza interesante y brindarle algo de valor a mi interlocutor. En ocasiones busco que conozcan un poco más de mí, en otras busco encontrar puntos en común que me permitan profundizar en esa relación, mientras que en otras más busco romper el hielo para que la otra persona me cuente más de sí misma.

Sé estratégica: cada interacción es una oportunidad de crecer tu marca. Y recuerda: no se trata de las palabras que digas, sino de la energía que emitas y de cómo hagas sentir a tu interlocutor.

ANTE EL CONFLICTO, MUÉSTRATE

Ahí donde quieres esconderte por instinto de supervivencia y guardar energías para la próxima batalla es donde tienes la mayor oportunidad de exponer y hacer crecer tu marca. En otras palabras, en esos momentos en que el instinto cultural nos invita a huir y refugiarnos en el silencio es cuando mayor impacto tienen nuestras acciones y nuestras palabras, o su ausencia.

Las situaciones conflictivas nos invitan a actuar con determinación y plena conciencia. Me gusta cómo lo explica Lisa, vicepresidenta en la industria de la salud, quien usa el acrónimo WAIT (palabra inglesa que se traduce como «espera») como una de sus técnicas.

—El acrónimo WAIT me ayuda a tomar un breve momento para preguntarme «**W**hy **A**m **I** **T**alking?» (¿por qué estoy hablando?) —me explicó Lisa.

En momentos incómodos, de desacuerdo o de conflicto, tienes la oportunidad de posicionarte como una líder valiosa, pero para ello debes ser estratégica y saber qué buscas cuando intervienes. ¿Qué deseas lograr en tus escuchas? ¿Hacia dónde quieres moverlos? ¿Qué parte de ti debes tener presente en ese momento: tu parte negociadora, la reconciliadora, la que sugiere tratar el tema por separado o la que recomienda investigar más del asunto antes de tomar una decisión?

Cuando Lisa queda atrapada en medio de una batalla, no se refugia en el silencio o la invisibilidad. Al contrario, aprovecha la oportunidad para mostrar de lo que es capaz.

ACTO DE SANA REBELDÍA

Visualízate en una situación de conflicto en la que, pudiendo intervenir, decidiste quedarte en silencio. Reflexiona:

¿Qué pude haber hecho diferente?
¿Qué puedo aplicar en situaciones futuras?

____

____

____

____

____

—Una técnica que me funcionó muchísimo para orientar las discusiones conflictivas hacia una resolución es imaginarme que estoy sosteniendo un espejo ante los demás —me explicó Lisa—. No les estoy dando solo mi opinión, que claro que es importante, sino que primero les reflejo lo que investigué del tema e incluso lo que escuché de ellos mismos. Repito lo que escuché de las distintas partes y ofrezco alternativas de resolución.

Hacer sentir escuchadas a otras personas puede funcionar de maravilla para bajar la intensidad de las discusiones.

ENFÓCATE EN LAS RELACIONES

El rol de Lisa consiste en impugnar el *statu quo*, algo que más de una vez le resultó bastante incómodo.

Mis propias inseguridades me estaban afectando negativamente, a tal punto que me sentía intimidada al plantear nuevas ideas delante de otros líderes de la organización —me confesó—. Tuve que cambiar mi forma de pensar e incluso hacerme más consciente de los signos de estrés que mi cuerpo emitía en esas situaciones. Aprendí a trabajar con ellas.

Como parte del proceso, Lisa se propuso iniciar conversaciones casuales con diferentes personas dentro de la empresa, a tal punto que con algunas de ellas comenzó a gestar una relación de amistad.

—No es lo mismo que alguien que no conoces demasiado te diga «¡Esto así no funciona!» a que te lo diga alguien con quien tienes una relación de confianza. Las palabras te llegan de otra forma y ya no te pones una coraza de protección encima. Todo comienza a fluir mejor para todos.

Como emprendedora, entiendo perfectamente esto que dice Lisa. En muchos casos, mis mejores clientes se han transformado en amistades que quiero conservar de por vida. Al comienzo me cuestioné si sería bueno para mi negocio tener esas relaciones de cercanía, o si sería mejor mantener la distancia y la formalidad. Con el tiempo me di cuenta de que esa cercanía nos permitía explorar soluciones más contundentes para sus problemas. También pude observar que la calidez que caracteriza a nuestra cultura es muy bien recibida y beneficia el crecimiento de estas relaciones. Para mí ser cálida y humana ha sido un gran aprendizaje, ya que esto se alinea con mi ser auténtico y natural, y es una ventaja competitiva que me ayuda a hacer mejor mi trabajo.

¿INCÓMODA? DEJA QUE TUS VALORES TE GUÍEN

En uno de mis últimos empleos corporativos antes de mi colapso tuve la oportunidad de sentarme ante al presidente de la empresa para contestar una pregunta que él me había formulado al enterarse de mi partida:

¿Qué es lo que podemos mejorar?

Había presentado mi renuncia unos días antes y esa fue la primera vez que este líder me pidió una opinión tan directa. Su estilo hasta el momento había consistido en imponer su forma de pensar y sus decisiones. Sentí que estaba frente a un dilema, ya que, por su personalidad, decirle lo que realmente pensaba podía ponerlo a la defensiva y cerrarme una puerta definitivamente. Por otro lado, enmascarar lo que en verdad pensaba, dando una respuesta superficial y de poco valor, perjudicaría mi imagen profesional. Decidí dejarme guiar por mis valores: valentía, integridad y decir la verdad con respeto, «para construir y no para criticar.» La reunión fue excelente. Cuando hablas desde tus valores más profundos, hablas desde tu corazón y compartes la energía más poderosa que puedas expresar.

Ante la duda de cómo proceder, consulta los valores que identificaste en el capítulo anterior y deja que ellos marquen tu actuar. Tus valores están profundamente conectados con tu esencia y tu ser auténtico. Deja que ellos te guíen para manejar situaciones incómodas o conflictivas, porque ese espacio de sabiduría interna te permite presentarte con confianza y poder. Y la gente lo nota.

ATRÉVETE A SER DIFERENTE

Hay un concepto muy importante en el mundo del marketing, que es el punto de diferenciación. Este término se refiere a lo que hace que una marca sea diferente de la competencia. Los expertos en mercadeo buscan este punto porque saben que es una de las claves para el éxito de la marca en el mercado. Quien identifica y comunica su punto de diferenciación podrá sobresalir en un mar de productos y servicios que parecen prometer todos lo mismo. ¿No es entonces irónico que tantas de nosotras nos sintamos forzadas a ser un poco más como el resto, escondiendo lo que nos hace únicas, cuando en el mundo de los negocios eso es precisamente el camino más corto hacia la extinción de un producto?

Construir tu marca profesional y expresarte con autenticidad no consiste en tener la voz más alta en la sala, sino de aportar lo que tú, y solo tú, puedes aportar a la conversación: ¡tu punto de diferenciación!

Es posible que descontemos cierta información que hayamos adquirido a través de nuestras experiencias de vida como latinas pensando que los demás también tienen la misma información. Te sorprenderás de cuántas veces no es así.

Adriana Dawson es ejecutiva en una empresa de telecomunicaciones e hija de inmigrantes colombianos. Durante su niñez se enfrentó, como tantos millones de niños y niñas latinos, a todo tipo de situaciones difíciles y hasta dolorosas al ser la traductora, no solamente de sus padres, sino de varios miembros de la comunidad.

—Mi mamá llegaba de trabajar en la fábrica y me decía «Vamos, que hay que ayudar a mi amiga a completar unos papeles de impuestos», o «Ven, que vamos a ayudar al amigo de papá que tiene una cita con el médico» —recuerda Adriana—. Me traumó escuchar cómo algunos adultos hablaban mal de mis padres o de otros frente a mí. Me ha pasado que la persona detrás del mostrador se daba vuelta y en inglés le decía a su compañera de trabajo «¡No puedo creer a esta gente!» con un tono despectivo, mientras yo estaba ahí mismo, con 12 años.

A través de estas experiencias, Adriana aprendió de las muchas injusticias del sistema, de la discriminación y el racismo, de las barreras del lenguaje y de la falta de acceso a ciertos servicios clave que enfrentaban tantos individuos de nuestra comunidad. Todo este conocimiento y experiencias no serían en vano, ya que en su vida profesional se le presentó la oportunidad de atreverse a ser única y actuar como puente entre dos culturas.

—Me llevó un tiempo y mucha reflexión transicionar del *No puedo creer que viví esto* a *Estas son lecciones de vida que puedo usar para guiar decisiones que impacten a nuestra comunidad.* —Adriana se acuerda del día que estaba sentada alrededor de una mesa donde la mayoría de la gente no eran latinos—. Estábamos evaluando el lanzamiento de un programa en una región donde la mayor parte de las familias eran latinas y noté la desconexión entre los objetivos del programa y la realidad de las familias a las que buscábamos servir.

Adriana no dudó en aportar lo que solo ella podía en ese momento:

ACTO DE SANA REBELDÍA

Reflexiona:

¿Qué experiencias me hacen única y valiosa en mi profesión?

____

____

____

____

____

> No te abstengas de ofrecer ideas por pensar que a la persona de al lado le parecerán obvias. Tú tienes las llaves del conocimiento que les permitirán a las empresas acceder con mayor éxito al mercado latino, el de mayor crecimiento en Estados Unidos.

—Debemos proveer servicios de transporte, ya que el transporte público no llega a la zona del evento y las familias de esa región son numerosas y no tienen vehículos que trasladen a toda su familia —señaló con firmeza, sabiendo exactamente de lo que hablaba por haberlo vivido en carne propia—, y nos toca producir materiales de mercadeo en inglés y en español, si es que queremos llegar a la mayor cantidad posible de familias.

Establece límites con dignidad

¿Te acuerdas de Natalia, quien había viajado a Alemania con un equipo de ingenieros y se enfrentó al «¡Cállate!, ¡necesito pensar!» de su jefe delante de un grupo de hombres? Pues bien, esa historia no termina con el silencio de Natalia.

Natalia llegó a Miami con su mamá a los 11 años. Su madre, que había sido gerente general de una empresa de seguros en su país natal, en los Estados Unidos no tuvo más opción que limpiar casas para subsistir.

—Éramos Batman y Robin. Dos mujeres contra el mundo, unidas —me dijo Natalia—. Observar la fortaleza de mi mamá para sacarnos adelante sola en el extranjero me dio la fuerza para hacerme valer y ponerle un freno respetuoso a ese jefe que me había silenciado.

Hasta ese momento, Natalia se había encontrado con que sus compañeros de trabajo hacían caso omiso de lo que les pedía.

—No me tomaban en serio. Imagínate, una joven latina dando instrucciones a hombres blancos de mediana edad. No querían nada conmigo, y después de ese silenciamiento sería aún peor. —Entonces Natalia decidió llevar manos a la obra—. Hablar cuando te enfrentas con microagresiones o machismo no consiste solo en hacerte valer —me dijo esta joven de indudable sabiduría—. Muchas veces consiste en explicarles a ciertos líderes que ellos no tienen experiencia manejando talento de color, y por lo tanto no saben cuánto valemos, de lo que somos capaces y como nos gusta que se nos trate.

Cuando volvían de las reuniones del día, Natalia aprovechó un momento a solas con su líder de proyecto.

—John, tú tienes una hija latina, como yo, ¿cierto? —le preguntó a su jefe mientras este la miraba con curiosidad—. Estaba pensando que cuando tu hija crezca tal vez se enfrente a las mismas situaciones difíciles a las que yo me enfrento día a día, ¿sabes? —Y permitiéndose expresar su verdad, agregó—: No creo que te guste que alguien trate a tu hija de la forma como tú me trataste hoy a mí delante del equipo. —La cara de John cambió por completo y el pesar se reflejó brevemente en sus ojos. Natalia prosiguió—: Cuando me pediste que me callara de esa forma, me quitaste el mérito de haber sido la única mujer elegida para ese viaje internacional.

Su jefe se disculpó, visiblemente avergonzado. Pero esto no quedó ahí. Al día siguiente, cuando comenzaban las reuniones de su tercer día en Alemania, John reunió al equipo y les dijo:

—Quiero pedirle disculpas a Natalia delante de todos, porque la forma en que la hemos tratado no es aceptable. Ella trabajó muchísimo para ganarse este espacio y merece nuestro respeto y apoyo para lograr los objetivos del trabajo que hace.

Ese día Natalia aprendió que muchas veces no confrontamos estas situaciones por miedo a generar más conflicto y terminamos empeorando nuestra situación. Sin embargo, si tenemos la intención de ayudar a los demás a ponerse en nuestro lugar, podemos sentar las bases para una mejor relación laboral, como hizo ella. Desde aquel día, John se transformó en su mentor y patrocinador, y le escribió una carta de recomendación que ayudó con su admisión a Yale para completar una maestría en Negocios.

UTILIZA EL CAMBIO DE CÓDIGO A TU FAVOR

El *code switching* («cambio de código») consiste en cambiar nuestros comportamientos, forma de hablar e incluso nuestros gestos para adaptarnos a una norma cultural diferente de aquella a la que estamos acostumbrados. El *code switching* es controversial, ya que varias personas lo ven como una supresión del verdadero yo al tratar de manejarnos en espacios donde generalmente somos minoría. Quiero invitarte a que consideres el *code switching* como la habilidad de adaptarnos temporariamente al entorno, con el objetivo de llegar a nuestro público en términos que este entiende, para lograr nuestras metas y objetivos.

Vivimos en una sociedad fragmentada en la que sentimos que para ser aceptadas debemos cambiar de forma de ser, casi dejando de lado nuestra identidad. El *code switching* existe hace siglos, pero ha sido visto con malos ojos y no como una herramienta valiosa. ¿Qué pasaría si viéramos al *code switching* como cambiarnos de ropa dependiendo de la ocasión, sin cambiar quienes realmente somos? ¿Cómo actuaríamos en ciertas situaciones si nos permitiéramos experimentar con un traje diferente, sin cambiar nuestra esencia singular?

En nuestra comunidad tenemos amplia experiencia con el *code switching*. ¿Acaso hablamos con nuestra familia de la misma manera que hablamos en el trabajo? ¿Acaso usamos el mismo tono de voz y velocidad del habla con diferentes miembros de nuestra familia? Desde pequeños manejamos el *code switching* casi sin darnos cuenta. Entonces, ¿por qué no traerlo como herramienta a nuestro espacio profesional?

La programación neurolingüística me enseñó que si emulaba el lenguaje corporal y verbal de mi interlocutor podía ser más efectiva en alcanzar mis objetivos. De eso también se trata el *code switching*. Un día decidí probarlo con mi jefe. Él apenas gesticulaba cuando hablaba, así que comencé a hacer lo mismo. Él hablaba en oraciones cortas, así que decidí comunicarme igual. Era poco efusivo en sus expresiones, así que probé con ser directa y neutral en mi comunicación. Funciono increíblemente bien.

Como dice uno de mis maestros espirituales, «usa todo, absolutamente todo, para tu crecimiento y expansión». Hagamos las paces con el *code switching* sabiendo que no estamos cambiando nuestra esencia. Comienza por interactuar con tu público de la forma que mejor funcione para lograr tus objetivos.

SUBE DE A POCO TU VOLUMEN

Kat Vera, una joven ingeniera latina que trabaja en Pfizer, me introdujo a esta metáfora de su creación.

—Poco a poco fui subiendo el volumen —me dijo—. Nunca fui falsa o inauténtica, pero Kat a volumen 15 es diferente de Kat a un volumen 50 y a la vez diferente de Kat a un volumen 75.

Cuando hablamos de volumen no nos referimos al volumen de nuestra voz, sino a la totalidad de nuestra expresión, incluyendo nuestra forma de hablar, el ritmo y el tono de voz, el movimiento de las manos, el énfasis y la pasión que usamos al comunicarnos. Esta estrategia es ideal cuando te encuentras en espacios donde no te conocen totalmente, ya sea un nuevo trabajo, un nuevo proyecto dentro de tu organización, o ante un grupo de personas con quienes no interactúas con frecuencia. ¿Recuerdas que te sugerí traer tu luz de a poco, para no encandilar a quienes no están acostumbrados al destello especial y único que tú emites? Bueno, de eso mismo se trata.

—Si mi pasión y empuje se consideran demasiado agresivos, me toca manejar esa percepción que la gente pueda hacerse de mí. No por ellos, sino porque es lo que más me conviene a mí en este momento —me dijo Kat—. Yo me conozco. Me gusta poder mostrar mi pasión, mi ambición y poder ser valiente y directa. Pero tuve que aprender a hacerlo de tal forma que la gente me escuchara, para poder así ser efectiva en mi trabajo.

Kat aprendió a calar a sus interlocutores. Con el tiempo se dio cuenta de que podía ir subiendo el volumen con la misma persona de forma gradual, o mantenerlo si eso era lo más conveniente.

—Algunas personas no quieren volumen 80 en el trabajo, no se sienten cómodas con eso. Entonces, si quiero ser efectiva con ellos debo expresarme en un volumen que ellos puedan manejar —me dijo, para agregar sabiamente—: Tener la inteligencia emocional para calar a mi público y saber qué volumen usar me hace sentir empoderada. Me recuerdo que llevo con seguridad el timón de mi futuro profesional.

ACTO DE SANA REBELDÍA

Piensa en dos relaciones laborales distintas: una que funcione bien y otra que pueda mejorar. Analiza:

¿Manejo diferentes volúmenes en estas relaciones? ¿Cómo puedo ajustar mi volumen temporalmente para mejorar la relación que no funciona del todo bien?

____

____

____

____

____

Ojalá estas historias te sirvan de guía para encontrar tu propia forma de presentarte y usar tu voz. Te invito a experimentar con estas técnicas, que no cambian tu autenticidad y esencia, sino que abren espacios y oportunidades de distinta expresión. Irónicamente, no hay mayor libertad que cuando te permites ser quien necesitas en las circunstancias que enfrentas, y no hay nada más limitante que intentar imponer una sola forma de ser y de expresión a los entornos que varían a tu alrededor.

Sueño con el día en que cada una de nosotras sea valorada por ser quien es, más allá de cómo suena, cómo se ve y cómo se presenta. No hemos llegado a ese momento aún, por lo que nos toca experimentar con estas herramientas para seguir avanzando con nuestros objetivos.

¿AÚN TE SIENTES COMO UNA IMPOSTORA?

Antes de cerrar este capítulo quiero tocar el llamado síndrome del impostor, aunque es un término que no uso con frecuencia. Describe la experiencia de quienes no se sienten parte de un ambiente y operan con la ansiedad de ser exhibidas como un fraude.

Un artículo de 2021 de Tulshyan y Burey describe exactamente por qué resulta inadecuado llamar a esta experiencia *síndrome del impostor*. Cuando hablamos de *síndrome* no hacemos más que ponerle a la mujer la carga de superar una patología, en lugar de concentrarnos ahí donde radica el problema: en que las mujeres, particularmente las mujeres de color, nos enfrentamos a obstáculos sistémicos frente a nuestras necesidades de crecimiento.

Lo que hay que corregir no es una patología emocional, sino las inequidades en las políticas de contratación, promoción, liderazgo y compensación que hacen que nos encontremos en desventaja. ¿Quién creó la cultura corporativa y dominó el espacio de emprendedores antes de que las mujeres y las personas de color fuéramos admitidas en ellos? Es normal sentirnos incómodas en un ambiente que no fue creado teniendo nuestro éxito en cuenta. No hay nada malo contigo. Fuiste creada perfecta y completa. Reconéctate con esa esencia y echa por tierra todos los mensajes falsos de carencia e insuficiencia que el mundo te ha hecho creer.

Como lo expresó Reshma Saujani, activista y fundadora de Girls Who Code, durante su discurso de graduación en Smith College, «El problema, y la solución, son más grandes que cualquiera de nosotras. No es tu trabajo cambiar quién eres, pero sí es tu trabajo cambiar el sistema».

LECCIONES APRENDIDAS

- Somos millones a las que se nos enseñó a estar calladitas, sobre todo ante situaciones ambiguas, conflictivas o incómodas. El problema es que en nuestros espacios laborales, quien no habla pierde.
- Hablar de ti misma con confianza requiere que seas tu fan número uno, ya que así tendrás la fuerza de mostrar quién eres y de pedir lo que te corresponde. Amarte incondicionalmente es una decisión que puedes tomar hoy mismo.
- Antes de hablar, recuerda el acrónimo WAIT: **W**hy **A**m **I** **T**alking? (¿por qué estoy hablando?). Recuerda la importancia de conocer a tus interlocutores y de actuar estratégicamente con miras a lo que quieres lograr en ellos.
- Construir tu marca profesional y expresarte con autenticidad no consiste en tener la voz más alta en la sala, sino de aportar lo que tú, y solo tú, puedes aportar a la conversación: eso es tu punto de diferenciación.
- Podemos usar el *code switching* (cambio de código) como una herramienta flexible que nos permita adaptarnos temporalmente al entorno con el objetivo de llegarle a nuestro público sin cambiar nuestra verdadera esencia.
- El mal llamado síndrome del impostor pone sobre nuestros hombros la carga de una patología, en lugar de enfocarnos en los obstáculos e inequidades sistémicos que obstaculizan nuestro crecimiento.

CAPÍTULO 9

Atrévete a ir por más

¿Qué significa para ti *ir por más*? ¿En qué área de tu vida sientes el llamado a lograr algo aún más grande? Escucha a tu corazón. No minimices la voz de la intuición que quiere marcarte el camino. Recuerda que tus más grandes sueños pueden hablarte en susurros. Entonces pregúntate: *¿Qué es lo que anhelo?*

Desde que llegué a los Estados Unidos me he estado negando a mí misma soñar en grande. Mi corazón me mostraba mis anhelos más profundos y ahí surgían las voces internas, aullando *La gente como tú no llega a eso; Es imposible, ¿cómo lo vas a hacer?; No tienes el dinero ni el tiempo; No tienes los contactos necesarios.* Mi capacidad de autoanularme y quitarme de la carrera antes de empezar a correrla se potenciaron, irónicamente, en el país de las oportunidades. ¿Por qué?

No siempre había sido así. En mi Argentina natal, un país con menos recursos y oportunidades que los Estados Unidos, crecí siendo testigo de cómo mis padres se atrevían a soñar en grande, sobre todo cuando se trataba de mi educación. Los escuché orgullosamente proclamar que yo sería la primera mujer de mi familia en ir a la universidad, un espacio totalmente desconocido para ellos. Jamás, ni siquiera una vez, pusieron en duda esa ambiciosa meta, aun cuando vivíamos en un pueblo alejado de la capital, no contábamos con dinero para costear semejante inversión y no había ni una sola persona en nuestra familia extendida que hubiese logrado antes esa meta. Cualquiera diría que teníamos más viento en contra que a favor. Y, sin embargo, mis padres persistieron con esa visión, de forma que la abracé como propia y la hice realidad.

Años más tarde, en los Estados Unidos, mi experiencia fue diferente. Sentirme extranjera y fuera de lugar, ser etiquetada como distinta, aunado a mi propio miedo a defraudarme, me llevó a querer conformarme con *sueños de bolsillo*, esos que son una versión reducida del verdadero.

En mi afán de encontrarle sentido y propósito a mi vida y de atreverme a perseguir sueños que parecían fuera de mi alcance, me tocó revolver el baúl de los recuerdos hasta encontrar esa habilidad que aprendí de mis padres: es posible crear una visión de lo que quiero y caminar hacia ella, aun cuando no sé exactamente cómo llegar allí y cuándo tendré el viento en contra.

Antes de continuar, cierra los ojos y abre las manos, la mente y el corazón para aceptar este regalo que mis padres me dejaron y que hoy quiero que también sea tuyo: permítete crear una visión de lo que anhelas y date la oportunidad de caminar hacia ella, sin importar qué tan pocos recursos, conexiones o talentos creas poseer. ¿Puedes aceptarlo?

LA DUDA Y EL TRAUMA COMO BLOQUEO AL PROGRESO: ¿LEGADO ANCESTRAL?

Muchas veces creamos la visión de lo que queremos, pero más tarde la abandonamos, permitiendo que las voces de duda nos empujen a darnos por vencidas. *¿Lo estaré haciendo bien así? ¿Tendré lo que se necesita para triunfar? ¿Podré cumplir con mis propias expectativas y las de los demás? ¿Realmente podré triunfar en este espacio al que siento que no pertenezco?*

Muchas veces la duda proviene de mirarnos en el espejo que los espacios de poder nos ponen delante y en los que no nos vemos reflejadas. Sentirnos diferentes hace que dudemos aún más de nosotras mismas. Es posible que la duda se arraigue de tal forma en nuestros hábitos mentales inconscientes que terminamos transmitiéndola de generación en generación sin darnos cuenta.

Alice Rodriguez experimentó en carne propia cómo funciona esto. Ella nació en los Estados Unidos, descendiente de una línea ancestral de mujeres luchadoras. Su abuela materna, madre de 12 hijos, no sabía leer ni escribir. Luego de enviudar en México, su país natal, tomó la difícil decisión de enviar a varios de sus hijos a vivir con otros familiares para poder llegar a fin de mes.

—Mi mamá era increíble —me contó Alice—. Llegó aquí con 15 años, sin saber una palabra de inglés y con una educación de sexto grado, pero con las ganas y el empuje para salir adelante, aun cuando sus oportunidades eran limitadas.

Con esta determinación de progresar, cada generación avanzó un poco más. Alice fue la primera en su familia en completar sus estudios universitarios. Se destacó por 35 años en la firma JPMorgan, donde ocupó puestos de liderazgo en varias ciudades del país.

—Yo siempre quise llegar más lejos que mis ancestros, ya que fui testigo de todo lo que mi madre sacrificó para darme un futuro mejor —prosiguió Alice—. Varias veces pensé que la vida era injusta, sobre todo porque algunos tenían tanto y otros tan poco. Sin embargo, aprendí a no malgastar energías en quejarme y, en vez de eso, concentrarme en avanzar.

Como tantas de nosotras que somos pioneras en nuestros espacios, Alice tuvo momentos en los que se sintió diferente y dudó de sí misma. Cuando eso ocurría, sacaba fuerzas de su interior para seguir avanzando. Jamás se imaginó que sus hijas, nacidas en Texas, en ambientes muy diferentes del de Alice y alejadas del proceso de inmigración de sus ancestros, podrían cargar con dudas similares a las que ella había enfrentado. Se dio cuenta de que ese sentimiento de no pertenencia y las dudas que arrastramos acerca de nosotras mismas pueden perpetuarse a través del tiempo, aun cuando las generaciones siguientes nacieron y crecieron en este país.

—Mi hija, que había sido admitida a una escuela de medicina de gran prestigio, me confesó que a veces se sentía fuera de lugar. Sentía que culturalmente no encajaba y comenzó a dudar de sus capacidades —me confió Alice—. Me dolió darme cuenta de que las generaciones más jóvenes también se sienten afectadas; arrastran el pesado equipaje cultural de la duda y la falta de pertenencia. —La clase de su hija en la escuela de medicina contaba con unos doscientos estudiantes, de los cuales solo 12 eran latinos. Era natural que se sintiera un poco fuera de lugar, pero aun así, su reacción resultó inesperada para Alice.

Las dificultades que enfrentaron nuestros ancestros, sumadas al trauma de la migración y de la aculturación, no impactan solo a esa generación, sino que se trasladan a las generaciones siguientes. La revista *Psychology Today* publicó hace tiempo un artículo que explica la existencia de *legados psíquicos*, que se van perpetuando a través de señales inconscientes o de mensajes que fluyen entre el adulto y el niño.

Es normal que las luchas de nuestros ancestros influyan todavía sobre nosotros, ya que las cargamos en el ADN. Es de esperar que quienes provenimos de una cultura que ha sido históricamente etiquetada como inferior sigamos dudando de nuestras capacidades y sintiéndonos fuera de lugar. La pregunta es: siendo conscientes de que esto nos pasa y nos limita, ¿tomaremos las acciones necesarias para ir con más seguridad tras nuestros sueños y ambiciones? La duda no es neutral ni inofensiva. La duda desgasta, erosiona, paraliza y enferma nuestra mente. La duda consume energía, que mejor podríamos canalizar hacia el logro de nuestros sueños y metas. A pesar de todo el trabajo interno que he hecho en estos años, vivo plagada de dudas. Sin embargo, ya no intento ocultarlas debajo de la alfombra, porque aprendí que eso hace que regresen con más fuerza. Simplemente las abrazo, las bendigo, les agradezco que intenten protegerme y les garantizo que todo va a estar bien. Venimos de ancestros con una fortaleza interna admirable. Recordemos de dónde venimos para darnos impulso hacia donde vamos.

YA NO TIENES QUE SEGUIR SIENDO LA NIÑA BUENA

No solo dudamos de nosotras mismas y nos sentimos fuera de lugar: también arrastramos el mandato inconsciente de ser la niña buena que no rompe las reglas. Al hacer esto nos limitamos y dejamos pasar oportunidades y dinero. Ya te había mencionado las estadísticas que indican que los hombres se postulan a trabajos incluso cuando solo reúnen el 60% de los requisitos, mientras que las mujeres lo hacemos solo si reunimos 100%. En otras palabras, cuando se trata de ir por más, las mujeres nos quedamos relegadas.

Tara Mohr, autora del libro *Playing Big* (Jugando en grande) se dedicó a entender este fenómeno a fondo. Hasta entonces se sostenía que las mujeres dejábamos pasar oportunidades porque dudamos de nosotras mismas, pero Tara descubrió algo más profundo: el 78% de las mujeres que participaron en su estudio expresaron que la verdadera razón por la que no habían perseguido esas oportunidades era porque creían que debían reunir el 100% de los requisitos. En otras palabras, estas mujeres creyeron que los requisitos eran inamovibles y se abstuvieron de postularse para no romper las reglas. Estaban tomándose el listado completo de requisitos más en serio que los hombres.

A las mujeres se nos socializa desde pequeñas para seguir las reglas, y además se nos recompensa por obedecerlas. Las niñas buenas se sientan en la silla de esta forma, Las niñas buenas no contestan mal, Las niñas buenas mantienen silencio mientras los adultos hablan, Las niñas buenas ayudan con las tareas de la casa. A los varones se les permite más espacio para la rebeldía. Los niños son activos y no pueden quedarse quietos, Los varones son así: juegan brusco. Y ni hablar de la niña asertiva a la que

ACTO DE SANA REBELDÍA

Reflexiona:

¿En qué circunstancias me ha jugado en contra ser la niña buena? ¿He dejado pasar oportunidades de trabajo, de proyectos, o de ganar más dinero? ¿Me he silenciado, conformándome con menos de lo que merezco? ¿Me he convencido de que es mejor no pedir más?

____

____

____

____

____

Juntas rompamos con ese hábito.

llaman mandona, cuando el niño es considerado líder por ese mismo comportamiento. Nos aferramos con tal fuerza al mandato cultural de la niña buena que lo seguimos arrastrando en nuestra vida adulta con tal de sentir el amor y el apoyo que nos faltaron en la niñez. El temor a ser juzgadas como niñas malas nos saca de la carrera antes de empezar a correrla.

PASOS PARA QUE TE ATREVAS A IR POR MÁS

Hasta aquí hemos hablado de la importancia de mantener una visión de lo que queremos, aun cuando no tengamos los recursos que creemos necesitar para manifestarla. Hablamos también de cómo las dudas y el deseo de ser la niña buena pueden demorar o bloquear nuestro progreso. En las siguientes páginas te ofreceré un mapa de ruta para pedir y negociar con confianza.

Paso 1: Comienza por tu mentalidad

Si de chica te decían que pedias demasiado (*¡Qué ambiciosa!, ¡Cuánta avaricia!*), es posible que hoy te frenes al pedir lo que quieres. Lo mismo puede ocurrir si inconscientemente te han asignado el rol de cuidadora, aquella que se encarga de todos y nunca pide nada a cambio. Personalmente, me tocó desaprender la creencia de que trabajando duro y haciendo todo a la perfección llegarían las recompensas sin que yo tuviera que pedirlas. Me había concentrado en trabajar más y más en vez de salir de mi zona de confort para pedir lo que quería. Fue así como llegué

ACTO DE SANA REBELDÍA

Piensa en los mensajes específicos que has escuchado cuando pedías algo a tus figuras de autoridad:

¿Me dijeron que pedía demasiado? ¿Me dijeron que era avara, codiciosa, o que no estaba bien pedir? ¿Fui humillada en el momento de pedir? ¿Sentí culpa o vergüenza? ¿Me sentí rechazada y dejé de intentarlo?

____

____

____

____

____

a estar siete años sin un aumento de sueldo y más adelante acepté precios bajísimos de mis clientes sin sentarme a negociar con ellos.

Aquello que has escuchado en tu pasado puede haberse convertido en la voz interna que hoy te frena en el momento de pedir. Es posible que aquella emoción que sentiste antes, como la culpa o vergüenza, se siga presentando cuando pides. Si tomamos conciencia de lo que pensamos y de lo que sentimos, podemos empezar a cambiarlo.

ACTO DE SANA REBELDÍA

Hagamos el mismo ejercicio, pero ahora pensando en dinero:

¿Qué mensajes recibí acerca del dinero? ¿Se me dijo que era sucio, que cambiaba a la gente, atraía a personas incorrectas o que aquellos con dinero lo ganaron robando a los demás? ¿Me dijeron que no está bien ganar mucho dinero cuando mi misión es ayudar a otros?

____

____

____

____

____

¿Entiendes por qué te puede resultar difícil pedir dinero, recursos o apoyo? Por un lado, quieres ganar más dinero y eres consciente de las ventajas de tener más riqueza, pero por el otro creciste pensando que el dinero corrompe, divide familias o que viene a costa de sacrificio y esfuerzo. Es posible que cargues con un dilema interno. Una parte de ti quiere más, pero la otra lo repele subconscientemente. Eso puede hacerte sonar insegura al pedirlo.

Paso 2: Entiende dónde estás parada y cuáles son tus opciones

Anota tus fortalezas y tus victorias

¿Recuerdas los valores y características de tu marca personal? En el momento de pedir y negociar es importante que recuerdes las fortalezas que hacen de ti un recurso. Toma nota sobre la marcha de cada victoria que logres dentro y fuera de la organización. Registra el proyecto terminado antes de tiempo, los resultados que excedieron expectativas, las nuevas conexiones que terminaron en una alianza estratégica, los cursos y certificaciones que hayas completado, las actividades de filantropía en las que estés involucrada o los directorios de organizaciones sin fines de lucro en los que estás activa. Toma nota de todo para que tengas la información disponible cuando más la necesites.

Quienes somos multiculturales y navegamos dos mundos, así como posiblemente dos sistemas de valores, debemos permitirnos recordar más a menudo nuestras fortalezas y habilidades únicas. Yo, cuando necesito un empujón de confianza y autoestima, visualizo las calles polvorientas de mi pueblo natal y todo lo que tuve que hacer para llegar adonde ahora estoy. No fue nada fácil, pero lo logré.

Eres una líder nata. Si no me crees, considera que no hay forma de que hayas llegado hasta aquí sin haber sido líder y pionera, abriéndote paso ante lo desconocido. Observa también el camino de tus ancestros. La resiliencia para seguir hacia adelante es algo que llevas en tus venas, aun cuando no lo reconozcas plenamente. Somos resilientes, valientes, arriesgadas, soñadoras, trabajadoras, leales y negociadoras naturales. Esas habilidades de vida son exactamente las cualidades del liderazgo que transformará a este país y el mundo. Hagámoslas valer.

Trabaja en tus áreas de oportunidad

Ser realistas con nuestras áreas de oportunidad no es tan fácil como parece. La ciencia ha demostrado que los humanos tenemos puntos ciegos que nos impiden ver lo que nos puede causar incomodidad o vergüenza. Es humano sentirnos incómodas con nuestras debilidades. Sin embargo, si no somos conscientes de nuestros puntos débiles, nos exponemos a que estos nos terminen obstaculizando. Por eso es importante que seas consciente de tus áreas de oportunidad y que tengas un plan proactivo para continuar creciendo en esas áreas.

La lógica indicaría que pedir retroalimentación a nuestro entorno puede ayudarnos a ver mejor aquello que otros ven. No es tan fácil. Existen varios estudios, incluyendo uno de la organización Textio, con 25 000 participantes, que indican que las mujeres, particularmente las mujeres de color, no recibimos retroalimentación clara y completa, sino más bien superficial. Textio estudió el tipo de retroalimentación que reciben los diferentes grupos étnicos y raciales en los Estados Unidos y encontró que las mujeres latinas somos quienes recibimos posiblemente la retroalimentación menos clara y las que nos quedamos preguntándonos qué es exactamente lo que tenemos que cambiar para mejorar en esas áreas de oportunidad. Un 100% de las mujeres latinas encuestadas recibieron retroalimentación que tenía que ver con la percepción de su personalidad *(¡Eres muy emocional!* o *Tienes muchas opiniones)* y no con la calidad de su trabajo, comparado con un 75% de hombres blancos, que además dicen haber recibido elogios a su forma de ser *(Demuestras mucha confianza y ambición)*. En cuanto a ejemplos concretos para entender qué es lo que podríamos cambiar, las mujeres latinas recibimos la mitad de ese tipo de retroalimentación comparada con la que recibe un hombre blanco.

Por eso nos toca hacer un esfuerzo adicional con nuestros jefes, colegas y clientes para pedirles ejemplos concretos, incluso garantizándoles que no nos lo tomaremos personal y asegurándoles que su retroalimentación será clave para seguir creciendo en nuestras profesiones.

Necesitamos saber exactamente en qué centrar nuestros esfuerzos para seguir creciendo. Crea el hábito de pedir microsesiones de retroalimentación. Dado que necesitamos ejemplos concretos para hacer cambios efectivos, el mejor momento para pedir esa retroalimentación es inmediatamente después del evento en cuestión. No esperes demasiado. Luego, asegúrate de tener un plan de acción para mejorar en cada una de esas áreas. Por ejemplo, si te dicen que esperan que aportes más ideas de cierto tipo en las reuniones o que completes un proyecto en menos tiempo, asegúrate de hacer esos cambios inmediatamente para luego pedir retroalimentación adicional («¿Cómo te parece que he implementado tu sugerencia?»).

La próxima vez que vayas a pedir lo que quieres o necesitas, ten presentes estas fortalezas y áreas de oportunidad. Anticípate a crear un plan de mejora antes de que te lo pidan, y en el proceso solicita retroalimentación continua con ejemplos concretos y claros.

Paso 3: Establece tus condiciones no negociables

Cuando llevé el movimiento Rising Together a Boston, presentamos un panel en el que la doctora Gail Ayala Taylor explicó cómo definir sus condicionesno negociables le había ayudado a la hora de negociar por lo que quería.

—Ayúdame a entender todo esto de los no negociables —le pedí cuando nos quedamos solas al final del evento—, porque yo establezco mis condiciones no negociables y luego las termino cambiando —le confesé. En varias negociaciones había terminado cediendo, generalmente trabajando más y cobrando menos.

Gail Ayala Taylor es una de las mujeres que más admiro. Es profesora de la universidad de Dartmouth, donde cursé mi maestría, pero nos conocimos varios años después. Madre de cuatro hijos, es además la fundadora de la organización RISE, una plataforma que apoya a las mujeres a tener una transición exitosa en los primeros años de su vida laboral.

—Si los terminas cambiando, entonces no son no negociables, sino, más bien, límites que vas flexibilizando según las circunstancias —me explicó—. Una condición no negociable es exactamente eso, algo que no se negocia. Mis no negociables no cambian porque de lo contrario impactaré negativamente mi vida o la de mis seres queridos.

Gail me pidió que me imaginara mis condiciones no negociables como una caja de bordes rígidos.

—Ten cuidado con lo que colocas en esa caja, porque esas paredes son rígidas. Si pretendes doblarlas, lo que equivale a ceder, las puedes quebrar, y con ello puedes impactar tu confianza en ti misma por romper un acuerdo que tenías contigo.

Por otro lado, las paredes de la caja donde colocamos nuestros limites son blandas. Eso nos da la flexibilidad de modificar esos límites según las circunstancias, para luego devolverlos a su lugar. Sin embargo, flexibilizar esas paredes blandas continuamente también puede quebrarlas, por lo cual es importante hacer un esfuerzo para mantenerlas en su sitio.

Por ejemplo, si hablamos de dinero, ten un rango de valores. El importe superior debe hacerte sentir un poco incómoda por lo alto que es, mientras que el valor más bajo debe ser el mínimo por el cual estás dispuesta a hacer el trabajo. El importe superior puede ser un límite (flexible), y el inferior tu condición no negociable.—Trabajar en una industria que no se alinee con mis valores personales sería para mí una condición no negociable.

ACTO DE SANA REBELDÍA

Piensa en la oportunidad que has soñado con pedir y prepárate para negociar.

Elabora dos listas: una con tus no negociables y otra con tus límites.

____

____

____

____

____

Entonces no importa cuánto dinero u oportunidades me ofrezcan, mi participación ahí no se negocia. Te pongo otro ejemplo —continuó Gail—: por mi demandante vida familiar acepto reuniones de lunes a jueves, e intento reservar el viernes para pensar, escribir o estudiar. Esto es un límite, porque si debo reunirme con alguien que solo tiene espacio un viernes, flexibilizo mi límite. Lo mismo ocurre si tienes el límite de no trabajar los fines de semana. Puede ocurrir que tengas una presentación importante un día lunes y que necesites prepararte. Entonces por ese fin de semana puedes flexibilizar el límite para luego volverlo a poner en su lugar.

Paso 4: ¡Pide!

Hasta aquí trabajaste en tu diálogo interno y en tus hábitos mentales. También hiciste una lista de tus fortalezas y áreas de oportunidad, así como de tus límites y tus condiciones no negociables. Ahora nos toca pedir, pero ¿cómo?

Los buenos negociadores exponen su caso y, si estamos hablando de dinero, mencionan su cantidad deseada y guardan silencio. No dicen una sola palabra más y dejan el espacio, aunque sea incómodo, para que el interlocutor reaccione. Este espacio es sagrado, ya que da todo el poder y muestra que tienes confianza en ti misma y sabes lo que quieres. Después de pasar siete años sin pedir un aumento de sueldo, cuando me senté a negociar hice todo lo contrario a guardar silencio. Inicialmente expuse mi caso y planteé mi cantidad deseada, pero seguí ofreciendo justificaciones que comenzaban a sonar como excusas. Me terminé enredando en mis propias palabras, trastabillando nerviosa. Mis voces de autojuicio y limitación volvieron al ataque con todo, y de más esta decir que no recibí el dinero adicional.

Así que, ya sabes: plantea tu caso, justificándolo con hechos y estadísticas si es necesario, haz tu petición y... silencio. Deja que la contraparte acepte o presente una contrapropuesta. Si te ofrecen una cantidad que no te convence, tienes todo el derecho de pedir un poco de tiempo para pensarlo. No tomes una decisión presionada y no cedas ante lo que no te sientes segura.

Cuando la cosa nos sale mal

Por muchos años asocié el monto de dinero que ganaba con mi valor personal. Tal vez por ello los rechazos a los que me fui enfrentando en el camino se sintieron como rechazos a mi persona. Me lo tomé muy personal. Como dueña de mi negocio, aún estoy trabajando en ello. Suelo enredarme a la hora de separar mi valor personal de mis ingresos, y más de una vez el temor de sufrir otro rechazo se ha transformado en una verdadera barrera para seguir yendo por más. A las mujeres latinas nos toca continuar pidiendo más, y cuando nos encontramos con el *no*, debemos continuar negociando.

La acumulación de los *noes* puede llevarnos a sentir desasosiego. Yo lo he sentido más de una vez, como le ha pasado a Claudia Vázquez. Inmigrante mexicana y la primera en su familia en asistir a la universidad, Claudia trabajó en la caja y en la cocina del McDonald's por varios años antes de moverse a la industria aseguradora. Durante todo ese tiempo trabajó de tiempo completo mientras asistía a un *community college*. Se graduó a los 30 años, tuvo su primer hijo casi al mismo tiempo y manejó las múltiples demandas que enfrentaba como profesional y como madre.

En su camino, Claudia se encontró con muchos *noes*, pero nunca bajó los brazos. La carrera de Claudia fue de continuo crecimiento hasta que llegó al puesto de directora. A pesar de ser una de las pocas mujeres latinas en cargos ejecutivos, Claudia se puso como objetivo ser promovida a vicepresidenta. Y, ¿a que no sabes? Claudia se postuló siete veces para ese puesto, y en cada una de esas ocasiones se le dio a otra persona.

—¿Cómo hiciste para seguir intentándolo cuando posiblemente querías abandonar el esfuerzo —fue mi primera pregunta para Claudia.

—Soy humana y no fue fácil —me respondió—. Cada vez que recibía ese *no*, me pasaba el primer día autocompadeciéndome por mi situación, cuestionándome mi valor y sintiéndome como una víctima carente de talentos. Ese día me daba el espacio para sentir toda esa frustración. Al día siguiente cambiaba ese pensamiento. Pensaba que por alguna razón no me tocaba ese puesto en particular y que seguramente algo mejor estaría por llegar. Al tercer día me ponía en acción, haciendo el trabajo que sabía hacer muy bien, concentrada en continuar creando impacto desde mi lugar y atenta a la siguiente oportunidad.

La actitud de Claudia es admirable. Su aceptación de la situación no consistía en rendirse y tirarlo todo por la borda o en autocompadecerse eternamente. A través de su aceptación de lo ocurrido, lograba ver con neutralidad y paz interior la realidad, aunque no le gustara.

Había días en los que Claudia reflexionaba:

—«Tal vez hasta aquí llegué, y si es así, lo acepto. El camino recorrido ya fue mucho», me decía, pero una vocecita dentro de mí me seguía diciendo que me merecía ese ascenso, que continuara insistiendo. —Y se preguntaba a sí misma—: ¿Mira, ¿qué tal si la próxima vez, por miedo o por desgano, la dejas pasar, y esa era tu oportunidad?

La vocecita de su corazón fue más fuerte. En la octava oportunidad, y con el sentimiento de que no tenía nada que perder, Claudia estuvo más suelta en las entrevistas, con más confianza en sí misma, y sabiendo que no necesitaba la validación externa para conocer su valor personal. En esa octava oportunidad, Claudia logró su ascenso a vicepresidenta de la empresa.

—Mi fortaleza y mi resiliencia vienen de algo muy personal —me contó—. Cuando era adolescente vivía en Tijuana, Baja California, y estudiaba en San Diego. Mi mamá me dejaba todos los días en la frontera y yo tenía que caminar dos millas con lluvia, calor o como fuera. ¿Te imaginas? En aquel momento no había celular, así que estaba totalmente incomunicada de mi familia durante todo ese trayecto. En esas largas caminatas yo pensaba: «Esto es temporal. Esto pasará. Esto es solo por un tiempo y algo muy bueno llegará». —Exactamente ese es el diálogo que hoy, ya adulta, sigue repitiéndose en la cabeza: «Seguiré caminando sin rendirme. Estas situaciones difíciles son temporales».

Hay mucho que aprender de la historia de Claudia, de su esperanza, de su resiliencia y del hecho de que no se diera por vencida cuando su corazón le indicaba que tocaba continuar. Sé por experiencia que el rechazo te deja una marca y que la acumulación de rechazos puede tumbarte. La única forma de seguir adelante es haciendo que tu visión de lo que es posible sea más fuerte que el rechazo con el que indudablemente te encontrarás.

Y, si así lo sientes, también es válido decir «Hasta aquí llegué con esto». Está perfecto que así sea. Asegúrate de que sea tu corazón y no tu ego herido el que te esté dando este mensaje. El ego te hablará desde el enojo o el dolor; el corazón lo hará desde un lugar de aceptación. Cuando viene desde el corazón, notarás que el nudo en el estómago se aflojará, que tus hombros soltarán la tensión que por tanto tiempo cargaste y que una parte muy profunda de ti llegará a apreciar la belleza de lo efímero. Sentirás paz y gratitud por aquello que no fue posible.

En el camino de apoyar el desarrollo de nuestra comunidad me encontré con muchos callejones sin salida y puertas que no se querían abrir. Con mi disciplina y perseverancia (¡y tal vez mi testarudez!) intenté seguir empujando contra esas puertas, causándome más dolor ante cada rechazo, hasta que la acumulación de dolor emocional se transformó en un desequilibrio físico que me impidió trabajar por meses. Pensé en dejarlo todo, pero el llamado de mi corazón fue más fuerte. Entonces me tocó aceptar que ciertas puertas no se abrirán, que tal vez otras más alineadas con mi propósito me están esperando y que en la vida no se nos presenta todo exactamente como nos gustaría.

El camino de ir por más te presentará momentos en los que te enfrentes al dilema de dejar ir lo que hasta el momento pareció central en tu vida. Si te has apegado a ello, es posible que la decisión no sea nada fácil. Pero, así como hay momentos para pedir, hay momentos para insistir y también hay momentos para dejar ir. Solo tu corazón sabe qué es lo mejor para ti en cada momento.

Debemos dejar de lado nuestros juicios negativos respecto a pedir apoyo, recursos o dinero. El dinero y otras cosas materiales no son buenas ni malas, simplemente son. El significado se lo damos nosotras. El problema para la humanidad radica en transformar lo material en una muleta de nuestra falta de autoestima, sobre todo cuando existe una sed desquiciada de poder. Por eso, insisto en que este mundo necesita más influencia de personas que tengan como misión dejarlo mejor de lo que lo encontraron.

LECCIONES APRENDIDAS

- Muchas de quienes somos migrantes y contábamos con una carrera exitosa en nuestro país natal nos enfrentamos a tantas dudas, prejuicios y barreras en los Estados Unidos que es posible que con el tiempo dejemos de atrevernos a soñar en grande.
- Así como nuestro trauma se transmite de generación en generación, la duda y el sentido de no pertenecer, llamados legados psíquicos, son pesadas cargas culturales que también traspasamos a nuestros hijos.
- Hemos sido llevadas a ser la niña buena que no rompe las reglas y que solo va tras una oportunidad cuando cumple con el 100% de los requisitos. Eso nos quita mayores oportunidades y dinero.
- Culturalmente le hemos asignado una connotación negativa al dinero, ya que nuestros ancestros tenían una relación de supervivencia con él. Por un lado queremos ganar más, y, por el otro, nuestro subconsciente nos dice que las consecuencias de atraer más dinero a nuestra vida podrían ser negativas.
- En la aventura de ir por más, es posible que nos topemos con varias puertas que no se abren. Está en nosotras discernir si continuar insistiendo, o mejor aceptar que ciertas puertas no se abrirán y que eso indica que nos esperan otras oportunidades más alineadas con nuestro propósito.
- Nos toca aprender a pedir apoyo, recursos y dinero. El dinero y otras cosas materiales no son buenas ni malas, simplemente son. El problema radica en transformar lo material en una muleta de nuestra falta de autoestima. ¡Ve por más! El mundo necesita más dinero, poder e influencia en manos de personas con valores, como tú.

CAPÍTULO 10

De una a muchos, punto de inflexión

Para quienes crecimos sin imaginar que algún día seriamos líderes, pasar de no tener personal a estar cargo, de ser *solopreneur* (como se les dice a las emprendedoras que aún no tienen empleados) a liderar un equipo con gente que nos reporta a nosotras es un punto de inflexión importante. El desafío consiste en adaptar nuestra mentalidad y nuestro sistema de creencias y en ir haciéndolo a medida que vamos creciendo en nuestra profesión.

Esta etapa te presenta la posibilidad de expandir tu impacto como agente de cambio. ¿Qué mejor oportunidad que diseñar tu microcosmos en tu equipo de trabajo: tu propio sistema en donde haya igualdad de género, respeto por todas las voces y un espacio psicológicamente seguro para que cada uno aporte lo mejor de sí? Tienes ante ti la posibilidad de replicar todo lo bueno que tus jefes anteriores te enseñaron y de tomar las situaciones difíciles para, ahora que estás a cargo, hacerlo diferente. Eso es ser un agente de cambio.

Llegar a ser líder de equipo no es tan fácil para las mujeres. Según el estudio «Women in the Workplace», de Lean In y Mc Kinsey & Co., la barrera principal para las mujeres no es solamente el techo de cristal, definido como las trabas que enfrentamos para acceder a puestos ejecutivos. Las trabas aparecen mucho antes, bajo el concepto del escalón roto. Este término se utiliza para ilustrar que por cada 100 hombres que son promovidos a líderes de un equipo, solo 87 mujeres son promovidas. Y cuando se trata de mujeres de color, solamente 73 son promovidas. El «escalón roto» indica que desde temprano nos quedamos atrás.

Algo similar ocurre con las dueñas de negocios. Los números del censo muestran que casi un 75% de los negocios en los Estados Unidos no tienen empleados. Si sumamos las ventas de todos estos negocios, llegamos a solo a un 4% de las ventas totales de todos los negocios del país. Es decir, nos encontramos con una amplia mayoría de dueñas de negocio que siguen trabajando solas, generando un nivel de ventas mínimo. La carencia de información y de herramientas, los bloqueos para el acceso a capital y la falta de oportunidades de contratos con corporaciones y otras grandes organizaciones son solo algunas de las tantas barreras que enfrentamos para expandir nuestros negocios.

Por eso, considera que tener personal a tu cargo es ya un éxito en sí mismo. En este capítulo te doy las herramientas para triunfar en esta etapa, tanto si eres una nueva líder como si ya eres una supervisora o jefa experimentada.

TU ÉXITO YA NO ES SOLO TUYO

—Pasar de no tener personal a ser líder de otros y responder por ellos fue un gran paso para mí —me comentó Lisa, la líder de la industria de la salud a quien te presenté anteriormente—, y creo que cuanto más excepcional eres como empleada sin reportes directos, más difícil puede resultarte esta transición.

Sus palabras resonaron profundamente en mí. Lo que más me costó fue soltar el control de todos los detalles, algo que hasta el momento me había posicionado como talento de alto potencial. Por miedo a sentirme humillada en público y ser yo quien respondiera por otros en mi equipo, quería refugiarme en la seguridad de conocer todos los detalles relacionados con mi trabajo.

—Cuanto más crezcas, más vas a querer que miembros de tu equipo hagan cosas que tú no sabes hacer —me aseguró Lisa—. Y puede ser incómodo, a menos que asumas dentro de ti que ya no tienes que hacer todo el trabajo con detalle, sino dirigir a tu equipo hacia una meta común, sin competir o demostrar que tú sabes igual o más.

Competencia. Inseguridades. Necesidad de controlar. Todo parece dirigirnos a echarles una mirada a las voces internas y a los sistemas de creencias que pueden interponerse en nuestro camino como líderes de otros.

LAS VOCES INTERNAS QUE AFECTAN NUESTRA CAPACIDAD DE LIDERAZGO

En nuestro subconsciente nos encontraremos una vez más con esquemas de pensamiento que ya no pueden acompañarnos en el camino que tenemos por delante. Cubramos juntas los roles de género que nos afectan a la hora de tomar espacios de liderazgo, nuestra relación con el concepto de autoridad y, por último, la costumbre de hacerlo solas y estoicamente. Vayamos por partes.

¿Líder yo?

En la cultura latinoamericana es infrecuente encontrarnos con mujeres al mando en espacios de poder. La Iglesia, el gobierno, el ejército y las actividades de explotación agrícola, ámbitos que concentran gran poder en los países de donde provenimos, están mayormente dirigidos por hombres. Nuestro rol ahí ha sido más bien secundario, como el de quien apoya el liderazgo de otros.

«Me sentía totalmente inadecuada e intimidada con el rol de líder», me confesaron varias mujeres, altas ejecutivas en sus organizaciones, así como algunas empresarias exitosas que han hecho crecer su negocio, poniendo en duda las estadísticas que indican que la mayoría nunca crecerá más allá de los 250 000 de facturación al año.

Encontrarnos a la cabecera de la mesa no es nuestro rol cultural natural. No es el que se nos implantó por siglos y, muy posiblemente, tampoco el que hemos aprendido dentro de nuestra familia, ya que nuestras madres y nuestras abuelas no siempre accedieron a las oportunidades que se nos presentan a nosotras. Muchas de nosotras enfrentamos la presión de seguir el modelo de gerencia blanco no latino y masculino, o eso es mayormente a lo que hemos estado expuestas. Ese estilo puede resultar ajeno al nuestro, y provocar nuestro desgaste y agotamiento por empujar con algo que no nos funciona. Es como tratar de calzarte unos zapatos que no son de tu talla.

Para ser una líder efectiva necesitas primero crear esa imagen dentro de ti. Recuerda la estrategia de la visualización de la que te hablé en capítulos anteriores: imagínate con lujo de detalles estar sentada a la mesa con plena confianza en ti misma, valorada y respetada por el resto del equipo. Dale lugar a un diálogo interno que te empodere y no a las voces de juicio que parecen querer derrumbarte. Apoya tu éxito desde tu interior. Gana en tu imaginación. Finalmente, recuerda que si has llegado a este rol a pesar del «escalón roto», es que ya has superado el primer gran obstáculo. Que ello te de la confianza de que tienes lo que se necesita para seguir creciendo.

Nadie lo hace como yo

Delegar es un ejercicio de confianza, donde les das a otros la libertad y el espacio para hacer su trabajo, desarrollar su carácter, aumentar la confianza en sí mismos y poner a prueba su propias creencias y barreras autoimpuestas. El problema es cuando creemos que nadie podrá hacerlo como nosotras. Y en esto te voy a dar la razón. Al menos inicialmente, otros no lo harán tan rápido o tan bien como tú, ya sea porque has hecho ese trabajo por más tiempo o porque has desarrollado habilidades en los que otros aún están trabajando.

Además, quienes somos la primera generación en nuestras familias en crear un negocio o crecer a puestos gerenciales sabemos lo que significa abrirnos el paso prácticamente solas. Lo hemos hecho toda la vida. Sencillamente, no teníamos a quién preguntarle cómo hacer las cosas, o nos dio vergüenza preguntar, no fuera que se dieran cuenta de que éramos unas «impostoras». Nos acostumbramos a luchar solas, muchas veces cargando el mundo entero sobre los hombros. Nos toca desaprender el discurso cultural de que podemos y debemos hacerlo todo solas y aprender de quienes recorrieron antes este mismo camino.

—Como líder, tienes la oportunidad de construir una cultura de equipo, donde las personas se sientan seguras para experimentar, fallar, aprender de sus errores y crecer —me comentó Lisa—. Aquí no se trata de darles una lista de tareas y desaparecerte, ni tampoco de estar mirando sobre el hombro de cada persona, controlándolos a cada paso. Es un verdadero arte encontrar el balance. Aquí se trata de establecer metas claras, explicar qué es lo que esperas de cada persona, coordinar para reunirte con cierta frecuencia, e insistirles en que pueden venir a ti cada vez que necesiten tu apoyo o tengan preguntas. Para empezar, y como mínimo, delégales las tareas que su rol debe llevar adelante. Y luego ves si puedes ir agregando más. A la larga quieres exponerlos a presentar a los ejecutivos o clientes, aun cuando la voz les tiemble un poco. Así es como crecerán, sintiéndose un poco incómodos».

Lisa me habló de cómo, en su experiencia, muchas veces quien delega se pone aún más nervioso que quien presenta. Sobre todo cuando el jefe que delegó siente que hay mucho en juego, incluyendo su imagen de líder.

—Recuerdo una vez que me tocó hacer una presentación importante a cientos de personas de nuestra empresa —me dijo Lisa—. Mientras yo presentaba, podía ver a mi jefa caminando nerviosamente al fondo del salón en un intento de dominar sus propios nervios.

Esa no fue la única vez. En una segunda oportunidad, uno de sus jefes parecía estar comiéndose las uñas sentado en la primera fila mientras ella presentaba.

—Como líder, asegúrate de ser una cara de apoyo entre el público, y no una imagen que contagie inseguridad y temor —recomendó Lisa—. Así como quienes somos padres sentimos que nuestros hijos van por el mundo representándonos, es posible que sintamos lo mismo cuando un miembro de nuestro equipo nos representa. Por ello, si algún día te encuentras en esta situación, ¡recuerda mantener la calma!

ACTO DE SANA REBELDÍA

Reflexiona sobre tus creencias limitantes acerca de delegar. Escribe:

¿A qué le temo cuando me rehúso a ceder el control?

____

____

____

____

____

El hecho de que tú puedas hacer algo no significa que debas hacerlo. El poder de elegir es tuyo.

¡Siento que no respetan mi autoridad!

Si pretendes que en los espacios laborales las personas respeten tu autoridad, así como nos enseñaron a respetarla en casa, ¡vas a sufrir demasiado! En nuestra cultura nos inculcaron, un poco a chanclazos, el concepto de respeto a nuestros mayores. Aprendimos a no cuestionar a quienes percibimos como figuras de autoridad, pues sabíamos que la consecuencia de cuestionarlos podía terminar en un castigo. En la cultura anglosajona nos encontramos con lo opuesto: los niños desarrollan su voz desde temprano y no se asustan al cuestionar a la autoridad.

Mas adelante nos encontramos con comportamientos similares en el trabajo. En los espacios profesionales de este país se espera que presentes tu punto de vista, aun cuando sea diferente al de quienes ostentan una posición de autoridad. La teoría detrás de este comportamiento es que, si todos contribuyen sus puntos de vista, aun cuando parezcan divergentes, el producto final podrá mejorarse. El aporte de opiniones divergentes es bueno para los negocios.

Por estas diferencias culturales es posible que te resulte incómodo que un miembro de tu equipo cuestione en público tu forma de pensar, y si lo hace delante de los ejecutivos o de tus clientes, aún peor. He pasado por situaciones como esas, donde ante el más mínimo cuestionamiento hacia mi forma de pensar me hacía sentir tan incómoda y humillada que me ruborizaba intensamente. Llegaba a sentirme totalmente fuera de lugar, perdía el hilo de la conversación y terminaba refugiándome en el silencio.

Para quien aspire a seguir creciendo como líder, la clave fundamental cuando te cuestionan es nunca tomarlo personal. Por supuesto, hablamos de cuestionamientos razonables, no de faltas de respeto. Estas no las tenemos que tolerar.

—Incorporé el hábito de reunir a mi equipo para plantearles ideas y pedirles que me dieran sus opiniones. Les insistía en que me dijeran lo que pensaban con total transparencia —me contó Lisa, quien en los primeros años de su carrera se sentía incómoda con algunos de los comentarios que recibía, pero con el tiempo entendió las enormes ventajas de pedir opiniones ajenas. Reunirse con su equipo le resultó muy beneficioso, pues todos tenían la oportunidad de decir lo que pensaban en un espacio privado y no soltarlo sorpresivamente en la reunión con los ejecutivos o clientes.

Al concluir nuestro encuentro, Lisa me dijo que para ser una líder efectiva se enfocó en la frase *Trabajen conmigo.* Con ella Lisa crea espacios donde todas las voces son escuchadas y donde hay lugar para crecer. Es lo que yo le llamo el liderazgo de la nueva era: el que cada una de nosotras, como agentes de cambio de un sistema que tiene mucho por mejorar, tenemos la oportunidad de implementar. Ser líder de equipo con conciencia es una forma de ser agente de cambio en este mundo.

ACTO DE SANA REBELDÍA

Piensa en la última interacción que hayas tenido y en la cual tu autoridad fue desafiada. Responde:

¿Cómo reaccione? ¿Puedo ver cómo se hicieron presentes las diferencias culturales? ¿Qué pude haber hecho diferente? ¿Qué haré diferente de ahora en adelante para crear espacios de sana divergencia y desacuerdo?

____

____

____

____

____

Hemos visto las principales mentalidades culturales que pueden interponerse en tu camino como líder. Veamos ahora tres pilares clave en el momento de empezar a construir un equipo comprometido y de alto rendimiento.

Pilar 1: Entiende las motivaciones de tu equipo

Así como busco ser consciente de lo que me motiva a presentarme a mi trabajo, es igualmente importante entender qué motiva a quienes me reportan. Me gusta también entender qué motiva a quienes reportan a mis reportes. Este nivel de detalle requiere invertir tiempo con cada persona y hacerles una serie de preguntas que vayan a lo más hondo de sus motivaciones.

- *¿Cuál es tu historia profesional? ¿Cómo ha sido tu camino para llegar hasta aquí?*
- *¿Cómo defines el éxito en tu carrera profesional? ¿Qué quieres de tu profesión?*
- *¿Cómo te ves en tres años? ¿Y en cinco o 10 años?*
- *¿Qué te motiva a levantarte cada mañana y presentarte a trabajar? ¿Por qué?*

En esta última pregunta puedes continuar con el *¿por qué?* tres o cuatro veces, hasta dar con los motivos más trascendentales que hacen que la persona esté motivada a trabajar. Al comienzo, las respuestas tal vez estén relacionadas con crecer en su profesión o ahorrar para su futuro, pero si indagas un poco más, pueden salir motivaciones trascendentales, como sentirse parte de un equipo que crea impacto en la vida de los demás, sentirse valorado y útil, o recibir el reconocimiento por un trabajo bien hecho. Para cada cual será diferente. Conocer a tu equipo con este nivel de profundidad hará que las relaciones sean más abiertas y fluidas, lo que impactará positivamente en el accionar de tu equipo y beneficiará tu imagen de líder.

Esta proximidad entre los miembros del equipo es especialmente importante con los integrantes jóvenes. En los Estados Unidos, casi la mitad de la fuerza laboral está compuesta hoy en día por la generación de los *millennials* y por la generación Z. Según un estudio de Gallup, estas personas prefieren ver en sus jefes a mentores o *coaches* que los ayuden a crecer, en vez de jefes que se limiten a delegarles tareas. Las nuevas generaciones buscan tener un sentido de propósito y saber que contribuyen a una misión de impacto. Valoran las conversaciones tanto formales como informales en las que se les muestre un genuino interés. Asimismo, querrán verte desplegar tu autenticidad y tu verdadero yo y prefieren jefes que los motiven a dar lo mejor de sí mismos y a ser productivos y eficientes. En otras palabras, nuestros jóvenes buscan una relación auténtica, menos jerárquica, que les permita una mayor proximidad con sus jefes.

Aquí es donde nuestra habilidad cultural de conectarnos con otros seres humanos y de ser empáticas, cálidas y humanas nos viene como anillo al dedo para liderar, desarrollar y motivar a la fuerza laboral del mañana.

Pilar 2: Aprende a estar cómoda dando retroalimentación incómoda

Dar retroalimentación a otros, sobre todo el tipo de retroalimentación que se centra en lo que debe mejorarse, puede resultar bastante incómodo, tanto para las que tenemos que dar las malas noticias como para quien recibe la retroalimentación.

Esta incomodidad tiene su antecedente en el discurso cultural de la simpatía, que nosempuja a mantener relaciones armónicas con otras personas a toda costa. Si creemos que podemos desencadenar un conflicto con nuestras palabras, es posible que prefiramos mantenernos en silencio. A esto se suma el miedo a lastimar a otras personas, derivado de lo que suelen importarnos los demás. Más allá de lo incómodo que pueda resultarte esto, dar retroalimentación a tu equipo de trabajo es un pilar clave para su desarrollo y para transformarlos en un equipo de alto rendimiento. Todos los seres humanos tenemos puntos ciegos que nos impiden ser objetivos con nosotros mismos. Es por eso que la retroalimentación es clave para continuar ajustando el comportamiento de tu equipo y lograr un mayor impacto colectivo.

El primer paso es darle un nuevo significado a la retroalimentación, pasando de verla como un mal necesario a verla como una forma de ayudar a las personas. Visualiza el acto de dar retroalimentación como un gran regalo que les haces a otros para apoyarlos en su crecimiento. El segundo paso es tener un mapa de ruta para dar la retroalimentación de manera asertiva. Aquí te presento el mío:

1. AGRADECE. Expresa gratitud por el tiempo para reunirse y por el trabajo realizado. Esto abre el corazón de las personas para que puedan recibir la retroalimentación que estarás dando más abiertamente, desarmando su coraza.
2. PREGUNTA. Antes de dar tu punto de vista, pregunta «¿Cómo te parece que fue aquella reunión (refiriéndote a una reunión específica)?». Escucha con atención. Aquí te darás cuenta de si la persona tiene puntos ciegos respecto a su desempeño.
3. EXPLICA. Brinda ejemplos concretos acerca de lo que podría haberse hecho mejor. Recuerda que los individuos multiculturales generalmente recibimos retroalimentación poco específica. ¡Rompe este hábito sistémico!
4. RECOMIENDA. Ofrece posibles cursos de acción: «¿Qué te parece si la próxima vez intentas...?».
5. MOTIVA. Guía a la persona a entender cómo el nuevo comportamiento será beneficioso para ella y para la organización. Asegúrate de ser clara acerca del beneficio, ya que los humanos modificamos nuestro comportamiento solo cuando entendemos el beneficio que obtendremos por ello.

6. ACLARA. Reserva un espacio para aclarar toda duda: «¿Tienes alguna pregunta?».
7. OFRECE. Cierra ofreciendo tu apoyo, siendo una mentora o *coach*, más que solo una jefa. Puedes preguntar: «¿Cómo puedo seguir apoyando tu crecimiento?».

Para seguir apoyando un cambio de comportamiento, la próxima vez que esta persona demuestre que implementó lo dialogado en su reunión, asegúrate de reconocérselo.

—Dar retroalimentación fue una experiencia de grandes aprendizajes para mí —me contó Lisa—. No es suficiente esperar a tener una evaluación anual de desempeño para darles retroalimentación a los miembros de mi equipo. Esperar tanto puede tomarlos por sorpresa con áreas de mejora inesperadas, e incluso pueden haber olvidado el evento al cual me estoy refiriendo en mi conversación. En otros casos pueden incluso perder la confianza en mí como líder por esconder información que les hubiera ayudado a mejorar si la hubieran implementado inmediatamente después del evento.

En los últimos meses trabajé con una reconocida empresa farmacéutica para establecer una cultura de retroalimentación más fluida. Los participantes de mis talleres expresaban ansiedad al solicitar información acerca de su desempeño, y aún más a la hora de brindar esa información a otros en su equipo. Me tocó trabajar con ellos para establecer nuevos hábitos. ¿Quieres saber cómo lo hicimos? Tomamos lo que les parecía demasiado intimidante y lo redujimos a pequeñas partes: microsesiones de retroalimentación.

En lugar de esperar a grandes eventos para solicitar o brindar retroalimentación, trabajamos en un plan para que lo hicieran al menos una vez por semana, pidiendo retroalimentación especifica a sus supervisores, pares y otros miembros de su equipo. El pedido tenía que ser especifico: «¿Qué te pareció que hice bien y qué cosas puedo mejorar? ¿Puedes darme ejemplos concretos? Me interesa saber lo que observaste, ya que con ello me ayudarás a seguir creciendo». De a poco, estas personas fueron desmitificando estas conversaciones y las comenzaron a incorporar como algo más natural.

¿Tú con qué dificultades te enfrentas a la hora de dar retroalimentación a otros? ¿Te parece que nuestro discurso cultural de la simpatía pudo haber propiciado tu incomodidad? ¿Te atreves a implementar minisesiones de retroalimentación como una nueva rutina, una vez por semana? Estas sesiones no deberían llevarte más de 10 a 15 minutos, y sus beneficios pueden cambiar tu progresión profesional y la de los miembros de tu equipo.

Como jefa, pide retroalimentación a los miembros de tu equipo, y cuando la recibas, agradécela. Considera que puede ser incómodo para la persona que tienes frente a ti. Recibe la retroalimentación como un gran regalo para tu crecimiento, y si tus sentimientos son magullados un poco en el proceso, recuerda que esa experiencia es pasajera y que tú te quedarás para siempre con esa retroalimentación para seguir creciendo.

Pilar 3: Modela el tipo de líder que te gustaría ver en otros

Modelar el cambio que queremos ver no es fácil. Nos enfrentamos a un sistema que carece de ambientes psicológicamente seguros en los que las personas puedan expresarse sin miedo a las consecuencias. Como líderes tenemos la oportunidad de generar este cambio, empezando por nuestros equipos. Tal vez este sea el trabajo más difícil que puedas emprender, porque trata de la transformación progresiva de la conciencia para que nuestros equipos operen bajo la mentalidad de la abundancia y la colaboración, en vez de la competencia y la mentalidad de escasez. Es posible que no veas los resultados inmediatamente o que te topes con resistencia, ante la cual sientas la tentación de volver a operar como nos enseñaron. Seguir insistiendo en crear una mentalidad de abundancia en otros es trabajoso, pero muy necesario para esta humanidad. ¿Por dónde empezar? Modelando las cualidades de ese líder empático y consciente que el mundo clama por ver, cualidades que tú ya posees.

Un artículo de la revista *Forbes* menciona un estudio llevado a cabo en 2023 por Cynthia Adams, presidente de Leadership Circle. Este estudio, que abarcó a unas 240 000 personas, fue clave para identificar las tres principales características que hacen que las mujeres seamos líderes más efectivas que los hombres.

En primer lugar, las mujeres somos más efectivas a la hora de construir relaciones basadas en la autenticidad y la búsqueda del bien común (¡exactamente como lo prefieren las generaciones más jóvenes!). Las mujeres nos enfocamos en lo lejos que podríamos llegar juntos, en lugar de sostener un enfoque individualista. En segundo lugar, los hombres tienden a liderar desde un «participar para no perder», enfocándose en mantener lo más lejos posible todo lo que no quieren que ocurra. Por otro lado, las mujeres tendemos a liderar desde un «participar para ganar», enfocando nuestras energías en movernos hacia una visión de lo posible. Son dos enfoques diferentes, y los equipos a nuestro cargo suelen notar la diferencia. En tercer lugar, las mujeres tendemos a cultivar conexiones más profundas, ya que solemos mostrar un interés genuino y desarrollamos a otras personas como mentoras. En el mundo de los negocios, estas tres áreas constituyen superpoderes. ¡Que nadie te haga creer lo contrario! Hacer el trabajo y hacerlo bien es necesario e imprescindible y, si además lo hacemos con este enfoque centrado en las relaciones humanas, estaremos creando dentro de nuestra organización una poderosa comunidad de la que muchos, sobre todo el talento joven, querrán ser parte.

No todas tuvimos los líderes que nos hubiera gustado tener. Pero las experiencias difíciles con aquel mal jefe o jefa, o con aquel pésimo cliente, no fueron totalmente en vano. Ocurrieron para que estuvieras donde estás hoy, con la oportunidad de hacerlo diferente. Por ello, considera que para apoyar a otros a alcanzar su máximo potencial, nos toca primero imaginarlos exitosos. Será muy difícil incentivarlos a crecer si sostenemos en nuestras mentes una imagen de ellos limitada o llena de defectos. Atrévete a creer en otros y a imaginártelos en su mejor expresión posible. Esta es tu oportunidad de comenzar a cortar la cadena y de hacer aquello que te hubiera gustado que hicieran por ti.

LECCIONES APRENDIDAS

- El paso de trabajar como contribuyente individual a ser líder de un equipo es quizá el reto más importante de nuestra vida profesional, porque nos invita a desarrollar nuevas habilidades y nos enfrenta con mensajes culturales limitantes acerca de nuestro rol de líderes.
- Esta etapa te brinda una oportunidad para ser impulsora del cambio. Tienes la posibilidad de replicar lo bueno que tus jefes anteriores te enseñaron y de tomar las situaciones difíciles del pasado para hacerlo diferente ahora que estás a cargo.
- Te tocará aceptar que hay personas en tu equipo con mayor conocimiento técnico que tú. Pasarás de hacer todo el trabajo en detalle a dirigir y motivar a tu equipo hacia una meta en común, sin competir o demostrar que tú sabes igual o más.
- Como en la cultura latinoamericana ha sido infrecuente encontrar mujeres al mando, podemos sentirnos intimidadas en nuestro rol. En el inconsciente colectivo, el papel de la mujer latina ha consistido en apoyar a otros, no en liderar espacios.
- Así como buscas ser consciente de lo que te motiva a presentarte cada día a tu trabajo, es igualmente importante que entiendas qué motiva a los miembros de tu equipo. Para ello debes invertir tiempo con ellos.
- Brindar retroalimentación a miembros de nuestro equipo puede ser bastante incómodo por el discurso cultural de la simpatía, según el cual tendemos a mantener relaciones armónicas y nos alejamos de un posible conflicto.

- Dar retroalimentación de forma frecuente es clave para el desarrollo de tu equipo y para que confíen en ti como líder. Esperar una vez al año para tener retroalimentación les quita la posibilidad de hacer ajustes inmediatos.

CAPÍTULO 11

¿Tu carrera o tu familia?

Era una mañana gris e invernal en Nueva York en la que mi amiga Melba, inmigrante colombiana y madre de dos hijos nacidos en Estados Unidos, se dejó caer sobre el banco de cemento helado que era testigo de los miles de turistas que visitaban el puente de Brooklyn a diario. El frío era tenaz, de esos que parecen penetrar por cada milimétrico e invisible espacio entre las costuras de la ropa. Con un cansancio visible y lágrimas asomándose en sus ojos, Melba se hizo una pregunta: «¿La vida de quién estoy viviendo?».

Madre, hija, esposa, hermana, amiga, *coach* y mucho más, Melba siempre estaba dispuesta a darlo todo por todos. Pero esta vez se sintió cansada. Impulsada por el mismo cansancio, tuvo la valentía de preguntarse: «¿Hasta cuándo seguiré viviendo la vida de los demás? ¿Cuándo empezaré a ponerme primero sin culpa?».

Si bien esta historia ocurrió hace décadas, Melba me la confió hace un par de años. Desde entonces, la imagen de mi amiga sentada en aquel banco, en un día de intenso frío invernal, me persigue con frecuencia. No me resultan ajenos ese frío, esa soledad ni ese cuestionarme si estoy viviendo la vida que elijo o si la presión del entorno aún me lleva a vivir la vida que otros desean para mí.

Y tú, ¿la vida de quien te encuentras viviendo?

TIRONEADAS DE AQUÍ PARA ALLÁ

Ser mujer viene acompañado de la presión de sentirnos solicitadas desde varias direcciones contrapuestas. En algún momento podemos estar inmersas en la misión imposible de dar nuestro tiempo y energía a las múltiples demandas de los ámbitos familiar y laboral. Además, nuestra cultura les hadado un lugar muy especial a la familia y a las amistades en nuestras vidas. Provenimos de la cultura del compartir comidas, eventos y vivencias en grupo, del estar juntos, de lo colectivo. Y, por otro lado, estamos inmersas en la cultura anglosajona del trabajo intenso, la productividad y el éxito individualista. Son dos mundos vividos con tal intensidad que se nos puede hacer difícil seguirles el ritmo en simultáneo. Algo termina cediendo, y por lo general es nuestra salud, descanso y disfrute.

Muchas de las latinas con las que he hablado me han expresado la presión, e incluso la angustia, que representa para ellas tener que equilibrar todas las bolas que están en el aire. Como pioneras, solemos sentirnos poco entendidas. Nos encontramos ante la oportunidad de crear un impacto en el mundo, uno que nuestros ancestros no tuvieron posibilidad de crear, y nos preguntamos de dónde sacaremos la energía para además cuidar de los nuestros. Es así como nos vamos poniendo en segundo plano, cuidando de nosotras mismas solo si nos sobra tiempo después de atender todo lo demás. Pero para lo que sí tenemos tiempo es para los dilemas y las voces de culpa que nos recorren con frecuencia: *Invertí tanto en mi educación que quiero continuar con mi profesión. Por otro lado, mi familia me necesita y no sé si puedo delegar ese trabajo a otros. ¿Como hago?; Me quedé en casa por un tiempo y me sentí culpable de no usar mis talentos. Entonces salí al mundo a crecer en mi profesión y ahora me siento culpable por descuidar a los míos,* o *Me conecto para chequear* emails *por la noche y los fines de semana. ¡Quiero que se den cuenta de que estoy comprometida con mi carrera!*

Ante el juicio y la culpa tendemos a trabajar más duro, tanto en la casa como en la oficina, para intentar cubrir todos los frentes. Esto ocurre con las que somos madres, pero también con las que son esposas, hijas que tienen a cargo a sus padres o mujeres que buscan que su vida consista en algo más que lo laboral. La presión para terminar poniéndonos al último es real, y en mi experiencia, el intento de serlo todo para otros (en mi caso, ser madre y profesional de tiempo completo) pueden poner de rodillas a la más organizada y disciplinada entre nosotras.

Para sentirme una buena madre y una profesional valiosa, trabajé como nadie y como nunca, poniéndome a mí misma como última en mi lista de prioridades. Dormía poco, no comía casi nada entre el desayuno y la cena, trabajaba hasta pasada la medianoche. Calmaba mi culpa y mi inseguridad revisando el *email* del trabajo. Todas estas parecían pequeñas acciones sin consecuencias graves a corto plazo, pero su sucesión y acumulación culminó en mi colapso rotundo. Tan rotundo que varios años después aún sigo recuperándome.

Según un estudio de la consultora McKinsey & Co., una de cada tres mujeres, o el 60% de las madres con hijos pequeños que además trabajan, pasan cinco horas diarias o más en tareas del hogar y en el cuidado de los seres queridos. ¡Esa cantidad de horas equivale a un trabajo de medio tiempo! Las mujeres no solo afrontamos una mayor demanda en nuestro hogar, sino también en nuestros espacios laborales. El mismo reporte sostiene que las mujeres extendemos mayor apoyo a colegas y equipos que los hombres en un puesto similar. Es decir, no solamente guiamos a otros a triunfar en sus espacios de trabajo, sino que tenemos un 60% más de probabilidades de ser quienes además provean apoyo emocional a nuestros compañeros de trabajo.

Un artículo igualmente interesante de FastCompany indica que las mujeres en puestos directivos tenemos el doble de probabilidades de dedicar nuestro tiempo a esfuerzos de diversidad. Eso es lo que a veces se denomina «tareas domésticas de oficina». Más allá del tono irónico del término, con él se traza una similitud con las tareas domésticas que son no remuneradas, sino que, por el contrario, se subestiman y son poco glamorosas, ¡pero esenciales! Las mujeres tendemos a cargar esas tareas sobre nuestros hombros en mayor medida que los hombres.

No te sorprenderá entonces que millones de nosotras hayamos sucumbido en manos del agotamiento laboral crónico o *burnout*. El *burnout* es definido por Mayo Clinic como un tipo especial de estrés relacionado con el trabajo, un estado de agotamiento físico o emocional que implica una ausencia de la sensación de logro y la pérdida de la identidad personal.

Un alarmante 42% de las mujeres encuestadas en 2022 indican que se sienten agotadas, lo que representa un gran salto comparado con el 32% medido en 2021 y una diferencia significativa con el 35% de agotamiento que reportan los hombres. Las generaciones más jóvenes reportan tasas aún más elevadas de *burnout*, llegando a un insostenible 48% para el grupo de entre 18 y 29 años. Nuestros jóvenes buscan vivir su vida más allá de lo laboral y están desgastándose, empujando contra un sistema que no le da espacio a ese tipo de vida, mayormente porque quienes vinimos antes pagamos el derecho de piso trabajando a sol y sombra, y nos cuesta concebir que los más jóvenes quieran vivir de una forma más equilibrada.

¿Qué se esconde tras nuestro agotamiento? El mensaje cultural, ancestral, silencioso y muchas veces inconsciente que se nos asignó a las mujeres: la obligación de cuidar de todos a nuestro alrededor. En nuestra cultura, es de niña buena atender las demandas de los demás, desterrando todo intento «egoísta» de poner al frente de nuestra vida nuestras propias necesidades. Esto equivale a que el piloto del avión abandonara el mando en medio de una situación de emergencia para ponerle la máscara de oxígeno a cada uno de los pasajeros y de los miembros de la tripulación. ¿Te imaginas? No en vano nos dicen que lo más sabio es ponerte primero tu máscara de oxígeno y luego encargarte de ponérsela a los demás. Te garantizo que si intentas serlo todo para todos, tu avión se vendrá a pique, lo que no solo te afectará a ti, sino a quienes te rodean.

DECISIONES QUE CAMBIAN EL RUMBO DE TU VIDA

—Claro que volveré. Aquí estaré de nuevo en solo unos meses —le aseguré a mi jefa, directora de la marca Airwick, el día que nos reunimos a puertas cerradas en su oficina de Parsipanny, Nueva Jersey. Mi embarazo avanzado de ocho meses anunciaba que pronto mi vida cambiaría de forma radical—. Amo mi trabajo y no me imagino sin trabajar.

«Para eso estudié todo lo que estudié, y para eso sacrifiqué mucho por vivir en los Estados Unidos», pensé.

En ese mismo instante, y como dejándome saber que eso estaba por verse, mi bebé me propinó una de esas patadas que me dejaban sin aire. Tan solo unas horas antes, uno de mis colegas, padre de dos hijos adolescentes, me había insistido en que «algo pasa con las mamás una vez que tienen a su bebé en brazos. Algo cambia en ellas». Interesante. Me pregunté si este colega y mi bebé en camino percibían algo que yo en ese momento no estaba aceptando.

Dos meses más tarde, cargando a una pequeña Valentina de solo unas semanas en mis brazos, miré de reojo a mi marido intentando contener las lágrimas.

—¿Qué te parece? —me preguntó al salir de la tercera guardería infantil que visitamos en un día.

¿Qué decirle? El olor a pañales sucios, varios bebés llorando mientras las mujeres a cargo parecían no darse abasto, las luces de neón en el techo y ninguna latina alrededor. Esas mujeres desconocidas intentaban darme la bienvenida con una sonrisa, mientras mis ojos se clavaban en sus largas y coloridas uñas pensando «¿Cómo hacen para cambiar un pañal sin arañar al bebe?». El postparto sí que le hace algo a tu forma de pensar y de ver las cosas.

—¡No puedo! —estallé, dejando salir un grito reprimido y llorando a mares ante los ojos de Gonzalo, que buscaba comprender qué estaba pasando. Sentía mi corazón partido en mil pedazos. No podía dejar al tesoro más importante de mi vida ahí por diez horas al día para reintegrarme a mi carrera corporativa. Tan solo pensarlo era devastador. Con un trabajo presencial de cinco días por semana, sin la posibilidad del trabajo remoto, con un marido que trabajaba una cantidad similar de horas en un banco a más de una hora de casa, y con toda nuestra familia a más de diez horas en avión, simplemente... no pude. Dejar a mi hija de solo 6 semanas en manos de personas desconocidas en un país extranjero fue más doloroso de lo que me había imaginado. Simplemente no pude. Pero ¿cómo pagaríamos las cuentas? ¿Y la deuda de mi maestría, que aún tenía pendiente? El impacto financiero de esa decisión iba a ser un fuerte cimbronazo para nuestra familia, pero todo mi ser se negaba a regresar a aquella carrera corporativa en la cual tanto había invertido y con la cual había asociado mi identidad personal. El desapego a esa identidad fue brutal y el proceso duró al menos una década, pero en aquel entonces no lo sabía.

—Me quedaré en casa con ella unos meses y luego veré cómo me las arreglo para buscarme un trabajo de medio tiempo o algo más flexible —le prometí, con lágrimas rodándome por la cara y cayendo sobre mi hija—. Sigue enfocado en tu carrera, yo me quedo con ella unos meses —le propuse. Gonzalo asintió en silencio. Creo que ninguno de los dos sabía muy bien lo que estábamos haciendo. ¿Acaso no es un experimento de vida criar a tus hijos en un sistema que no es el tuyo, cuyos valores aún no haces propios y cuyo lenguaje no siempre entiendes?

Convertirte en madre lejos de tu madre (y de tu abuela, tías y primas) puede tener un impacto profundo en ti. En mí lo tuvo. No sé si lo hubiera elegido por voluntad propia si hubiera podido barajar las cartas de mi vida de otra forma. Pero aquí estaba, lejos de todas las mujeres de mi familia, sola el día entero con mi hija en un pequeño departamento y con tremenda culpa por haber dejado de lado mi vida profesional. La tortura mental fue tal que en menos de un año estaba trabajando nuevamente. A fin de cuentas, ¿quién era yo sino una profesional corporativa? Por años, esa era la única visión de mí que había tenido en mente, enredando mi esencia y mi valor personal con mi trabajo y profesión. Sentía que sin ellos no valía nada. Ni el tiempo con mi amada hija podía llenar ese vacío interior con el que cargaba día y noche, pero tampoco podía estar separada de ella.

Fue entonces cuando tomé la decisión de, además de ser madre de tiempo completo, convertirme en consultora para una empresa mediana en la que me remuneraban como medio tiempo, pero para la que en realidad trabajaba a tiempo completo y más. Acepté el dinero que en su momento me ofrecieron bajo la promesa implícita de que tendría algo de flexibilidad si mi hija enfermase. Así que hacia allá partí, a pilotear un avión en el que me encontraba constantemente corriendo por el pasillo, poniéndoles la máscara de oxígeno a todos, excepto a mí. Unos años más tarde, como ya lo sabes, el avión de mi vida se vino abajo.

¿HABRÉ HECHO LO CORRECTO?

No me alcanzan las páginas de este libro para contarte la cantidad de veces que me cuestioné si esas decisiones habían sido las correctas. ¿Qué habría pasado si hubiese continuado con mi carrera corporativa en una empresa multinacional en lugar de trabajar como consultora en una empresa más chica? ¿Dónde estaría hoy en día y qué tan lejos habría llegado? ¿Sería más respetada por aquellos que hoy en día no me abren la puerta, por duro que la golpee? ¿Serían genuinas esas relaciones o estarían basadas solamente en un interés comercial? ¿Cómo sería la relación con mis hijos si me hubiese ausentado la mayor parte del día? ¿Quién soy ahora, si ya no soy esa ejecutiva? ¿Podría haberlo hecho diferente? ¿Hice lo correcto? Demasiadas preguntas. Ninguna respuesta.

No sé realmente dónde estaría hoy en día. Y, además, ¿qué es hacer lo correcto? ¿Lo correcto para quién y según quién? ¿Lo correcto para la vida de quién? Cuando mi mente se dispara cuestionando un pasado que desde la distancia se ve mucho más fácil, vuelvo a ese momento donde tuve a mi hija en mis brazos y sé que hice lo mejor que pude con los recursos, apoyo e información que tenía. Parte de la aceptación es seguir trabajando para quitarme el implante de mujer ejecutiva al que he asociado mi propósito de vida desde la niñez. Dejar ir con aceptación a esa mujer que no fue y que nunca sería, al menos no de la forma como me lo había imaginado por décadas. Algunos caminos simplemente no son posibles. Si no nos permitimos el espacio para soltar las expectativas no cumplidas, anhelaremos ser aquella que ya no somos, cargándonos de frustración y remordimientos.

Tal vez tu historia sea similar a la mía o tal vez no. Tal vez tus decisiones fueron o serían diferentes, o tal vez no. No hay decisión perfecta. Simplemente hay caminos de vida únicos e irrepetibles.

YENDO POR TODO: TU CARRERA Y TU FAMILIA

Para escribir este capítulo me enfoqué en mujeres que admiro y que han hecho lo que a mí me fue imposible: continuar con sus carreras profesionales de tiempo completo una vez que fueron madres. Aquí te comparto las estrategias más relevantes de estas charlas para que tomes ideas que puedan servirte, seas madre, planees algún día ser madre o estés al cuidado de otras personas importantes de tu entorno.

Conocí a Millie Guzmán hace cuatro años cuando, luego de mi *burnout*, decidí acercarme nuevamente a explorar el espacio corporativo. Millie está entre las primeras mujeres de su familia en graduarse de la universidad y en crecer exitosamente en su espacio profesional. A pesar de llevar adelante una carrera demandante en Wall Street, donde las mujeres seguimos poco representadas, Millie se las arregló para ir tras sus metas profesionales siendo madre, esposa e hija involucrada en su vida familiar.

—Cuéntame, ¿cómo hiciste para manejar tantas demandas y presiones? —le pregunté cuando nos reunimos—. ¿Y cómo lograste mantener tu salud física, mental, emocional e incluso tu felicidad en el proceso?

Millie me confesó que los primeros años no fueron fáciles.

—El ajuste de pasar de ser una mujer profesional muy activa a convertirme en madre fue difícil. Algo no estaba bien. Como tía de 18 sobrinas y sobrinos sabía muy bien cómo cambiar y arropar a un bebé, pero cuando trataba de hacerlo con mi propia hija sentía ansiedad y pánico. No podía procesar que me había convertido en la mamá de otro ser, especialmente porque mi hija pasó los primeros días de su vida en la unidad neonatal. Eso significó pocos momentos de contacto con mi bebé, lo que me dificultó ajustarme a mi nueva realidad.

Millie se sentía, además, juzgada y rodeada de opiniones acerca de cómo debía criar o no a su hija.

—Algunas personas de nuestra propia comunidad pueden ser muy severas con sus opiniones, ¡como si hubieran inventado la maternidad! —me dijo, riéndose. Yo pasé por lo mismo: recibía instrucciones que no solo me resultaban una intromisión, sino que me hacían sentir inútil.

Una gran amiga se dio cuenta de que a Millie le estaba costando adaptarse a la maternidad. Sabiendo que el gimnasio había sido una parte importante de su vida social antes de ser mamá, la incentivó a volver. Fue en comunidad como Millie comenzó a encontrar su camino de sanación. Esa comunidad de mujeres entre las que se sentía escuchada y bienvenida fue clave para salir adelante, así como lo fue su marido, su socio igualitario en la etapa de ser padres. Ese grupo de apoyo en el que podía confiar fue fundamental en el proceso de regresar al trabajo.

Hoy en día, en los trabajos remotos y flexibles, el apoyo es igualmente importantes. ¿Recuerdas el video de la entrevista de BBC con aquel hombre que, tomando la llamada desde su casa, se encontró de pronto con sus dos hijas bailando en su oficina y su esposa arrastrándose por el piso, intentando sacarlas de allí? El video fue increíblemente gracioso y se hizo viral en poco tiempo. Pero si eso te pasa a ti, como mujer, y sobre todo si te ocurre más de una vez, ten por seguro que tu imagen profesional se verá afectada. Lo mismo ocurre con los niños gritando durante tus llamadas, o cuando nuestros padres mayores requieren nuestra atención.

Cualquier mujer que trabaja y tiene responsabilidades familiares te dirá que la comunidad es una gran salvación. De lo que no hablamos es de que a muchas de nosotras nos cuesta delegar en otros y nos presionamos para hacerlo todo solas. Por eso, arma tu comunidad y no sientas culpa de apoyarte en ella. Hacerlo todo y sola es posible, pero no sostenible.

DISTRIBUYE TUS INVERSIONES EMOCIONALES CON CONCIENCIA

—Hice muchos ajustes para volver a mi trabajo. Siendo honesta conmigo misma, me di cuenta de que la maternidad no era lo único que me definía. Era solo una de mis dimensiones.

Para Millie, ser madre es un regalo de la vida y la oportunidad de amar incondicionalmente a otro ser. Aun así, quería continuar activa en sus múltiples dimensiones de vida.

—Como práctica general, siempre tengo un plan B para distribuir mis inversiones emocionales. La clave está en equilibrar entre las diferentes alternativas en las que puedo invertir mi tiempo y energía. No quería poner todo en una sola dimensión, porque mi corazón me llamaba a seguir participando de las otras opciones. Además, seguir trabajando era parte de continuar sosteniendo económicamente a los míos.

Cuando Millie estaba en casa, estaba completamente presente con los suyos, y no con la mente perdida en aquel problema que había quedado sin solucionar o en esos *emails* que no había alcanzado a contestar. Y cuando estaba en la oficina, se enfocaba en entregar un trabajo excelente para continuar ganándose la confianza de los demás. Conociendo nuestras tendencias culturales a la modestia, es imperativo que nos hagamos aún más visibles y participativas cuando las demandas familiares aumentan. Si tu intención es continuar creciendo en tu área profesional, este sería el momento menos adecuado para ser invisible, ya que le estarás dando la razón al sistema que espera que bajes tu nivel de participación cuando las demandas en casa aumentan. ¡No les des motivo para que dejen de apoyar tu carrera!

La *penalidad maternal* se define como una serie de barreras que las mujeres enfrentamos al convertirnos en madres y que aumentan nuestra brecha de ingresos o demoran la llegada de nuevas oportunidades de crecimiento. Un artículo publicado en *Business Insider* menciona que el 72% de las madres y los padres encuestados creen que la mujer se enfrenta a barreras adicionales una vez que se convierte en madre. Existen estereotipos que penalizan a las mujeres por dar por sentado que estaremos menos comprometidas con nuestro trabajo o distraídas por las demandas adicionales.

—Tomaba pequeñas acciones, como cobrar más visibilidad en algunas reuniones, participar en nuevos proyectos y ofrecerme como voluntaria en ciertas oportunidades. Todo ello aumentó la cantidad de créditos de credibilidad profesional. Todo fue sumando —me platicó Millie—. Quería que los demás supieran que yo continuaría haciendo un trabajo impecable y que podrían confiar en mí. Luego, cuando lo necesitaba, utilizaba esos créditos para salir del trabajo antes cuando mi hija se enfermaba o cuando tenía eventos en su escuela.

Millie jamás pidió disculpas por ser madre. Ni una sola vez pronunció un «Lo siento, debo cuidar a mi hija». ¡Como me habría gustado escuchar esto hace 15 años! ¿No te pasa que solemos ser nosotras quienes arruinamos nuestra imagen profesional por usar un lenguaje que nos desempodera? Noté que los hombres no se disculpan de esa forma. Para presentarnos con confianza debemos ser conscientes de cómo nos expresamos y de las palabras que usamos.

ACTO DE SANA REBELDÍA

Calcula cómo divides tu tiempo hoy y cómo te gustaría dividirlo de ahora en adelante.

¿Cómo redistribuiría mis inversiones de energía y tiempo? ¿Qué acciones puedo tomar para aumentar los créditos de mi cuenta profesional y en qué los usaría? ¿Dónde puedo delegar más?

____

____

____

____

____

Elabora tu plan y comienza a ponerlo en marcha.

¿ES EGOÍSTA QUIEN PIDE LO QUE NECESITA?

Encuentro que muchas de nosotras estamos programadas para dar, pero no para pedir lo que necesitamos. ¿Cuántas veces nos anticipamos a recibir un *no*, y entonces no pedimos? ¿Cuántas otras no queremos molestar, diciéndonos que los demás ya tienen demasiada carga? Esto equivale a decirnos que no a nosotras mismas antes de siquiera verbalizar nuestra petición. Si desestimamos nuestras propias necesidades, ¿qué podemos esperar que hagan los demás? Seguramente pondrán nuestras necesidades en un tercer o cuarto plano.

En nuestra cultura, donde ancestralmente el hombre salía al mundo a ganar el pan de cada día y la mujer se encargaba de administrar el hogar y cuidar de los seres queridos, el mensaje que cargamos en el subconsciente es que toda mujer que se encarga de sus hijos y del hogar cumple con la tarea que le corresponde, mientras que si se trata de un hombre, está haciendo más de lo que le corresponde.

En palabras de Milllie:

—Cuando los padres dicen que se tienen que ir antes al recital de ballet de las hijas, son los padres ejemplares. Cuando las mujeres decimos eso, se nos mira mal. Los estándares son claramente diferentes.

Quítate el peso de sentirte egoísta. Déja de decirte que eres una carga para los demás. Permítete ver los altísimos estándares que sostienes para ti mientras que a otros les concedes la libertad de equivocarse. Para ti, ¿cuándo esa misma libertad?

RECONOCE QUE EL EQUILIBRIO ¡NO EXISTE!

Hace un tiempo estuve en un webinario organizado por una empresa de servicios financieros, en el que una de las panelistas, profesional y madre, admitió que no existía el equilibrio en su vida. En la pantalla pude ver como las demás panelistas asentían en silencio.

Las pequeñas cosas se van sumando y nos encontramos haciendo malabarismos —prosiguió la panelista—. A veces es inevitable que algunas de esas cosas se nos caigan al piso.

Ella brindó una ilustración interesante:

—Imagínate que algunos de esos objetos son de vidrio y otros de plástico. El secreto está en mantener tus ojos enfocados en los objetos frágiles, para no dejarlos caer. Esos no los puedes descuidar.

ACTO DE SANA REBELDÍA

Revisa todo lo que ocurre en una semana de tu vida y divídelo en dos columnas: vidrio o plástico:

¿Cuáles objetos no puedo dejar caer? ¿Cuáles sí?

____

____

____

____

____

¡Ten cuidado de omitir de tu lista cosas como horas de sueño, alimentación, ejercicio y bienestar emocional!

ARMA TU PLAN DE ACCIÓN

Si hay algo que puede ponernos de rodillas es no poder mantener en equilibrio las múltiples responsabilidades a medida que nuestros padres envejecen y nuestros hijos crecen.

Aquí viene el test, porque hemos llegado a un momento crítico. Si eres como yo, que cuando me pongo en piloto automático corro de una cosa a la otra, es posible que te resistas a responder estas preguntas. Puedes decirte que otro día las harás más tranquila, o que quieres llegar al final del capítulo. Ese correr y correr por lo que sigue es un hábito muy común en nosotras, a quienes nos cuesta ponernos en primer lugar en una vida caótica. No subestimes la importancia de tomarte un tiempo para ti, sobre todo cuando tu voz interna te dice «¡Ahora no!», porque ese momento perfecto tal vez nunca llegue. Esta es la oportunidad perfecta para hacerlo diferente.

ACTO DE SANA REBELDÍA

Reflexiona sobre las siguientes preguntas:

¿Qué juicios en contra de mí misma sostengo en mi mente y cuáles decido soltar hoy?

____

____

____

____

____

¿Qué diálogo interno me apoyaría más en este momento? ¿Qué necesito escuchar? ¿Qué necesito sentir?

____

____

____

____

____

¿Qué áreas de mi vida que he abandonado me gustaría recuperar?

¿Quién forma parte de mi comunidad de apoyo y específicamente cómo puede ayudarme?

¿Qué ajustes quiero hacer en mi vida profesional para que quede claro mi compromiso e interés en crecer?

ACEPTA QUE NO PODRÁS TENERLO TODO

La aceptación de lo que es, tal y como se nos presenta, puede ser el primer paso hacia nuestra paz interior.

—La maternidad ha sido para mí un camino de aceptación constante. No siempre fue fácil —me dijo Millie—. Me costó aceptar que probablemente no estaría presente cuando mi hija diera su primer paso o cuando articulara su primer palabra. Tuve que aceptar que no estaría presente en todo.

Sé que esa aceptación puede ser muy difícil y venir cargada de culpas. Para mí lo fue. Además de no poder confiar en una persona desconocida para cuidar de mi hija Valentina, tenía un profundo temor de ser juzgada como mala madre si la dejaba en manos de otra persona. Me sobrepasó el *¡Qué va a decir la gente!* No pude soltar el querer estar ahí cuando mi hija diera su primer paso o hablara por primera vez. Y, si bien estuve en esos momentos, hoy en día, más de una década después, no recuerdo muchos de ellos.

—En este proceso de aceptación, no dejé que la culpa me invadiera o que aparecieran las voces de autocastigo a condenarme una vez más —me dijo Millie—. Volví a repetirme una y otra vez que estaba haciendo lo mejor que podía, que era una buena madre y que era suficiente.

Aceptar que no todo sería posible también se manifestó en su vida profesional. Cuando su hija alcanzó la adolescencia, Millie tuvo frente a sí una mejor oportunidad de trabajo que le demandaría una cantidad significativa de horas adicionales.

—Tomé la decisión consciente de dejarla pasar —me dijo haciendo una pausa—. Lamentablemente la oportunidad se presentó en el momento menos oportuno y me tocó dejar pasar ese tren.

Al igual que yo, Millie se preguntó varias veces qué habría pasado en el caso de ir tras esa oportunidad. Con cada cuestionamiento se recordó que su decisión había estado pensada y que era la mejor alternativa posible para su hija y para su familia.

—Dadas las circunstancias, realmente tomé la mejor decisión que pude. Eso no quiere decir que la decisión de estar presente para mi familia no tuviera un impacto en mi carrera —agregó como quien ha hecho las paces consigo misma por aquello que no pudo ser.

Para encontrar la paz interior toca practicar la compasión y el autoperdón. No es que no hayas sido capaz, o que haya algo malo contigo, o que todo lo hagas mal. Es que eres humana y tienes energía y tiempo limitados. Aceptar que no todo es posible viene con algo de tristeza, como un pequeño duelo. Eso está bien. Recuerda tratarte dignamente, perdonarte tus juicios y darte el amor y la compasión de quien sabe que solamente puede hacer lo que le es humanamente posible. Esta vida será desprolija e imperfecta, y cuanto más rápido aceptemos esta realidad, más felices seremos.

LECCIONES APRENDIDAS

- Provenientes de una cultura colectivista e inmersas en la cultura anglosajona del éxito individualista, vivimos dos mundos con tal intensidad que algo termina cediendo. En general eso es nuestra salud, descanso y disfrute.
- Un 42% de las mujeres se sienten agotadas, comparado con un 35% de los hombres. El porcentaje sube a un insostenible 48% para los jóvenes de 18 a 29 años.
- Detrás del agotamiento se esconde el mensaje cultural que recibimos las mujeres acerca de cuidar de todos a nuestro alrededor. En nuestra cultura es de niña buena atender las demandas de los demás, desterrando todo intento egoísta de poner al frente de nuestra vida nuestras propias necesidades.
- Algunos caminos simplemente no son posibles. Si no nos permitimos soltar las expectativas no cumplidas, iremos en pos de aquella que ya no somos, cargándonos de frustración y remordimientos.
- Cualquier mujer que trabaja y tiene responsabilidades familiares te dirá que la comunidad es una gran salvación. Sin embargo, a muchas nos cuesta delegar y nos presionamos para hacerlo todo solas.
- El mensaje que cargamos en el subconsciente es que toda mujer que se encarga de sus hijos y del hogar cumple con la tarea que le corresponde por ser mujer, y que todo hombre que lo hace está haciendo más de lo que le corresponde.
- Correr y correr es un patrón muy común en nosotras, a quienes nos cuesta ponernos primero. No subestimes la importancia de tomarte un tiempo para ti, sobre todo

cuando tu voz interna te dice «¡Ahora no!», porque el momento perfecto tal vez nunca llegue.

- Aceptar que no todo es posible viene con algo de tristeza, como un pequeño duelo. Eso está bien. Recuerda tratarte dignamente, perdonarte a ti misma y darte el amor y la compasión de quien sabe que solamente puede hacer lo que le es humanamente posible.

CAPÍTULO 12

Tu futuro no está solo en tus manos

Sola no lograrás tus objetivos profesionales. Por más inteligente y trabajadora que seas, mucho de lo que nuestra cultura y nuestros padres nos inculcaron acerca del trabajo no te será suficiente para avanzar en tu profesión.

Nuestra cultura nos ha empujado a creer que si agachamos la cabeza y trabajamos duro, alguien lo notará y nos recompensará por ello. Nada más alejado de la realidad. Este concepto puede haber ayudado a nuestros ancestros a sobrevivir, mayormente en ambientes fabriles y de trabajo agrícola en los que el objetivo era lograr una mayor productividad en el menor tiempo posible. Para muchos de ellos no hubo otra opción que sacrificar mucho, o todo, para sacar a sus familias adelante sin llamar la atención. Este concepto de trabajo servil lo llevamos arraigado en nuestro inconsciente colectivo.

La oportunidad ante nosotras es como una carrera de relevos, donde quienes corrieron antes que nosotras llegaron solo hasta cierto nivel. Hicieron lo mejor que pudieron. Ahora la estafeta la llevamos en nuestras manos y, en la carrera que nos toca correr tenemos la oportunidad de llegar aún más lejos gracias a todo ese sacrificio ancestral. La carrera por delante nos invita a salir de nuestro aislamiento y de la creencia de que nos toca hacerlo todo solas o de que no merecemos el tiempo y el apoyo de los nuestros. Tu éxito es un esfuerzo, además de personal, colectivo.

Hace un tiempo me crucé con el concepto del pastel del éxito, o P. I. E. por sus siglas en inglés, de Harvey J. Coleman. Este acrónimo es una fórmula para entender cómo podemos crecer en nuestra vida profesional, y se da de bruces con nuestra forma ancestral de pensar.

La *P* representa la palabra *performance,* o cuán bien desempeñamos el trabajo que se nos asigna. Según Coleman, tu *performance* representa solamente el 10% de tu éxito. Es decir, tienes que hacer tu trabajo excepcionalmente bien para crecer en tu profesión, pero la calidad de tu trabajo representa solo un 10% del total. Por ello, agachar la cabeza y hacer un trabajo excelente no alcanza.

La *I* representa la palabra *imagen,* que suma otro 30% a tu éxito profesional. La imagen representa tu comunicación verbal y no verbal, tu confianza al expresarte, tu habilidad de trabajar en equipo y tu actitud ante las dificultades. ¿Qué imagen has forjado y que cambios puedes introducir para ser más efectiva? Observa a tu alrededor. Estudia a los líderes de tu organización si eres empleada o analiza a tus clientes si eres emprendedora. ¿Qué observas? ¿Cómo se presentan y cómo se conducen, sobre todo ante las dificultades? ¿Qué puedes aprender de quienes han tenido éxito en la organización, sin perder tu estilo personal ni sentir que tienes que dejar de ser quien eres?

Y en el restante 60% es donde nos damos de bruces culturalmente. Esa *E* que completa el acrónimo, y que es la porción más importante para el éxito profesional, representa la *exposición* a personas clave, aquellas que necesitan conocerte y saber más de tu trabajo para poder apoyar tu camino de crecimiento. Gran parte de tu crecimiento profesional depende de ellos.

En mi carrera corporativa, y más tarde como emprendedora, me pasó que, a pesar de trabajar muchísimo, parecía avanzar muy lento. A pesar de que mi imagen siempre fue positiva y mi actitud valorada, eso tampoco parecía ser suficiente. Mirando hacia atrás me doy cuenta de que me había faltado el pilar más importante: el equipo de gente comprometido a apoyar mi éxito. Culturalmente no nos han enseñado a desarrollar este pilar clave. Nos toca crear el activo más importante de nuestra vida profesional: el capital social.

La persona que me introdujo a este concepto fue Phyllis Barajas, emprendedora social y fundadora y presidenta de Conexión, organización sin fines de lucro que apoya a nuestros latinos y latinas a crear su capital social. Trabajando cercanamente con Robert Putnam, profesor de la Universidad de Harvard, autor y experto en capital social, Phyllis decidió traer este concepto a nuestra comunidad, consciente de su poder transformador. El impacto de su apoyo a los nuestros ha sido tal que Phyllis se ganó el apodo de *madrina* por parte de varios miembros de nuestra comunidad, un apodo que en nuestra cultura se reserva para quien se ha ganado un lugar especial en nuestros corazones.

Phyllis me invitó a profundizar en el trabajo de Putnam, quien define el capital social como «las conexiones entre individuos y las redes sociales y normas de reciprocidad y de confianza que nacen de ellas». Putnam habla de conexiones entre personas y de una reciprocidad en esa relación, o sea que ambas partes de benefician. Este beneficio mutuo es clave, sobre todo para quienes ancestralmente operamos desde la escasez y tendemos a tomar más que a dar. También menciona una confianza mutua que se desarrolla con el tiempo y que hace que estas conexiones tengan un valor real. Quien entiende cómo crear y utilizar su capital social corre con ventaja: identifica y recibe más oportunidades profesionales, puede hacer su trabajo de forma más efectiva por las puertas que la otra persona le abre, e incluso sabe manejar mejor el estrés y tiene una vida más satisfactoria.

Quienes somos las primeras en nuestras familias en acceder a nuestros espacios profesionales generalmente no contamos con esas redes de conexiones y tampoco tenemos claro cómo construirlas. Nuestro destino, ¿está entonces marcado por el lugar donde hayamos nacido?

CONECTADA PARA LOGRAR EL ÉXITO. ¿SE HACE O SE NACE?

—El código postal donde naces puede influenciar la trayectoria de tu carrera profesional —opina una de las personas a las que entrevisté—. La influencia de tus amigos y de otros grupos sociales que te rodean puede marcar ciertas tendencias en tus elecciones en el momento de ir tras una educación formal, de decidir donde cursar tus estudios, o incluso de decidir qué tipo de trabajo buscar.

Es cierto que hay algo de verdad en el *Dime con quién andas y te diré quién eres,* ya que nuestro entorno ejerce gran influencia en nuestras acciones y decisiones. Sin embargo, habiendo nacido en un pueblo rural alejado de toda universidad o empresa que ofreciera una buena oportunidad de crecimiento, te digo con absoluta confianza que tu camino no está totalmente marcado por el código postal donde te has criado. Está influenciado, pero no totalmente marcado. Tú eres dueña y responsable de crear tu camino, y tu capital social, a cada paso. No permitas que nadie le ponga un límite a lo que puedes lograr.

Andrew Rodriguez es hijo de inmigrantes ecuatorianos, fundador y presidente de una empresa que se enfoca en acelerar el proceso de investigación y desarrollo en la industria biofarmacéutica. Lo conocí en una conferencia para líderes latinos en Boston, y su actitud durante el evento capturó mi atención de inmediato. ¿Has observado alguna vez el comportamiento de las personas en los eventos? ¿Cuántos se acercan a hablar con los oradores una vez que estos han terminado su panel o su exposición? Muy pocos. ¿Cuántos recorren con determinación el lugar del evento, conectando con gente nueva en lugar de quedarse rodeados de su grupo de conocidos? Muy pocos. ¿Cuántos se dirigen sin dudarlo a las personas que ostentan puestos más altos o que han sido notoriamente exitosas? Muy pocos. Generalmente nos intimidamos ante quienes denotan más autoridad o poder que nosotras. Andrew hacía lo contrario. No se quedó en su silla, sino que caminó deliberadamente por el salón para acercarse a personas de su interés y se presentó dándoles la mano y entregándoles su tarjeta de negocios. Andrew le sacaba provecho al encuentro. Y como yo hacía lo mismo, me acerqué y le di mi tarjeta. Quedamos en conectar por Zoom cuando yo regresara a Nueva Jersey.

Cuando conectamos, Andrew me compartió como fue la experiencia de crear su capital social. El punto de inflexión ocurrió cuando llegó a Harvard para completar su maestría en Negocios, sin conocer a nadie y sintiéndose fuera de lugar.

—Observaba a mi alrededor y parecía que todos ya se conocían. Venían de escuelas similares, hablaban de empresas que yo nunca había oído mencionar —me dijo Andrew. Siendo primera generación en esos espacios elite, Andrew no contaba aún con el capital social que muchos alrededor de él parecían tener—. Como nacemos en familias sin acceso a esas redes de contactos, es muy importante que nosotros nos abramos el camino creando relaciones y conectando con otras personas de forma consciente, aun cuando sintamos que estamos haciendo un esfuerzo incómodo.

Me confirmó que para crear relaciones de confianza mutua que perduren en el tiempo hay que aprender a dar y a recibir. No se trata solo de pedir y tomar. Debe ser recíproco. Durante nuestra reunión virtual, por ejemplo, Andrew se interesó genuinamente por conocer mi camino y ofreció su apoyo y red de contactos para ayudarme a avanzar en mis metas profesionales. Pero no quedó solo en esas palabras, ya que luego de esa reunión en Zoom me envió un agradecimiento por *email* y quedamos en conectarnos en unos meses. Mientras tanto, continuó enviándome links e información que tenían que ver con mis áreas de interés.

Durante nuestra conversación, disfruté cuando Andrew me compartió que les estaba enseñando a sus hijos a desarrollar su capital social desde una temprana edad.

—Soy miembro del directorio de una organización sin fines de lucro que opera en la industria de la ciencia y tecnología —me comentó—. A uno de los eventos de esta organización invité a mi hija de 12 años. Quería que ella pudiera observar desde ahora lo que ocurre en esos espacios, que aprendiera cómo se conecta la gente y que ella misma interactuara con otras personas.

Esta decisión causó tal impacto que los otros miembros decidieron abrir algunos eventos para que sus hijos pudieran participar.

—Es necesario que dejemos de pedir permiso o que nos quedemos esperando que se nos invite —me dijo. Ponerle fin a pedir permiso o a esperar ser invitada para participar es clave, y a mí me cambió la vida. Debemos atrevernos a salir de nuestra zona de confort con decisión y valentía para presentarnos en los espacios en los que nos interesa estar.

Un tiempo después de mi colapso en 2016, la construcción de mi capital social se aceleró de forma exponencial. Hasta ese momento había pasado varios años trabajando en una misma corporación con el mismo grupo de personas, pero a partir de aquel momento salí a interactuar con cientos de profesionales en muy poco tiempo. Como introvertida que soy, me costó muchísimo. Me tocó superar mis voces internas: *¿Y si no conozco a nadie?, ¿Cómo me vería parada en un rincón mirando a los demás entablar conversaciones?, ¿Cómo hago para que no suene a que les quiero vender algo?*

Al primer evento concurrí con una amiga que, como yo, no tenía mucha experiencia en esas situaciones. Nos quedamos cerca de la comida y de las bebidas, pues notamos que ahí había más tráfico que en otros sectores. Seguramente no nos faltaría ocasión de conocer a alguien interesante. No nos equivocamos. Salí de ahí con varias conexiones nuevas. Más adelante me presenté en varios otros encuentros totalmente sola y sin conocer a nadie, algo que en un pasado cercano me habría parecido una locura total. Al comienzo fue incómodo, pero no permití que esas voces internas me frenaran. Me acercaba a las personas y, tal como lo hacía Andrew, mostraba curiosidad por su profesión o negocio, liderando con curiosidad y no intentando venderles nada, aun cuando sabía que mi negocio se beneficiaría enormemente de ese potencial ingreso. Aprendí que intentar vender en una conexión inicial era el equivalente a proponer matrimonio en la primera cita. Las relaciones genuinas y valiosas se construyen con tiempo y paciencia.

En solo cuatro años pasé de conocer algunas decenas de personas a conectarme con varios cientos, todo por aparecer en espacios donde no conocía a nadie. Hoy día, si visito una ciudad determinada dentro de los Estados Unidos, sé que tendré al menos una o más personas con quienes tomarme un café o almorzar, ya que me tomé el tiempo y el espacio para crear esas relaciones empujada por la necesidad de conectar con otras personas y de sentirme parte de una comunidad. Las ventas llegaron más tarde y casi por si solas, y yo gané cantidad de amigas y amigos que enriquecen mi vida. También aprendí que quien sale de su espacio profesional para ir a eventos y conferencias se posiciona como una cara visible en la comunidad, y eso muchas veces le trae respeto y oportunidades dentro de su espacio laboral y con sus jefes. Por eso, no te quedes nada más trabajando frente a la computadora: sal al mundo a darte a conocer y a construir tu marca y tu capital social.

QUÍTATE LA PRESIÓN DURANTE EL *NETWORKING*

Con ocasión de liderar un seminario sobre este tema, les pedí a los miembros del público que levantaran la mano si sentían que el *networking* les era algo natural. Consistentemente, menos de un 10% de la sala levanta la mano. Varios me confiesan que la sola palabra les causa rechazo por sonar demasiado transaccional, cuando venimos de una cultura en la que nos interesa conectar genuinamente. El *networking* puede sentirse forzado, y pensar que tenemos que venderles algo a los demás nos provoca resistencia.

Reprogramemos en tu mente este concepto para que puedas construir tu capital social con más fluidez.

¿Qué tal si le das un nuevo sentido a la palabra *networking*, cambiándola de «conectar con otros para sacar un rédito comercial» a «crear una relación con otro ser humano en la que ambos potencialmente se apoyen a futuro?»

No tienes que venderle nada a nadie en ese primer encuentro. Quítate esa presión. Tampoco tienes que buscar su aprobación o intentar que entiendan lo que haces. La creación de relaciones de valor con otras personas no es acerca de lo que les dices, sino de cómo las haces sentir. Suéltate y sé tú, fluye, diviértete, hazlo como lo hacemos en nuestra cultura latina, sin rigidez ni fórmulas preexistentes. Conéctate y exprésate desde un lugar más profundo de tu esencia y no meramente con una frase armada y estudiada mil veces que describa lo que haces. Provienes de la cultura de las relaciones y del interés auténtico por el otro. Crea una buena experiencia para ambos. ¡Lo llevas en la sangre!

Phyllis me explicó que Robert Putnam analizó dos tipos de redes sociales que nos conviene construir, aunque en mi experiencia tendemos a enfocarnos solamente en una de ellas, porque la otra se nos hace más incómoda.

Tenemos, por un lado, las redes sociales de vinculación. En nuestro caso, esta red estaría formada por otros latinos y latinas, particularmente aquellos con quienes sentimos validación y afirmación porque tenemos mucho en común, como el país de origen, el idioma, la raza. Los seres humanos poseemos una tendencia natural a gravitar hacia otros con quienes encontramos afinidad. Sin embargo, el sentido de pertenencia que resulta de ese tipo de conexiones puede transformarse en una limitante a la hora de hacer crecer tu capital social. Lo hice cuando llegué a los Estados Unidos y solo quería rodearme de otros latinos que hablaran en español, y lo he observado en otras emprendedoras latinas que solo se rodean de otros emprendedores de similar perfil, o en empresarios corporativos que se limitan a rodearse de las mismas personas, evento tras evento. ¿Te imaginas las oportunidades que podrían surgir si estos grupos comenzaran a mezclarse e interactuar más? Por ello, si bien las redes de vinculación son importantes y necesarias, no son suficientes.

Por otro lado están las redes sociales puente. Estas redes unen a personas de diferentes orígenes y entornos. Mientras que estos individuos parecerían tener poco en común, su asociación es instrumental a la hora de romper barreras sistémicas juntos. En otras palabras, si queremos romper el techo de cristal, la forma más efectiva de hacerlo es creando relaciones de confianza con personas diferentes a nosotras. Estas relaciones estarán basadas en la escucha mutua y en al aprender unos de otros.

—Necesitamos ambos tipos de redes —me dijo Phyllis—. Tanto la red de personas que son afines a nosotras como la red de personas que son diferentes y nos ayudarán a entrar en espacios en los que hoy en día estamos ausentes. Y como en la comunidad latina el clasismo aún genera estragos de división y separación, es necesario que desarrollemos esas redes puente incluso dentro de nuestra misma comunidad, uniéndonos y apoyándonos sin importar las clases sociales.

Estoy completamente de acuerdo con Phyllis. Un porcentaje importante de los latinos proviene de familias trabajadoras, y una minoría proviene de espacios que cuentan con mayores conexiones y conocimiento de cómo continuar haciendo crecer su capital social. Debemos traspasar este conocimiento a quienes no lo poseen.

Sin embargo, no todos están dispuestos a compartir sus contactos con otros latinos. Lo he vivido en carne propia. He tocado esas puertas, una tras otra, y muchas no se han abierto. Algunas de esas personas tomaron escenarios y micrófonos anunciando todo lo que hacían por nuestra comunidad. Sin embargo, cuando toqué esas puertas no hubo respuesta, o recomendaron que me comprara un libro para aprender cómo se hacen las cosas o contratara a un *coach* que me ayudara. Que personas con poder tomen espacios anunciando aquello que en realidad no hacen le hace mucho daño a nuestra comunidad. Te lo digo no como un juicio a esos individuos, sino para que estés alerta cuando golpees aquellas puertas que se presentan como accesibles pero que en realidad no lo son. Debes sacudirte el sabor del rechazo e intentar en otro lugar, entendiendo que no todas las personas serán para ti.

Personalmente, me ha resultado más fácil romper las barreras del clasismo con individuos no latinos que con personas de nuestra propia comunidad. Hay mucha gente fuera de nuestra comunidad que está dispuesta a ayudarnos mucho más de lo que nos imaginamos. Por eso, te sugiero que vayas pensando con qué personas te gustaría conectar: aquellas con las que, en general, te sentirías un poco incómoda pero que sabes que pueden traer gran valor a tu vida. Si eres como yo, que luché con la falta de ayuda y con el miedo a molestar, no será fácil, pero valdrá la pena el esfuerzo.

EXPANDE TU RED DE MENTORES

En tu camino profesional existirán dos tipos de personas que te abrirán tanto la mente como las puertas de las oportunidades: tus mentores y tus patrocinadores. Cada una tiene su rol.

Un mentor es quien puede ofrecerte guía en temas técnicos, así como apoyo emocional o psicológico con base en su conocimiento y experiencia. Es algo así como un asesor de confianza que te ayuda a cuestionar tu forma de pensar y tu sistema de creencias, llevándote a ver lo que, ya sea por falta de experiencia o por encontrarte demasiado cerca de la situación o del problema, tal vez no alcanzas a ver con claridad. Un patrocinador es diferente: es quien utiliza su capital social y pone su nombre y reputación en juego para ayudarte a crecer.

Quienes conocen el valor de los mentores saben que es mejor tener varios, y que mejor que varios mentores al azar es estructurar con intención un directorio de asesores, es decir, un grupo de personas diversas y elegidas conscientemente, a las que puedas consultar con frecuencia. Como todo directorio, la variedad de experiencias, industrias, géneros, razas y edades enriquecerá tu camino.

ACTO DE SANA REBELDÍA

Haz una lista de posibles mentores. Elige personas con diferentes niveles de experiencia, provenientes de distintas culturas y con diferentes visiones del mundo. Escríbelos a continuación:

____

____

____

____

____

Cada persona puede darte su perspectiva según sus propias experiencias, por lo que te conviene escuchar tantas campanas como te sea posible para luego tomar la decisión que mejor se integre con tus objetivos.

Hace tiempo me reuní a hablar de este tema con Lucy, socia de uno de los estudios de consultoría más grandes del mundo. Nacida en Puerto Rico, fue la primera en su familia que, como Andrew, accedió a la universidad de Harvard. A los pocos meses de llegar a Boston comenzó a formar su red de mentores de la forma más impensada.

—Al llegar a Harvard estaba superintimidada, y cada vez que pasaba frente a la estatua de John Harvard en el centro de Harvard Yard, yo decía: «Por favor ayúdame a sobrevivir otro semestre». Fue un gran cambio para mí —me confesó Lucy.

En su primer año en la universidad tuvo como profesor a un reconocido químico laureado con el premio Nobel.

—Era una persona cálida y humana. Una persona normal. Nos dijo que estaría en el comedor una vez por semana y que podríamos sentarnos a hablar con él. Fui una de las pocas que lo hicieron. Increíblemente, muy poca gente aprovechó la oportunidad de hablar una vez por semana con un premio Nobel que quería ofrecernos mentoría. Imagínate la confianza que todo eso inspiró en mí y todo lo que aprendí de él.

Ese fue solo el comienzo de una serie de relaciones valiosas en su vida profesional. Esa primera experiencia le ayudó a sentirse merecedora del apoyo de quienes estaban en espacios a los que ella aspiraba llegar. Sentirnos merecedoras en lugar de culpables y confiar en que tenemos mucho por aportar a otros es clave a la hora de expandir nuestras redes.

—Los latinos solemos vernos como seres muy sociales, pero parecería que solo somos sociales en ambientes que conocemos. Por eso, nuestra red de contactos profesionales tiende a ser muy pequeña, y eso es una dicotomía —me dijo Lucy—. He observado cómo otros grupos étnicos y raciales cuentan con redes mucho más sofisticadas que las nuestras. Por ello, la oportunidad que tenemos por delante es significativa.

Aquí tenemos una prueba más de que nuestra cultura nos ha brindado herramientas para relacionarnos, pero que no las hemos estado usando en toda su magnitud, posiblemente por las mentalidades limitantes.

Lucy fue convirtiendo relaciones casuales de la oficina en relaciones de mentoría, que a la larga se transformaron en relaciones de patrocinio, es decir, gente que al inicio la orientaba en su carrera terminó apoyándola en su siguiente ascenso o proyecto importante. Todo comenzó con decir «Buenos días» a quienes ocupaban las oficinas vecinas, seguido por entablar un diálogo acerca de los proyectos en que cada quien estaba trabajando, a ser convocada por líderes de proyecto a ser parte de su equipo. Todo se desarrolló naturalmente. Para que este proceso tenga lugar en tu vida debes ser consciente de tu diálogo interno en el momento de ir tras esos mentores, así como de las formas en que te autolimitas.

¿POR DÓNDE COMIENZO?

No quiero molestarlo. Está tan ocupado...; ¿Qué van a pensar si pido ayuda? ¿Me van a ver como incapaz de hacerlo sola?; ¿Y si me dice que no?; ¿Cómo le pido lo que necesito?; ¿Qué pasa si termina siendo incómodo y no sé cómo romper el hielo? Si no tenemos el capital social que otros han desarrollado, es posible que nos estemos limitando, dándoles espacio a las voces internas de miedo y de no merecimiento.

Pedir ayuda es lo que más me sigue costando. De mis padres aprendí no querer ser una molestia para los demás, algo que aún hoy escucho de ellos cada vez que vienen de visita. Ellos lo habrán oído en sus hogares, en aquel tiempo en el que los niños eran una molestia y no debían meterse en las cosas de los adultos. Además, pedir ayuda me lleva a aceptar que soy vulnerable y que no tengo todas las respuestas, algo que aún me incomoda. Es como derrumbar mi imagen de perfeccionismo, que tan cuidadosamente he construido durante décadas.

Como primera generación aprendí a arreglármelas sola, pues sentía que no había otra opción. Solo tocaba seguir avanzando. No tenía alternativa, no podía fallar: había demasiado en juego. Si algún día frenaba por un minuto y miraba hacia los costados para ver a quién le podía pedir ayuda con aquel problema de matemáticas, no encontraba a nadie que me lo pudiera explicar. ¿Pedirle ayuda a la maestra? Jamás. A ella había que demostrarle que lo sabía todo. Luego arrastré esa forma de pensar a mi vida de adulta. Acumulando batallas peleadas en silencio y sola, llegó el día que incluso sentía orgullo de decir «¡Yo pude hacerlo! ¡Y pude hacerlo sola!».

Llega un momento en el que esa bandera del orgullo de haberlo logrado sola se torna en una limitación. Es cierto que ese empuje y orgullo nos trajo hasta aquí, pero también es cierto que, si queremos jugar en las grandes ligas, nos toca hacerlo diferente. Nos toca hacerlo en equipo.

Hagamos juntas un gran acto de rebeldía: terminemos con la historia de que somos un estorbo, de que no somos merecedoras de ayuda o de que mejor nos las arreglamos por nuestra cuenta por temor. No más fingir que todo el tiempo sabemos lo que estamos haciendo. Necesitamos la ayuda de los demás. No hay vueltas. Creer que esa ayuda está disponible y que mereces recibirla es parte de una mentalidad de abundancia, y creer que esa ayuda no está disponible para ti es un pensamiento que proviene de la mentalidad de escasez. ¿Dónde podrías decir que te encuentras hoy?

Para quienes han nacido en los Estados Unidos de padres migrantes, transformándose en traductores no solo del lenguaje, sino también del sistema, puede presentarse una barrera adicional: la resistencia a pedir ayuda a personas con autoridad o poder. Ya no estamos hablando de sentirse una molestia: estamos hablando de las consecuencias del trauma infligido en millones de niños latinos por figuras de autoridad que dejaron una marca profunda en nuestra comunidad. Quienes durante su niñez fueron disminuidos o se sentían descartados por personas que representaban al sistema pueden tener una profunda resistencia o enojo al pedir ayuda en su vida adulta, sobre todo a personas en espacios de poder. Si este es tu caso, tienes aquí la oportunidad de comenzar a sanar y perdonar a quienes te infligieron dolor abusando de su espacio de poder o haciéndote sentir vergüenza por ser latina, por provenir de una familia inmigrante o por vivir en la pobreza. No permitas que esas personas sigan presentes en tu vida, robándote la oportunidad de recibir apoyo de quienes desean ayudarte genuinamente. Suelta ese pasado con perdón y compasión. Recuerda que la única forma de salir adelante es juntos y no divididos.

No muchas nos aventuramos a construir nuestra red de mentores. Un artículo publicado por Neal, Boatman y Miller indica que un 63% de las mujeres jamás han tenido un mentor formal, a pesar de que más de la mitad de las organizaciones cuentan un sistema formal de mentores. Un reporte mencionado por El Puente Institute en un artículo reciente muestra un porcentaje similar para los hispanos, y destaca que el 60% de los empleados latinos no tienen un mentor. En otras palabras, es posible que no conozcamos ni aprovechemos los recursos y oportunidades a nuestro alcance, y quienes somos dueñas de negocio incluso puede que no sepamos a quién recurrir para acceder a esa asesoría.

Esta falta de mentoría no es reflejo de nuestra inacción como mujeres, sino que algunos hombres han comenzado a mostrarse reticentes a reunirse con nosotras. Según una encuesta que la organización Lean In llevó adelante en 2019, el 60% de los hombres con puestos gerenciales se sienten incómodos de participar en actividades relativas al trabajo en las que participen mujeres, como proveer mentoría, trabajar solos con otra mujer o socializar. Ese porcentaje era apenas un 46% el año anterior. Entre los ejecutivos encuestados los números son aún más alarmantes. Estos ejecutivos son 12 veces más reticentes a encontrarse a solas con una mujer de su espacio laboral que con un hombre; cuando se trata de viajar por negocios, son 9 veces más reticentes a viajar con mujeres que con hombres, y si son cenas laborales, 6 veces más reticentes.

Estas estadísticas reflejan el miedo que muchos hombres sienten, ya que cualquier malentendido podría poner su carrera en juego. Eso genera una desventaja significativa para la mujer, pero, una vez más, tú tienes el poder de generar un cambio. El secreto está en ser específica a la hora de pedir tu reunión con un líder dentro o fuera de tu organización. Preséntate con la intención clara: «Admiro quién eres como líder profesional, y me gustaría tener tu guía y consejos para mi carrera. ¿Tendrías unos veinte a treinta minutos para reunirnos?». Pide ayuda sin dudarlo, y explica con claridad qué buscas obtener de la reunión. Cuanta más claridad brindes, mayor probabilidad habrá de que tu petición de tiempo sea aceptada.

En este capítulo, Phyllis nos enseñó a entender lo crucial que es construir nuestro capital social. Andrew nos enseñó a ampliarlo a través del dar, y Lucy nos inspiró a sentarnos delante de quienes parecen inalcanzables, confiando en que tenemos mucho por ofrecerles y apoyándonos en que nuestra cultura nos ha dado la habilidad de relacionarnos desde una esencia más profunda. No nos quedemos esperando. Si queremos cambiar el sistema, nos toca ser quienes nos acerquemos a otros que puedan apoyarnos en nuestro crecimiento, y si las piezas del rompecabezas caen en su lugar, es posible que con el tiempo los convirtamos en nuestros más fieles patrocinadores, defensores e intercesores.

LECCIONES APRENDIDAS

- Sola no lograrás tus objetivos profesionales. Por más inteligente y trabajadora que seas, mucho de lo que nuestra cultura y nuestros padres nos inculcaron acerca del trabajo no te será suficiente para avanzar en tu profesión.
- Tienes que hacer tu trabajo excepcionalmente bien para crecer en tu profesión, pero la calidad de tu trabajo representa solo un 10% de lo que definirá tu éxito profesional.
- El 60% de tu éxito profesional depende de tu exposición a personas clave, que son las que necesitan conocerte y saber más de tu trabajo para poder apoyar tu camino.
- Mirando hacia atrás me doy cuenta de que me había faltado el pilar más importante: el equipo de gente comprometido a apoyar mi éxito. Culturalmente no nos han enseñado a desarrollar este capital social.
- Como nacemos en familias sin acceso a esas redes de contactos, es importante que nosotros nos abramos el camino, creando relaciones y conectando con otras personas de forma intencional, aunque resulte incómodo.
- Es necesario que dejemos de pedir permiso o de quedarnos esperando a que se nos invite. Debemos atrevernos a salir de nuestra zona de confort con decisión y valentía para presentarnos en los espacios en los que nos interesa estar.
- ¿Qué tal si le das un nuevo sentido a la palabra *networking*, cambiándola de «conectar con otros para sacar un rédito comercial» a «crear una relación con otro ser humano en la que ambos potencialmente se apoyen a futuro»?
- No tienes que venderle nada a nadie en un primer encuentro. Quítate esa presión. Tampoco tienes que buscar

su aprobación o intentar que entiendan lo que haces. La creación de relaciones de valor no es acerca de lo que les dices, sino de cómo las haces sentir.

- Un mentor es quien puede ofrecerte guía en temas técnicos, así como apoyo emocional o psicológico con base en su conocimiento y experiencia. Un patrocinador es quien utiliza su capital social y pone su nombre y reputación en juego para ayudarte a crecer.
- Nuestra cultura nos ha brindado herramientas para relacionarnos, pero no las hemos estado usando en nuestros espacios profesionales, posiblemente por las mentalidades limitantes.
- Llega un momento en el que esa bandera de orgullo de ser pionera y haberlo logrado sola se torna en una limitación. Es cierto que ese empuje nos trajo hasta donde estamos, pero también es cierto que nos toca hacerlo diferente. Nos toca hacerlo en equipo.

CAPÍTULO 13

Los patrocinadores: nuestro eslabón perdido

La relación más importante de tu vida profesional será con un patrocinador, e irónicamente es la que más nos cuesta crear.

«Nadie lo logra solo. Las decisiones más importantes de tu carrera, como los ascensos, los ajustes de salario y los proyectos que se te asignen, se discuten tras una puerta cerrada y en una sala en la que tú no estarás presente», dice Carla Harris, ejecutiva afroamericana, autora de tres libros y conferencista.

Algo similar ocurre con las dueñas de negocios. Las decisiones de otorgarte un contrato no se toman contigo sentada a la mesa, sino a puertas cerradas entre quienes tienen el poder de decisión. Por ello, quienes somos dueñas de nuestro propio negocio también necesitamos de esos patrocinadores.

El problema es que para la mayoría de las mujeres latinas ese patrocinio es un eslabón perdido en nuestra vida profesional, lo que lo convierte en una de las principales causas por las que no avanzamos como otros. Una investigación de Gallup de 2022 confirma que mientras que un 40% de los latinos e hispanos tienen un mentor, solo un 21% tiene un patrocinador. Este ínfimo porcentaje es además el más bajo de todos los grupos demográficos. Hasta en eso nos hemos quedado relegadas, pero el primer paso para crear esta relación está en nuestras manos. Una vez más, tenemos el poder de crear nuestro futuro.

«Acudí a alguien que tenía espacio en esa mesa de decisiones, que podía apoyar mi carrera -dice Carla en un artículo publicado por *Chief* en el que explica como pidió patrocinio a uno de sus mentores-, y le mencioné que era realmente importante para mí tener un ascenso ese año. No había nada más que pudiera decir o mostrarle a la organización acerca de estar preparada y merecerlo. Le dije: «Tú y yo conocemos la importancia de tener una persona en la mesa de decisión que te apoye. Tú me conoces, conoces mi trabajo, conoces la opinión positiva de nuestros clientes. Realmente creo que eres la persona perfecta para apoyar mi carrera en esa sala». Carla fue directa y recibió un *sí* de ese individuo. Esa conversación fue sumamente importante para ella, ya que si la persona le decía que no, tendría que explicar por qué, y esa información sería muy valiosa para Carla. Pero como dijo que sí, Carla confió en que estaría bien representada. Sin embargo, no se quedó solo con eso. «Como soy afín a tener un seguro y como conocía a otra persona de influencia que estaría en esa sala, también le pedí apoyo a ese segundo líder. Entonces, si mi primer patrocinador llegaba a sentirse débil a la hora de pelear por mi caso, habría una segunda voz de apoyo».

Este estilo directo es el que suele caracterizar a los hombres blancos no latinos en sectores competitivos como el financiero. En esos espacios, quien siente miedo de pedir de forma directa se queda literalmente atrás. En general, a las mujeres este estilo nos cuesta más, porque se nos dijo en algún momento que pedíamos demasiado, que éramos mandonas o exigentes, o incluso se nos pudo haber avergonzado ante otros cuando fuimos directas y asertivas. Carla y muchas mujeres a quienes admiro por su confianza y fortaleza manejan este estilo con naturalidad y les funciona. Pero ¿qué camino recorrieron para llegar a ese momento de abogar por ellas mismas?

TU PATROCINADOR: TU REPRESENTANTE ANTE QUIENES DECIDEN

Un patrocinador aboga por ti, poniendo su cara y su nombre tras tu causa y utilizando su preciado capital social en tu beneficio. El patrocinador toma un riesgo: su credibilidad estará en juego hasta que tu trabajo y sus resultados demuestren tu valía a ese grupo ante el cual te respaldó. Un patrocinador puede operar a puertas cerradas, como cuando se discuten los ascensos, oportunidades o salarios, o puede hacerlo delante tuyo, como cuando amplifica tu trabajo en público, te da exposición a los líderes de tu organización o te invita a eventos donde te conecta con personas clave para tu avance.

Considera a tu patrocinador como un agente de tu marca. A diferencia de una mentoría, donde la relación se desarrolla exclusivamente entre quien da y quien recibe, en una relación de patrocinio se incorpora un tercer grupo: el público ante el cual tu marca debe impulsarse. El rol de tu patrocinador consistirá en influenciar y dirigir a esta audiencia para que apoye tus objetivos profesionales. ¿Recuerdas cuando antes hablamos de la importancia de crear tu marca profesional? El patrocinador elevará tu juego a otro nivel totalmente diferente: ya no serás solamente tú quien comunique el valor de tu marca, sino que contarás con un representante de gran credibilidad y con capital social para amplificar tu visibilidad. Estarás jugando en las más altas ligas.

Algunas veces ese patrocinador puede haber sido un mentor que inicialmente te apoyó con su guía y orientación y que en algún momento decidió enarbolar la bandera de tu causa. En otros casos, puede no haber sido un mentor previo. Algunas de las mujeres latinas que entrevisté tuvieron como patrocinadores a hombres y mujeres afroamericanos o miembros de la comunidad LGBTQIA+. En los últimos años, ambas comunidades han encontrado su voz y se han abierto paso en el camino profesional. Algunas otras mujeres encontraron sus patrocinadores en hombres y mujeres blancos no latinos, quienes en general están más presentes en espacios de influencia y de poder.

Mantente abierta a que tu patrocinador llegue del lugar más inesperado, y a la vez observa los indicios de que un patrocinio es posible. Te los comentaré a continuación.

¿QUÉ LLEVA A ALGUIEN A DECIDIR SER PATROCINADOR DE OTRA PERSONA?

Ante la notoria falta de patrocinio hacia profesionales latinos, me pregunto: ¿qué es lo que hace que una persona decida patrocinar a otra? ¿Qué características se repiten de patrocinador a patrocinador? ¿Qué formas de pensar sostienen? ¿Por qué deciden ayudar a otros?

Una conversación que sostuve con Santi Strasser me resultó poderosamente reveladora. Santi llegó a los Estados Unidos desde Argentina a los 18 años, y desde ese entonces su carrera profesional y la creación de su capital social tuvieron un crecimiento exponencial. Hoy en día se desempeña como cofundador de Carbe Diem, una plataforma de innovación y emprendimiento de la prestigiosa empresa de productos de consumo, General Mills. Santi no podría haber logrado su éxito sin haber aprendido a tender redes con otras personas y sin los patrocinadores que le abrieron puertas. En el proceso, identificó qué es lo que hace que un patrocinador decida apoyarnos.

—Ni bien llegué a los Estados Unidos sin conocer a nadie, tomé conciencia de la importancia de conectar con gente nueva —me dijo Santi. A través de probar, equivocarse y volverlo a intentar, como buen emprendedor, Santi comenzó a notar en sus patrocinadores ciertos hábitos que coinciden con los que identifiqué en las decenas de entrevistas que llevé a cabo.

—Quienes son patrocinadores de otros son personas dadoras, quienes tienen un sentido de propósito al ayudar —me explicó Santi. Quien patrocina a otros, sobre todo a quienes provienen de entornos, razas o etnias diferentes, se mueve por un profundo sentido de dar, enraizado en hacer algo bueno por otros, buscar justicia social o corregir desigualdades. El patrocinador generalmente tiene una mentalidad de abundancia. No se queda enfocado solamente en su negocio o carrera, sino que amplia ese foco para incluir el progreso de otros.

—En muchos casos esos patrocinadores ven algo de ellos reflejado en ti, algo así como una versión anterior o más joven de ellos mismos. En otros casos, ven en ti algo que quieren apoyar y dejar como su legado a la organización o la comunidad —agregó Santi.

ACTO DE SANA REBELDÍA

Reflexiona sobre tus patrocinadores actuales o posibles. Responde:

¿Qué beneficio creo que buscan obtener al decidir apoyarme?

___

___

___

___

___

Me gustaría comparar un patrocinador con quien invierte una suma de dinero, aceptando un riesgo para lograr un retorno. Para que el comportamiento de patrocinar a otros se siga repitiendo, quien pone en riesgo su capital social y su nombre debe recibir un retorno o beneficio. Ese retorno puede presentarse como la satisfacción de haber hecho el bien por una persona o un grupo (beneficio emocional), como un incremento de la propia credibilidad cuando el patrocinado es exitoso y hace quedar muy bien al patrocinador (beneficio para la marca personal del patrocinador) o como una expansión de las conexiones del patrocinador cuando el patrocinado es exitoso y le abre, a su vez, puertas valiosas (beneficio en el capital social).

Es importante que identifiques ese beneficio ya que, con tus acciones, debes ayudar a que tu patrocinador logre su objetivo, de la misma forma en que Santi se encarga de que sus inversoras vean retornos al dinero que le entregan para crecer Carbe Diem.

COMO GANARSE UN PATROCINADOR

Cubre lo básico: Haz tu trabajo y date a conocer

Como dice mi amiga Gail Ayala Taylor, «la mentoría se da, el patrocinio se gana». ¿Qué quiere decir con esto? Que tienes que, como mínimo, «cumplir con ciertos requisitos» que inspiren la confianza de tu patrocinador. Quizá el requisito más importante sea tu habilidad de hacer tu trabajo y hacerlo bien.

Continuemos con Lucy, de quien te hablé en páginas anteriores. Cuando le pregunté si le había tocado ser explícita para pedir patrocinio, me dijo que no fue necesario. Gran parte de su éxito profesional ha consistido en dedicarse a hacer su trabajo con excelencia. En otras palabras, nos toca demostrar el valor de nuestro trabajo antes de que un potencial patrocinador tome riesgos por nosotras.

En los primeros años trabajando en la firma de consultoría, Lucy se tomaba el tiempo de saludar a sus colegas y superiores al llegar a la oficina, y conversar acerca de sus proyectos y clientes. Con el tiempo estas charlas informales la colocaron en el radar de ciertos socios, hasta que uno de ellos la invitó a participar en una propuesta que estaba armando. Lucy dijo que sí, sin dudarlo. Contaba con el tiempo para tomar ese proyecto y sintió que hacerlo le abriría oportunidades de carrera. Su intuición estaba acertada. A través de este proyecto, el socio fue testigo de los valores y de la capacidad de Lucy, con lo que después la recomendó para trabajar con otros socios de la firma. En poco tiempo Lucy llegó a tener cuatro patrocinadores diferentes, todos ellos hindús.

—Si bien nunca les pedí que me promovieran en las reuniones donde se decidían los ascensos, estoy convencida de que llegué a socia por la influencia de ellos —me confió—. Me abrieron puertas al ubicarme en equipos importantes donde pude crear relaciones de valor con otros miembros de la firma y con los clientes. Todo eso, por el tiempo que invertí en darme a conocer y en mostrar interés por los proyectos que ellos estaban liderando.

Nunca subestimes el poder de lo que pueda parecer una pequeña acción para construir nuevas relaciones. Como hemos visto antes, la acumulación de pequeñas acciones fuera de nuestra zona de confort puede producir resultados exponenciales. La historia de Lucy es fiel testimonio de que lo incómodo vale la pena.

Atrévete a golpear las puertas de los poderosos

A medida que crezcas te tocará relacionarte con personas en espacios de poder y liderazgo, quienes de una forma u otra estarán involucradas en tu crecimiento profesional. No esperes demasiado tiempo para conectar con ellos, ya que cuanto antes entiendas cómo piensan y cuanto antes te tengan en su radar, mejor.

Conocí a Carolina Alarco en un evento para latinos líderes. Oriunda de Perú, esta fundadora de Bio Strategy Advisors e inversionista en la industria de la biotecnología me llamó la atención por su forma de relacionarse sin miedo, algo de lo que la mayoría de las mujeres latinas huimos. ¿Al contrario de lo que le pasa a Carolina, nos frenamos con pensamientos como *¿Reunirme a hablar con ese hombre blanco mayor? Ni loca. Va a ser demasiado incómodo. Somos demasiado opuestos.* Podemos convertirnos en expertas en encontrar diferencias, sin darnos cuenta de que al hacerlo creamos separación con otros. Si nos enfocamos en lo incómodas que podemos sentirnos, perdemos el enfoque en el objetivo de estas relaciones: tender puentes, aprender de otros y dar a conocer el buen trabajo que estamos realizando, así como nuestras contribuciones al éxito de la empresa.

Carolina rompió con esos condicionamientos, y disciplinadamente creó relaciones que desembocaron en mentoría y luego en patrocinio.

—Empecé pidiendo tiempo a ejecutivos cuando tenía unos 28 años y ocupaba un cargo de gerente —me dijo—. Como hacía algunos años que trabajaba fuerte en esa empresa, me había creado la reputación de hacer bien mi trabajo y eso ayudó mucho para abrir esas puertas.

Carolina le dio prioridad a conectar con personas que pudieran aportarle conocimiento para hacer mejor su trabajo.

—Comencé conectando con personas mayores, casi todos hombres blancos a quienes yo respetaba. En esos tiempos, la mayoría de los ejecutivos de alto nivel en la industria de la biotecnología eran hombres y blancos, y excelentes profesionales que apoyaron muchísimo mi carrera. Pedía almuerzo con uno de ellos una vez por mes, organizándolos directamente con sus secretarias y siendo bien clara respecto al objetivo de la reunión: quería pedirles consejos y orientación en temas relativos a mi trabajo».

Con esta metodología, Carolina tenía sus almuerzos de unos 30 a 45 minutos con dos o tres ejecutivos de la empresa. Se reunía una vez por trimestre, salvo con los que estaban muy ocupados: con ellos se reunía una vez al año. Cada vez que salían del edificio de la empresa para caminar hacia el restaurante más cercano, estos líderes se lo agradecían diciendo «¡Qué bueno! Necesitaba salir de la oficina».

Carolina se preparaba para estas reuniones con preguntas interesantes acerca del negocio o las tendencias de la industria y pensaba con antelación qué consejos les pediría acerca de situaciones que estaba atravesando en su día a día laboral. A medida que la relación evolucionaba, también los retroalimentaba sobre alguna presentación interesante que ellos hubieran hecho y que a Carolina le hubiera gustado.

—Mis reuniones eran de puro negocio: *all business,* como se dice en inglés. Nada de temas personales donde pudiera haber algo de drama, como hijos, salud o familia. Aprendí que eso sencillamente los espanta —me confesó—. Si te preguntan cómo están tus hijos, está bien hacer un comentario corto y positivo. A mí me ha funcionado mantener la relación en un plano estrictamente profesional. Pero como latinas. tenemos que cuidarnos de no dar demasiada información, como solemos hacer dentro de nuestra comunidad, o de sonar como que nos estamos quejando. Las diferencias culturales pueden jugar en nuestra contra».

Para prepararte para estas conversaciones, presta atención al lenguaje de los líderes de tu organización o cliente. Puede ser que estos líderes sean formales, directos, y que no se metan en los detalles de la conversación como haríamos en otros espacios. Es posible que tengas que articular tus ideas o preguntas en menos palabras e ir al grano. Más allá de las palabras específicas que uses, adueñate de ese espacio y proyecta tu voz con confianza. Recuérdate que tú mereces estar ahí y recibir ese apoyo y guía.

Durante nuestra charla, Carolina me compartió cómo se garantiza que haya una próxima reunión. A diferencia de lo que muchos sugieren, Carolina no envía un *email* de agradecimiento, sino que les agradece hacia el final del encuentro y aprovecha la oportunidad para preguntar: «¿Te parece que nos reunamos en unos meses? Me gustaría continuar esta conversación». La respuesta generalmente es que sí. Entonces vuelve a contactar a la secretaria para poner la siguiente reunión en el calendario.

Cuando ya tiene confianza y después de unas dos o tres reuniones, les dice: «Valoro mucho tu guía y lo que haces por mí. Te considero mi mentor». Carolina optaba por no pedir a estos líderes si querían darle mentoría, sino que lo declaraba. Es posible que, si pedimos mentoría muy formalmente, sobre todo cuando aún no nos conocen demasiado, asustemos a estos líderes, que pueden pensar; «Voy a tener que pasarme con esta chica todas estas horas». ¡Lo sé porque lo viví en carne propia!

Hace un tiempo me acerqué a una mujer latina que había dado una charla sobre mentoría y patrocinio en una conferencia, compartiendo una fórmula de cómo acercarse a un posible mentor o patrocinador. Siguiendo los pasos de su fórmula, le solicité mentoría y literalmente se espantó. Aprendí que, por más que sigamos las reglas que parecen funcionar para alguien, quien no nos conoce puede no sentirse lista para el compromiso que esa relación implica.

Por ello, más que enfocarnos en lo que necesitamos o en lo que les vamos a pedir, es mejor crear una experiencia en la que los posibles mentores o patrocinadores se sientan valiosos y no demandados u obligados.

Similar a lo que ocurrió con Lucy, Carolina me comentó que a ninguno de estos líderes le pidió que fuera su patrocinador, aunque algunos se fueron convirtiendo en patrocinadores por su propia iniciativa. Cuando surgían oportunidades de promociones, el patrocinador decía: «Carolina es excelente. Hará un gran trabajo en ese puesto. Es detallista, seria, enfocada en la ejecución, y conoce de su trabajo». La recomendaban sin que ella tuviera que pedirlo.

—Lo más interesante que ocurrió es que la relación fue cambiando con el tiempo, a tal punto que ellos me pedían consejos a mí respecto a ciertas estrategias de la empresa. Respetaban mis puntos de vista a tal punto que, después de un tiempo, me invitaban a reuniones estratégicas de la empresa, y así yo participaba de la toma de decisiones —me platicó Carolina. La comenzaron a ver como su par.

Ayuda a tu patrocinador a hacer su trabajo

Carla Dodds, nacida en Argentina y criada en Texas, fue ejecutiva de las firmas Walmart y Mastercard antes de lanzar su propio negocio de consultoría independiente. Hace un tiempo me llamó para darme una actualización de su búsqueda de trabajo. Había decidido regresar a una carrera corporativa y estaba tocando las puertas de personas que la conocían de cerca, para con ello intentar dar con quienes pudieran ser sus patrocinadores.

—Acabo de terminar una llamada con una persona que podría ser mi patrocinador para una oportunidad que me pareció interesante —me dijo Carla—. Tuve una epifanía.

Me quedé escuchándola atentamente. Conociendo a Carla, su epifanía sería de mucho valor para mí también.

—Me di cuenta de que muchas personas están dispuestas a ayudar, pero no saben exactamente cómo hacerlo. Entonces, pudiendo abrirnos puertas como patrocinadores, se limitan a dar guía y consejos como lo haría un mentor. Terminamos con gran cantidad de mentores y sin patrocinadores.

En otras palabras, terminamos con cantidad de consejos sobre cómo deberíamos hacer las cosas, pero pocas puertas abiertas para nuestro progreso y crecimiento profesional. Si te identificas con esta situación, tendrás que dar el paso de pedir exactamente lo que necesitas. Cuando las cosas parecen no moverse por sí solas, nos toca poner manos a la obra, ya sea pidiendo explícitamente una conexión con otro profesional, o que recomienden nuestro nombre para una posición específica, o que compartan nuestro currículum con personas influyentes en algunos casos, dándoles por escrito las palabras que queremos que usen para presentarnos y abrir esas puertas.

Carla me dejó una enseñanza muy importante ese día. Necesitamos tener claridad sobre lo que queremos y por qué lo queremos, y además articularlo en un pedido específico. Si no lo hacemos, podemos dejar pasar una oportunidad. Y más allá de las palabras que elijas para expresar tu pedido, recuerda la importancia de la confianza que emanas.

Para entender cómo aumentar nuestras posibilidades de ganarnos un patrocinador, nada mejor que preguntárselo directamente. Como parte del proceso de escribir este libro les pregunté a varios de ellos: «¿Qué necesitas de alguien a quien quieras patrocinar? ¿Qué es lo que ellos tienen que hacer para facilitarte tu trabajo?». En otras palabras, ¿qué podemos hacer quienes buscamos patrocinio para crear esa experiencia positiva para nuestros patrocinadores?

Las respuestas fueron variadas. Además de confiar en que vamos a hacer nuestro trabajo con excelencia, los patrocinadores valoran tener claridad de nuestros intereses y metas para poder negociar en nuestro nombre. En toda negociación, la información es poder, y está en nosotras ser transparentes con nuestros patrocinadores. A mí me gusta compartirles mis logros e intereses, las barreras y trabas con las que me enfrento, y mi visión de hacia dónde me gustaría llevar mi vida profesional. He aprendido que la transparencia y la vulnerabilidad forman parte de crear esa experiencia que hará que los patrocinadores sigan dispuestos a enarbolar la bandera de mi marca.

PARA LAS EMPRENDEDORAS, LOS PATROCINADORES SON CLAVE

Casi todas hemos escuchado de la importancia de contar con un patrocinador si somos empleadas de una corporación u organización. ¿Pero qué pasa con las emprendedoras? ¡Más aún! Esos patrocinadores son clave para el éxito de quienes somos dueñas de negocios. Ellos pueden usar su capital social para recomendar nuestro trabajo, pueden darnos visibilidad en plataformas importantes o ayudarnos a multiplicar las ventas de nuestro negocio.

Recientemente, mi negocio tuvo la bendición de contar con un patrocinio que llegó de la forma más impensada. Todo se dio como una sucesión de casualidades. La vida me bendijo doblemente, y no te sabría decir si primero vino el patrocinio y luego la amistad, o si fue al revés. Creo que todo ocurrió simultáneamente, echando por tierra mis creencias de que la amistad y los negocios no pueden mezclarse.

La historia comenzó hace un par de años, cuando realizaba seminarios gratuitos para expandir mi marca, de esos que te preguntas si alguna vez resultarán en algo. En uno de esos seminarios virtuales decidí regalar mi curso virtual entre los asistentes para incentivar la participación. La ganadora fue Lory Burgos, directora de Marketing de una reconocida empresa de seguros, quien más tarde me confesó que no estaba segura de por qué había decidido conectarse al seminario, puesusualmente no participaba de tales eventos. Gracias a esa mano invisible que dirige nuestro destino, quedé conectada con Lory, quien llegó a comprender en profundidad mi trabajo y me invitó a presentar una serie de seminarios a nivel nacional a través de la plataforma de Latina Style.

Latina Style es una organización que desde hace treinta años reconoce el trabajo de miles de latinas en espacios corporativos, de emprendimiento y en las fuerzas armadas, y que facilita información y conexiones a través de sus seminarios y eventos. A través de los cuatro seminarios que Lory me invitó a conducir conocí a Lupita Colmenero y Robert Bard, jefa de operaciones y presidente de *Latina Style*, respectivamente.

—Val, ¿me compartirías las diapositivas de hoy? —me pidió Lupita luego del tercer seminario que impartí, en el cual profundizamos en identificar nuestras mentalidades culturales limitantes.

—¡Claro que sí! —le dije. No solía compartir mis diapositivas después de los seminarios, pero algo me llamó a hacerlo esa vez. A los pocos días conecté con Lupita por teléfono para conocernos más, y unos meses más tarde estaba en Zoom con ella y con su marido, Robert. En esas charlas compartimos nuestras historias y vivencias y comenzamos a explorar formas de potenciar nuestro trabajo.

—Val, ¿por qué no traes tu libro a la Conferencia de Diversidad que estamos organizando en Washington, DC? —me ofrecieron Lupita y Robert. Hacía solo algunos meses que había lanzado *Uncolonized Latinas*, libro que Lupita había leído y encontrado de mucho valor. La visibilidad de esa conferencia sería clave para mi trabajo, ya que ahí estarían premiando a las latinas líderes de varias corporaciones, así como a los Grupos de Recursos para Empleados Latinos (también conocidos por sus siglas en inglés, ERG). Era el espacio ideal para llevar mi trabajo a cientos de profesionales que podrían obtener valor de él.

Lupita y Robert no solo me abrieron las puertas para llevar mi libro a esa conferencia, colocándolo en las manos de las latinas más poderosas del país, sino que además armaron una mesa gigante con mis libros en el punto más estratégico y de mayor circulación de la sala. Hubo un antes y un después en mi marca y en mi negocio con el patrocinio de Lory y con esa acción generosa de Lupita y Robert. Mi capital social y mi credibilidad aumentaron de forma significativa y los contactos, patrocinadores adicionales y amistades que surgieron de ese evento fueron tan valiosos como inesperados.

Qué transformador que sería para nuestra comunidad si más de estos patrocinadores apoyaran a mujeres latinas, particularmente corporaciones que extendieran contratos a latinas emprendedoras. Las barreras para nuestros negocios son tales que necesitamos de patrocinadores en esas corporaciones que hagan conocer nuestro trabajo y atraviesen obstáculos burocráticos para que podamos tener una oportunidad de demostrar lo que somos capaces de hacer. Nos queda mucha magia por crear.

Despréndete de la creencia de que puedes ser una molestia o de que no mereces la ayuda de quienes tienen en sus manos las llaves al crecimiento. Ahí afuera hay miles y miles de personas que tienen el propósito de ayudar a otros, y tú puedes transformarte en el canal que les permita hacer el bien. Este es un cambio de mentalidad considerable: pasar de sentirnos proyecto de caridad a ser quienes brindan a estas personas la posibilidad de dejar un legado, hacer algo valioso por el prójimo y sentirse bien consigo mismos.

¿Aún tienes dudas? Abre tu corazón y grábate a fuego estas palabras que me dijeron personas que tienen como misión apoyar el crecimiento de otros: *Mi propósito en la vida es servir. Me mueve ayudar a la gente; Tengo hijos y quisiera que algún día ellos sean tratados de la misma forma en que yo trato a otros; Quiero dejar un legado. Que mi camino no se termine con mi jubilación, sino que siga a través de otros; Para mí es gratificante que otros no tengan que pasar por lo que yo pasé. Si yo pude darme cuenta de cómo hacer mi vida más fácil, ¿por qué no podría hacerles la vida más fácil a otras personas?*

Si aún no tienes patrocinadores, ojalá este capítulo te empuje a salir de tu zona de confort y dar un paso más hacia lograrlo. ¿Qué acción puedes tomar para fortalecer tu relación con gente que se encuentra en espacios de poder y de liderazgo? Y si ya tienes patrocinadores, agradéceles. Ellos necesitan ser conscientes del impacto que tienen, para poder seguir haciéndolo con otros.

LECCIONES APRENDIDAS

- El patrocinador elevará tu juego a un nivel totalmente diferente, ya que ya no serás solamente tú quien comunique el valor de tu marca, sino que contarás con un agente de gran credibilidad y con un poderoso capital social.
- Para que el comportamiento de patrocinar a otros se siga repitiendo, quien pone en riesgo su capital social y su nombre por ti debe recibir un retorno o beneficio. La relación debe ser de ganar-ganar.
- Nos toca demostrar el valor de nuestro trabajo antes de que un potencial patrocinador se arriesgue por nosotras.
- Más que enfocarnos en lo que necesitamos o en lo que vamos a pedir, es mejor crear una experiencia en la que los posibles mentores o patrocinadores se sientan valiosos y no obligados.
- La transparencia y la vulnerabilidad forman parte de crear esa experiencia que hará que los patrocinadores sigan dispuestos a enarbolar la bandera de mi marca.
- Las barreras para nuestros negocios son tales que necesitamos patrocinadores en corporaciones que den a conocer nuestro trabajo y que atraviesen obstáculos burocráticos para que podamos tener una oportunidad de demostrar lo que somos capaces de hacer.
- Desaprende la creencia de que puedes ser una molestia o de que no mereces la ayuda de quienes tienen en sus manos las llaves a tu crecimiento. Hay miles y miles de personas que tienen el propósito de ayudar a otros, y tú puedes ser el canal que les permita hacer el bien.

CAPÍTULO 14

Sé parte del cambio

La cultura de respeto a la autoridad y la jerarquía ha dado lugar a la creencia de que para influir sobre el cambio sistémico primero tenemos que llegar a un puesto ejecutivo, ser millonarias o acumular un gran poder que nos permita tener voz y voto. Nos convencemos de que si no hemos llegado a esos espacios, aún no tenemos gran influencia. ¡Nada más alejado de la realidad!

En nuestra charla, Andrew Rodríguez me mencionó el *síndrome del todo o nada*, que es como pensar que si no generamos un cambio a gran escala, es mejor no hacer nada. Por ejemplo, si no puedo cambiar la forma de pensar de mis líderes no latinos, ¿para qué molestarme en darles información que les permita conocer más a fondo nuestra cultura? ¿Qué gano con eso? Mejor me quedo en silencio. Ahí está el problema y también la oportunidad.

—No tenemos que cambiar el mundo de la noche a la mañana —agregó Andrew—. Podemos reconocer nuestro poder de impacto desproporcional en nuestro espacio profesional.

El cambio sistémico vendrá de la mano de quienes se encuentran en la base de la pirámide y no solamente de quienes están en la cima. O sea, de abajo hacia arriba. Muchos de quienes han llegado a espacios de poder y siguen siendo la única latina o latino allí sienten que tienen mucho que perder. Existen excepciones, por supuesto, pero la mayoría parece estar más ocupada en sobrevivir en esos espacios que en abrir oportunidades para otros latinos y latinas. Algunos continúan luchando contra los estereotipos y las inequidades del sistema, mientras que otros se han asimilado tanto que parecen haberse desconectado de las luchas que la mayoría de los latinos aún enfrentamos.

El cambio de abajo hacia arriba es inevitable si tomamos en cuenta que somos una comunidad joven. Un 60% de los latinos y latinas en Estados Unidos tienen menos de 33 años. Son más de treinta millones de jóvenes que estarán ingresando o creciendo en espacios profesionales en la próxima década y que, por ser tantos, tienen en sus manos un poder inigualable para cambiar la forma en que la sociedad nos ha catalogado por cientos de años. La juventud de nuestra comunidad es notoria: la edad más frecuente entre los latinos es de 11 años, comparada con 58 años para los blancos no latinos. Ahora bien, ¿se sienten estos jóvenes empoderados y listos para liderar el cambio?

Hace menos de un año viajé a El Paso, Texas, a dictar un seminario en una reconocida universidad. En un momento clave de la presentación pregunté a los jóvenes, mayoritariamente latinos: «¿Qué voz interna te limita en tu accionar? ¿Qué voz escuchas más frecuentemente dentro de tu cabeza cuando quieres hablar para aportar una idea?» Sus respuestas fueron: «No tengo nada valioso que contribuir», «¿Quien te crees que eres?», «No puedes cambiar las cosas» y «Eres un parásito».

En aquella tarde calurosa y ventosa en El Paso, mi corazón se entristeció. Aquí estaba, frente a jóvenes de menos de 20 años que habían crecido en espacios de mayoría latina y, sin embargo, cargaban en su interior voces muy similares a las que me habían compartido otros en Nueva York, Massachusetts, Carolina del Norte, Florida, Washington, California, Chicago e incluso América Latina, Inglaterra y los Países Bajos.

¿Cómo podemos propulsar un cambio histórico si cargamos con esas voces internas? Voces de desempoderamiento y autojuicio. Voces que nos llevan erróneamente a creer que no podremos cambiar las cosas. Si queremos cambiar este sistema que no fue construido con nosotras en mente, nos toca abrazar esas voces tan humanas con compasión, amar todas nuestras partes y comenzar a actuar. Pero ¿cómo actuar? ¿Por dónde empezar a cambiar el sistema?

Podemos empezar desde nuestro espacio. Sé parte del cambio haciendo escuchar tu voz, dando a conocer tu marca profesional, haciendo tu trabajo con excelencia, aceptando oportunidades desafiantes, pidiendo lo que te corresponde, dando mentoría o patrocinio a otros latinos, o ayudando a corregir inequidades desde tu lugar y en tu día a día. Hay innumerables acciones individuales que puedes tomar para generar el cambio que queremos ver; muchas han sido cubiertas en capítulos anteriores. En lo que resta de estas páginas evaluaremos como crear cambios de una forma no tan convencional.

SÉ PARTE DEL CAMBIO CONTANDO TU HISTORIA

La doctora Ivonne Díaz-Claisse se desempeñaba como ingeniera y analista de datos en AT&T hace 16 años cuando un encuentro con estudiantes le ayudó a tomar conciencia de que las barreras para los jóvenes en nuestra comunidad comienzan muy temprano.

—Me invitaron a contar mi historia ante estudiantes de una escuela en Newark, Nueva Jersey. Ese día cambió mi vida —me contó Ivonne mientras almorzábamos juntas en la ciudad de Princeton, a unos metros de la prestigiosa universidad que lleva ese nombre—. En aquel evento hablé de lo que me tocó atravesar para lograr mis sueños en otro país y en una cultura diferente a la mía, y cuando terminé mi ponencia tenía una fila de estudiantes esperándome para pedirme un autógrafo —prosiguió emocionada—. Me prometían que pondrían más empeño a los estudios y que continuarían con su educación, ya que mi historia les había enseñado que ellos también podían triunfar en este país.

A través de aquella experiencia, Ivonne comprendió la importancia de presentar nuestras historias ante nuestros jóvenes para abrir sus mentes a lo que es posible para ellos, comenzando desde temprano a transformar sus voces internas por unas de oportunidad y posibilidad. Comprometida a ser parte del cambio, Ivonne dejó su trabajo en AT&T para fundar y dirigir la organización sin fines de lucro HISPA (Hispanics Inspiring Students' Performance and Achievement, Hispanos Inspirando el Desempeño y el Logro de los Estudiantes).

HISPA tiene como misión incentivar a jóvenes latinos a descubrir su potencial mediante estudios universitarios y cuenta con 3 000 profesionales latinos que visitan las escuelas como voluntarios para contar sus historias de vida e inspirar a los estudiantes a creer en sus capacidades y atreverse a ponerse metas ambiciosas. A estos estudiantes también los invitan a visitar empresas y universidades para explorar sus intereses, tener la experiencia de caminar por esos espacios e imaginarse ahí en un futuro. En definitiva, HISPA les ayuda a explorar posibilidades distintas a las que sus padres tuvieron.

—De todo lo que has observado o escuchado de nuestros jóvenes, ¿que es lo que más te ha sorprendido? —le pregunté a Ivonne.

—Creo que una de las cosas que más me conmovido es oírlos decir que no sabían que, siendo latinos, podían ir a la universidad. Muchos de estos jóvenes piensan que ciertas oportunidades no están abiertas para nosotros por el solo hecho de ser hispanos o latinos —respondió.

En su mayoría nacidos en los Estados Unidos de padres migrantes sin oportunidades de educación, nuestros jóvenes ven para sí mismos las mismas barreras que sus padres enfrentaron. En sus mentes, los latinos no van a la universidad, simplemente porque esas puertas no están abiertas para gente como nosotros. Además, muchos son obligados a trabajar lo más pronto posible, dejando de lado toda ambición de continuar una educación universitaria.

—A través de nuestros voluntarios, muchos de nuestros jóvenes latinos escuchan por primera vez que pueden atreverse a soñar. Les brindamos la oportunidad de que se conecten con alguien de nuestra cultura que les refleje lo que es posible para ellos. De esa forma, aprenden que pueden superar los pensamientos autolimitantes que se les cruzan en el camino cuando se ponen metas ambiciosas, sobre todo metas que nadie en su familia pudo lograr —continuó Ivonne.

El trabajo de HISPA bajo el liderazgo de Ivonne no solo beneficia a los estudiantes, sino también a los voluntarios, pues les da la oportunidad de hablar en público y reconectarse con su trayectoria. Con el tiempo, Ivonne se dio cuenta de que esas visitas estaban también cambiando la percepción que la administración de las escuelas tiene acerca de nuestra comunidad.

—Cuando traes a estos profesionales latinos, la percepción hacia nuestra gente cambia. Nuestra presencia ayuda a romper estereotipos inconscientes y se comienza a ver a nuestros estudiantes con otros ojos.

Si estás buscando una forma simple y gratificante de influir positivamente sobre el futuro de nuestra comunidad, te invito a que consideres ser voluntaria de HISPA, organización de la que tengo el honor de formar parte. Contar tu historia puede ayudar a cambiar el sistema de abajo hacia arriba, encendiendo en nuestros jóvenes la llama de la posibilidad.

En palabras de Ivonne:

—Los estudiantes tienen muchas luchas en su casa, y tienen que entender que desde dentro de ellos mismos necesitan despertar la pasión por aprender y por crecer. Para ello necesitan ver ejemplos de perseverancia y aprender que el éxito también es posible para ellos, incluso, como algunos de ellos dicen, siendo latinos.

Si miles o cientos de miles de nosotros contamos nuestras historias inspiradoras, transformaremos el futuro de la comunidad latina, porque cambiaremos los discursos ancestrales de inferioridad y desempoderamiento por otros de posibilidad, logro y éxito. Si tú pudiste, ellos también pueden. Solo necesitan escucharlo de ti.

ERG, CÉLULAS DE INTELIGENCIA CULTURAL Y ACTIVISMO

En diciembre de 2023, Elon Musk proclamó en su plataforma X que las políticas de DEI (diversidad, equidad e inclusión) se han transformado en otra forma de discriminar, y que esta práctica, que creció exponencialmente en los últimos años, debe morir. El comentario recibió apoyo de varios multimillonarios que parecen tener la intención de estigmatizar la función de DEI.

En el último año quedó de manifiesto que la función de DEI está lista, no para eliminarse, sino para reinventarse: tener una transformación que le permita enfrentar las complejas demandas de la sociedad y del mercado. Lo que se expandió monumentalmente hace un tiempo como una posibilidad de crear mayor equidad en el mundo profesional ha adquirido cierto estigma por no poder resolver problemas de fondo. Las políticas de DEI de algunas empresas son criticadas por solamente aplicar curitas a una herida. Pero ¿es justa esa valoración? Quienes han estado liderando esfuerzos de DEI han sido individuos de color de comunidades marginalizadas a quienes, en muchos casos, se les ha encargado resolver las fallas de un sistema de opresión con mínimo apoyo y recursos, salvo en contadas excepciones.

Ante la ofensiva contra DEI y la división que el tema está generando, estamos ante la oportunidad de mirar a los grupos de recursos para empleados latinos con otros ojos. ¿Qué pasaría si los ERG dejaran de ser grupos con fines sociales y se transformaran en *células de inteligencia cultural y activismo* que ayudaran a avanzar la causa latina en nuestras organizaciones y espacios profesionales?

Los ERG nacieron hace décadas con el objetivo de brindar espacios de socialización, conexión y apoyo entre individuos que se sentían afines por su género, raza, etnia u orientación sexual, entre otros. Es así como nacieron los ERG latinos o hispanos, espacios que en general y, salvo algunas excepciones, suelen tener muchísima actividad en el Mes de la Herencia Hispana y no tanta durante el resto del año.

Es de conocimiento general que la gran mayoría de estos ERG latinos luchan para que se les asigne un presupuesto decente que les permita tener continuidad a lo largo del año. La mayoría sigue enfocando sus esfuerzos en un mes o dos, muchas veces convocando a dueñas de negocios latinas de forma casi gratuita para que dicten un seminario, clase, o charla, sin poder siquiera pagar el valor de mercado de su trabajo. Asimismo, la mayoría de los líderes de ERG son voluntarios en este rol: no reciben un pago por ese trabajo y lo hacen en el tiempo libre que les queda luego de una jornada intensa. Por último, la reelección cada par de años de los líderes de los ERG tampoco ayuda, ya que inevitablemente se pierde la continuidad de sus iniciativas. Todo esto dificulta la injerencia de los ERG en temas estratégicos.

—En su mayoría, los ERG han sido una fachada sin impacto verdadero a largo plazo. No se les da suficiente presupuesto, los futuros líderes no salen de los ERG y las decisiones de negocio tampoco —me dijo una mujer latina que trabajó por muchos años en el espacio de DEI de una corporación global, y que prefirió mantener el anonimato—. A veces parecería que somos vistos como los expertos en salsa, tacos y empanadas o como el alma de la fiesta por lo divertidos que podemos ser, pero no nos consideran socios del negocio. Los ERG no son tomados en serio y siguen siendo vistos como un club social —agregó esta ejecutiva latina.

Llegó el momento de preguntarnos si podemos reposicionar los ERG como células de inteligencia cultural y activismo, con su conocimiento inigualable sobre nuestra comunidad y el mercado latino, y plantearnos cómo pueden aportar un mayor valor tanto a las estrategias de mercadeo y ventas como a las de recursos humanos y de DEI de las empresas. En otras palabras, es hora de asignarles un rol educativo con fines estratégicos.

A fin de cuentas, ¿quién mejor que nosotros para entender cómo toma decisiones de compra un consumidor latino? El poder de compra y de consumo de la comunidad latina está creciendo dos veces más rápido que el de los grupos no latinos, según un reporte de LDC (Latino Donor Collaborative) de 2023. ¿Qué empresa querría perderse esa oportunidad de mercado?

Por otro lado, ¿quién mejor que nosotros para entender cómo atraer talento latino a nuestras organizaciones y cómo retenerlo a largo plazo? Con eso podemos ayudar a que la labor de recursos humanos y de DEI sea más efectiva. El mismo reporte de LDC indica que un 78% de los nuevos trabajadores netos entre 2020 y 2030 serán latinos, y los ERG cuentan con información relevante sobre cómo captar este segmento.

Quien no es latino carece de la preciada información que poseen los ERG latinos y desconoce el impacto de las experiencias únicas que nuestra comunidad ha atravesado y que influyen en nuestra vida laboral. Los ERG latinos pueden transformarse en una mina de oro para ejecutivos y miembros de juntas directivas, quienes muchas veces no poseen el conocimiento detallado y desde dentro que tú y yo poseemos, simplemente porque nunca han estado en nuestros zapatos.

Toda esta contribución estratégica puede ocurrir dentro de la órbita de los ERG. Pero esta cantidad adicional de trabajo y aporte a la organización debe venir acompañada de la remuneración o, al menos, del reconocimiento que corresponde. Es hora de eliminar la percepción de que un ERG es un pasatiempo y no un verdadero socio para contribuir al éxito de la empresa. Al final del día, este «hobby» también dota de importantes habilidades a sus líderes, como aprender a identificar necesidades y oportunidades, influenciar a los ejecutivos que deciden los presupuestos, saber manejar ese presupuesto, desarrollar planes, delegar, atraer nuevos miembros e involucrar y retener a miembros existentes. Todas estas habilidades son muy valiosas y transferibles a los trabajos de tiempo completo.

ACTO DE SANA REBELDÍA

Reflexiona:

¿Cómo puedo ser parte del cambio a través de mi ERG? ¿Cómo transformo mi ERG en un socio clave del desarrollo del negocio y el talento en mi organización?

____

____

____

____

____

Si tu ERG cuenta con patrocinadores no latinos y acceso a ejecutivos dentro de la organización, aprovecha la oportunidad de influir sobre su forma de pensar. Que entiendan lo importantes que somos los latinos en las organizaciones y en el mercado. Que comprendan nuestras barreras culturales y nuestras luchas, para transformarse en nuestros aliados. Conviértete en ese agente de cambio que puede cambiar el discurso. No nos limitemos a ser el sabor del mes durante el Mes de la Herencia Hispana, llevando a cabo eventos que podrán ser muy informativos, pero no cambian los verdaderos problemas de fondo con los que luchamos todo el año.

SÉ PARTE DEL CAMBIO ASPIRANDO A PUESTOS DIRECTIVOS

Esther Aguilera ha dedicado la mayor parte de su vida profesional a generar cambios sistémicos. Nacida en Jalisco, México, llegó a los Estados Unidos a la temprana edad de 4 años. Hija de padres indocumentados que se dedicaban al paisajismo y a la costura, supo desde muy temprano lo que significaba estar en desventaja y sufrir las inequidades del sistema. Sin embargo, conoció un mundo diferente gracias a la educación y ha luchado por crear cambios en favor de los menos privilegiados.

—Tuve el honor de trabajar con los líderes más poderosos de este país, incluyendo miembros del Congreso, equipos de la Casa Blanca, diversos presidentes de grandes corporaciones y miembros de diferentes juntas directivas —me comentó Esther, a quien yo había conocido cuando ella era presidenta de la organización LCDA (Latino Corporate Directors Association, Asociación de Directores Corporativos Latinos).

Tras décadas de experiencia abriéndose camino en los espacios de poder, Esther lo dice claramente:

—Podemos hacer un trabajo muy valioso apoyando a nuestra comunidad a través de diferentes organizaciones, pero el impacto de nuestro trabajo será limitado, a menos que tengamos latinas y latinos ubicados en posiciones clave. Debemos llegar a esos espacios, no hay opción.

A través de sus diversos roles como líder, y consciente de las percepciones generalizadas y erróneas existentes hacia nuestra comunidad, Esther se volcó a sacar a la luz lo capacitados que estamos para ocupar posiciones de liderazgo, echando por tierra el mito de que encontrar latinos y latinas preparadas para esos espacios es muy difícil. Esther y otros líderes con quienes me conecté indican que los espacios de poder a los que debemos aspirar para acelerar nuestro cambio sistémico son la plantilla ejecutiva *(C-Suite)* y las juntas directivas *(boards)*, tanto de organizaciones sin fines de lucro como de organizaciones con fines de lucro.

Si bien podemos tener influencia y ejercer nuestro liderazgo en otros puestos tal vez no tan altos, en esos espacios existe una necesidad creciente de las voces de nuestra comunidad latina y allí nuestro impacto puede multiplicarse. El problema es que la falta de representación de latinas y latinos en esos sitios puede llevarnos a creer erróneamente que allí no pertenecemos, como les ocurría a los estudiantes de las escuelas que creían que la universidad no era para ellos antes de la visita de HISPA.

Esther hizo gran hincapié en que los latinos y latinas que llegan a posiciones de poder tienen la responsabilidad de avanzar y apoyar a otros, como lo veremos en el próximo capitulo.

—No es suficiente con que lleguemos a espacios de poder —dijo—. Debemos además usar nuestra posición para avanzar a nuestra comunidad, individual y colectivamente. —La práctica de apoyar a miembros de una misma comunidad es bastante común entre grupos no latinos, como ya hemos visto—. Apoyar a otros latinos a acceder a espacios ejecutivos no se trata de ser altruista. Tener más latinos en posiciones de liderazgo en las compañías es bueno para los negocios —agregó. Además, destacó la importancia de hacer buenas preguntas cuando se está en esos espacios; por ejemplo, qué porcentaje de las compras de la organización se asignan a negocios de mujeres o empresarios de color.

Las estadísticas reflejan cuánto trabajo queda aún por hacer. Un reporte de LCDA de 2022 indica que aproximadamente un 70% de las juntas directivas de las empresas Fortune 1000, es decir, las mil empresas de mayores ventas en los Estados Unidos, no tienen un solo director latino. ¡Ni uno solo! Esto es solo un ejemplo del serio problema de representación que estamos enfrentando. Otro reporte donde se evaluaron casi cien compañías indica que solo un 7% de los miembros de juntas directivas son latinos y que solo un 2% de los puestos ejecutivos están en manos de latinas. Si bien estos números son inaceptables, tenemos la opción de reaccionar ante ellos con enojo y frustración o de tomarlos como una oportunidad.

Hace tiempo participé en un evento en el que me sorprendió que algunos líderes que han llegado a juntas directivas o a la plantilla ejecutiva no sepan explicar cuál es el camino exacto a recorrer para otros latinos que vienen tras ellos, lo que confirma que no existe una fórmula predeterminada para que alguien que posee el talento y las calificaciones requeridas pueda llegar a esos espacios.

En una mesa redonda organizada por CNBC titulada Latinos en Directorios, uno de los panelistas comentó:

> Si eres un hombre blanco, entonces permaneces en el "camino del poder". El "camino del poder" está constituido por una serie de puestos que conducen a la plantilla ejecutiva. En cambio, demasiadas personas de color están siendo desviadas a lo que yo llamo "la estrategia del camino sin salida" Las ascienden a una posición que luego no las lleva a nada. Luego, cuando llega el momento de seguir creciendo, les piden que tomen una posición más baja en otro departamento para eventualmente poder volver a subir.

Nuestro camino no está claro y puede sufrir más desvíos de los necesarios al pedírsenos una y otra vez que comprobemos que podemos ocupar esos espacios de poder. Otro participante del panel observó: «Quien aspira a llegar a esos puestos debe asegurarse de acumular experiencias laborales que demuestren contribuciones estratégicas significativas, ya que las juntas directivas generalmente buscan personas que agreguen un valor importante». Agregó que «todo lo que uno pueda hacer para demostrar que ha generado una diferencia en el avance de una organización es un gran diferenciador». Ten esto en cuenta a la hora de elegir de qué proyectos te haces cargo. Evalúa si están dentro del «camino del poder» o si representan un desvío a un camino sin salida. Lleva también un registro de todos tus logros.

Otro panelista recomendó ser conscientes y estratégicas al adquirir los tipos de habilidades que se requieren para triunfar en esos espacios, como saber manejar las diferentes personalidades de los líderes, desarrollar el poder de influir sobre su pensamiento en la toma de decisiones, llevar a buen término discusiones conflictivas y saber crear consenso. Como hemos visto en este libro, las piezas clave para ser exitosa consisten en entender al público a fondo, anticiparte a los beneficios que buscan y crear el espacio para que sus voces sean expresadas y escuchadas. Estas habilidades pueden empezar a practicarse desde el inicio de tu carrera y en los ERG. Además, si en tu niñez has sido una de las traductoras de tus padres ante el sistema, es posible que en algún momento te haya tocado influenciar a otros. Toda experiencia sirve y es valiosa. No la pases por alto ni la descalifiques por el hecho de que otros no la hayan tenido.

Finalmente, tanto los panelistas de CNBC como los entrevistados para este libro coincidieron en que la pieza clave para llegar a esos espacios fueron sus relaciones, y destacaron la importancia de la red de contactos y los patrocinadores. En palabras de Esther Aguilera, «no es tan importante lo que sabes, sino a quién conoces». Sigamos tendiendo nuestras redes, ya que allí encontraremos gran parte de esa fórmula para abrirnos camino hacia puestos directivos.

Cuenta tu historia, eleva la misión de tu ERG y aspira sin miedo a puestos de liderazgo, porque allí también pertenecemos. Podemos ser parte del cambio donde sea que nos encontremos. Cuando me siento frustrada porque mis esfuerzos parecen no estar rindiendo sus frutos, me recuerdo lo que dijo Rumi, el gran poeta sufí: «No eres una gota en el océano, eres el océano en una gota».

LECCIONES APRENDIDAS

- El concepto del cambio en manos del «pequeño individuo» puede ser difícil de aceptar para los latinos por el arraigado respeto a las jerarquías que arrastramos ancestralmente.
- Exponer nuestras historias ante nuestros jóvenes puede abrir sus mentes a lo que es posible para ellos y ayudar a transformar sus voces internas de desempoderamiento por otras de oportunidad y posibilidad.
- Llegó el momento de preguntarnos si podemos reposicionar los ERG como células de inteligencia cultural y activismo asignándoles un rol educativo con fines estratégicos.
- Los ERG latinos pueden transformarse en una mina de oro para los ejecutivos y miembros de las juntas directivas, quienes muchas veces no poseen el conocimiento detallado que tú y yo poseemos, simplemente porque nunca han estado en nuestros zapatos.
- El impacto de nuestro trabajo será limitado, a menos que tengamos latinas y latinos ubicados en posiciones clave. Debemos llegar a esos espacios, no hay opción.
- Si en tu niñez has sido una de las traductoras de tus padres ante el sistema, es posible que en algún momento te haya tocado influir sobre otros en posiciones de poder. Toda experiencia sirve y es valiosa. No la pases por alto ni la descalifiques por el hecho de que otros no la hayan tenido.

CAPÍTULO 15

Rompe el techo de cristal y levanta a otros

Todo cambio importante de trayectoria ocurre luego de un punto de inflexión. Este suele ser un evento significativo que traza un nuevo destino para un camino que parecía predeterminado. Lo vimos ocurrir en varios momentos de la historia. Por ejemplo, la invención de la imprenta generó un antes y un después en el acceso a la información y al conocimiento. La imprenta fue un importante punto de inflexión. Más tarde, la llegada de internet a nuestros hogares generó un nuevo punto de inflexión que expandió aún más el acceso a la información. Seguramente lo has vivido en tu vida personal también. Ciertos eventos crean cambios tan radicales que después nos resulta difícil imaginar cómo era la vida antes de que estos ocurrieran.

Nuestra comunidad latina se encuentra ante un inminente punto de inflexión, un momento histórico de cambio tras el cual viviremos un crecimiento exponencial de nuestra comunidad a tal escala que a las futuras generaciones les resultará increíble entender las circunstancias de desigualdad en las que hemos vivido. Para que este punto de inflexión se materialice, nos falta dar un pasito hacia adelante en nuestra mentalidad. Si bien en los últimos tiempos hemos ido despertando al poder que tenemos y que las estadísticas reflejan, nos falta darnos cuenta de que cada una de nosotras tiene el poder de transformar el sistema en el que estamos inmersas.

Encuentro que muchas veces nos comportamos como visitantes y no como dueñas de este país, y a veces parecería que nos quedamos esperando que otro tome las riendas del cambio que nos gustaría crear. Por ejemplo: *Las cosas cambiarán para nosotros cuando un latino o latina sea presidente, Necesitamos más latinos en Hollywood que desde allí influencien la cultura y las mentalidades, Nos hace falta una estrella en los deportes que exprese lo que tantos pensamos para que finalmente estemos en el radar* y *Necesitamos que nuestros aliados patrocinen a más latinas para llegar a puestos de poder.*

Estas formas de pensar nos roban la responsabilidad y la oportunidad de ser creadoras del cambio necesario. Mi conversación con Andrew Rodriguez fue reveladora en ese sentido. En sus propias palabras:

—Esperar que los que lleguen a un espacio de liderazgo lleven adelante los cambios que queremos ver es una receta para el desastre. Cada uno de nosotros tiene que liderar el cambio a cada paso, desde nuestro lugar y en cada momento. Si aceptas hoy mismo tu rol como agente de cambio, esa forma de ser se transformará en parte de tu identidad, de tus hábitos, de tu persona, de tu rol y de tu propósito. Cuando llegues a esa posición de liderazgo todo será más fácil, porque ser catalizador del cambio será lo que ya vienes haciendo.

El punto de inflexión en nuestra historia no vendrá de la mano de un salvador poderoso que nos cambie la vida, sino que se iniciará desde las trincheras, desde las bases. Ocurrirá cuando tú, yo, miles y luego millones de latinas aceptemos con convicción que, desde nuestro espacio, somos el cambio que hemos estado esperando.

Si estás lista para abrazar tu rol y hacer algo radical por nuestra comunidad, te invito a que, a medida que vayas llegando a nuevos espacios y atravesando el techo de cristal, extiendas una mano a quienes vienen escalando y subiendo. Esto se conoce como *push up* y *pull up* (empujar hacia arriba y jalar para levantar), y consiste en usar tus talentos, experiencias, conocimientos y capital social para levantar y patrocinar a otras latinas a medida que vas escalando. En otras palabras, que rompas con la conducta colectiva que más nos traba: ayudarnos poco o darnos la espalda unos a otros.

ENTENDIENDO QUÉ SE ESCONDE DETRÁS DE LA NEGATIVA A AYUDARNOS

Nuestra mentalidad colonial

La colonización tuvo como consecuencia la creación de sistemas de pobreza, falta de oportunidades y barreras sistémicas en nuestros países. En el afán de sobrevivir en esos sistemas adoptamos formas de pensar muy particulares que constituyen nuestro sistema de creencias. Entre ellas encontramos la escasez *(No hay suficiente espacio u oportunidades para todos)*, la supervivencia *(Apenas si puedo mantenerme en este espacio donde soy una minoría, no me quedan energías para ayudar a otros)*, el machismo *(Puedo confiar en un hombre para este trabajo importante, pero no tanto en una mujer)* y la envidia *(¡No puedo permitir que ella siga avanzando! ¿Y si luego quedo relegada?)*.

Mientras sigamos arrastrando estas mentalidades ancestrales y no seamos conscientes de cómo influyen sobre nuestro pensar, sentir y accionar, seguiremos relegadas en un pasado que ya no responde a las oportunidades que tenemos frente a nosotras.

Ser la única

Hace tiempo que escucho en varios eventos y conferencias la expresión «Soy la única latina en mi espacio». Es decir, la única latina ejecutiva en mi empresa, la única latina emprendedora en esta incubadora de negocios, la única latina en esta junta de directores, la única latina en recibir capital de estos inversores...

y la lista continúa. Sentir orgullo de ser la única latina en ciertos espacios deja entrever el trabajo duro que hemos puesto en romper esos techos de cristal. Esto es meritorio, pero, llevado al extremo, el orgullo desmedido bordeando la territorialidad puede ser perjudicial para nuestro progreso colectivo.

Si en este momento eres la única latina en algún espacio de tu vida, pregúntate qué sentirías si de repente llega otra latina. ¿Te sentirías amenazada? ¿Comenzarías a competir para demostrar quién es mejor y quién merece estar allí? Esto ocurre más frecuentemente de lo que pensamos. Una parte muy profunda de nosotras puede temer ser desplazada de los grupos de poder que nos han aceptado. En esos espacios podemos transformarnos en el punto de referencia de nuestra comunidad, y ante la llegada de una segunda latina es posible que nuestras inseguridades y mentalidades de carencia se desaten. Pasamos entonces a comportarnos como seres territoriales y sentir que es necesario quitar a la otra del paso.

—Entre los ejecutivos de mi organización había una sola mujer latina —me comentó una líder que pidió mantenerse en el anonimato—. Por años intenté conectarme con ella y pedirle mentoría, pero siempre me encontré con una puerta cerrada. Tuve varios mentores no latinos, desarrollé una excelente relación con los ejecutivos de la firma y continué creciendo en mi carrera. En un momento dado, y luego de una reorganización, ¡esa mujer latina se transformó en mi jefa! Fue la experiencia más difícil que haya tenido en mi vida profesional. Sentía que estaba sumergida en una relación forzada. Pocos meses después de ser asignada a su equipo, logró despedirme de la organización en la que yo había trabajado por más de una década. —Tras una buena pausa, agregó—: Te confieso que lo sentí como un alivio; fue una liberación.

Querer ser la única latina y el miedo a que nuestro brillo sea opacado por otra puede llevarnos a darles la espalda a otras personas de nuestra comunidad y a cortarles su avance en nuestro territorio. Por eso, cada vez que escucho a alguien decir «Soy la única latina en mi espacio» quiero preguntarle: «¿Qué estás haciendo para dejar de serlo?».

El estigma de ayudar a una hermana

La penalización por ayudar a quien se ve como nosotras es real. Esto puede llevarnos a dejar de ayudar a otras latinas y latinos por temor a ser calificadas desfavorablementes si otros líderes notan que nos centramos en patrocinar a otros latinos. Un artículo de la *Harvard Business Review* titulado «Las mujeres y las minorías son penalizadas por promover la diversidad» describe una investigación que confirmó que las mujeres somos examinadas con recelo cuando promovemos la diversidad en nuestros espacios profesionales. Específicamente, las mujeres y las minorías que mostraron apoyo por personas similares a ellos recibieron calificaciones más bajas en su desempeño. O sea que por ayudar a los nuestros se nos considera menos capaces de hacer nuestro trabajo.

Este impacto en la percepción de nuestra capacidad y potencial trae como consecuencia que un 85% de los ejecutivos corporativos y los miembros de juntas directivas todavía sean hombres blancos. Ellos no enfrentan el mismo estigma cuando promueven a otros hombres blancos.

A medida que vayamos logrando una masa crítica de latinos que ayuden a otros latinos podremos naturalizar de a poco ese comportamiento. Mientras tanto, nos toca enfrentar los miedos y seguir adelante, ayudando a los nuestros. Si no eres tú, entonces ¿quién? Y si no es ahora, entonces ¿cuándo?

La líder inconsciente

Todo surgió durante una conversación con una amiga latina que por años ha sido una destacada y galardonada ejecutiva y que, en el momento de escribir este libro, se encontraba en proceso de búsqueda de trabajo.

—Identifiqué a varias latinas que están en puestos altísimos en su industria —me dijo—. Cuando les pedí ayuda, se limitaron a darme recomendaciones sobre cómo seguir buscando empleo, pero no utilizaron su capital social para conectarme con otros ejecutivos de su entorno.

Pudiendo abrir puertas y patrocinar a otras latinas, muchas veces dejamos de hacerlo porque no hemos caído en la cuenta del poder que tenemos. Somos inconscientes de nuestra influencia. Es posible que, acostumbradas a correr y sobrevivir, quedemos inmersas en una rueda de hámster donde sigamos sin percatarnos de estar en un espacio desde el cual podemos reescribir las reglas del juego.

Entonces, cuando toques estas puertas y no se abran, o cuando no se abran como te hubiera gustado, piensa que la persona que tienes frente a ti tal vez aún no es consciente de todo lo que puede hacer.

EN BUSCA DE NUESTROS AGENTES DE CAMBIO

Para escribir esta sección decidí hacer un experimento: salí en busca de nuestros agentes de cambio, tanto en eventos en persona como en las redes sociales. Me dediqué por meses a buscar a gente que, a medida que fue escalando, ayudó a otras latinas y latinos, y a quienes arriesgaron lo suyo para promover el avance de más latinos y latinas. Quise aprender cómo piensan y entender por qué están dispuestos a arriesgarse para el bien de muchos. ¿Qué los lleva a hacerlo? ¿Por qué son una minoría en nuestra comunidad?

Si logramos multiplicar a estos agentes de cambio en todos los espacios y niveles jerárquicos, llegaremos al punto de inflexión que nuestra comunidad está buscando. Quebraremos el techo de cristal y escribiremos una historia de progreso colectivo. Mi primera pregunta fue: ¿Qué te lleva a ayudar a otra latina o latino? ¿Por qué lo haces? Esto es lo que me respondieron:

> *Cuando descubrí nuestro valor y el poder que tenemos, y notando que no estamos en puestos de poder, decidí hacer algo al respecto. Ser la única latina en mi espacio me llevó a preguntarme: si yo lo he logrado, ¿qué puedo hacer para que otros también lo logren?*
>
> *Ayudar a otros latinos es mi vocación y lo que vine a hacer en esta vida. No es fácil y es obviamente frustrante, pero viendo los resultados que se han logrado puedo decir que al día de hoy he tenido un impacto positivo con mis acciones.*
>
> *Ayudar a los demás es un valor que aprendí en casa observando a mis padres. No nos sobraba nada, pero siempre alcanzaba para ayudar a quien lo necesitaba. Quiero perpetuar ese legado.*
>
> *¿Cómo podría mirarme al espejo sabiendo que dejé pasar una oportunidad de ayudar a los nuestros en su crecimiento?*
>
> *Hay que actuar con determinación al ayudar a nuestra gente. ¿Si no lo hacemos nosotros, cómo podemos esperar que lo hagan los demás?*
>
> *No hay cosa más linda que ver que tu gente te agradezca porque estuviste cuando más te necesitaba.*

Estas personas no encuentran satisfacción en crecer y darse cuenta de que llegaron a la cima solos, así que deciden abrir una puerta de oportunidad desde el espacio en el que están. Están convencidos de que todos podemos ir creciendo juntos. En las próximas páginas nos adentraremos un poco más en sus vidas. ¿Me acompañas?

«NO TENEMOS SUFICIENTES LATINAS PARA ASCENDER»

J. C. González-Mendez me llamó la atención durante un evento en las Naciones Unidas, cuando contró en un panel que, tras escuchar varias veces que su empresa, McDonald's, no tenía suficientes latinas con educación universitaria para promover a puestos gerenciales, movió cielo y tierra hasta lograr lanzar el primer programa enfocado en latinas que les abriría paso hacia carreras ejecutivas.

—Hacía poco que había iniciado mi carrera con la empresa y escuchaba una y otra vez que no era fácil encontrar latinas preparadas para promover a puestos gerenciales y ejecutivos. Decidí crear un programa de medio tiempo que daba empleo a estudiantes universitarias latinas.

J. C., el mayor de tres hermanos y cuatro hermanas, había crecido rodeado de mujeres. Durante su carrera, la mayoría de sus mentores habían sido mujeres. Era consciente de la ética de trabajo y del potencial de la mujer latina, así como de nuestra conciencia, disciplina y lealtad. Por ello decidió poner su carrera en juego y transformarse en la puerta de entrada para que estas mujeres pudieran demostrar de lo que eran capaces.

El programa de pasantías fue una revolución, especialmente para los padres de las estudiantes latinas contratadas. El primer paso consistía en pasar por las cocinas del restaurante para entender el negocio en todos sus detalles, así que el programa se encontró con la resistencia de algunos padres que se oponían a que sus hijas universitarias cocinaran hamburguesas.

—Primero me tocó convencer al gerente de Recursos Humanos acerca del valor de este programa, y luego a los padres de las pasantes —me comentó—. Yo entendía sus resistencias, pues cuando decidí continuar mi carrera en el sector de operaciones de la empresa, mi mamá prácticamente me comió vivo. Me dijo: «¿Para esto todo el sacrificio de la universidad? ¿Para que estés cocinando hamburguesas?». J. C. tenía claro que el estigma venía de no entender la posible progresión de carrera. ¿Qué hizo? Invitó a esas familias a la oficina un domingo para explicarles el programa en detalle, mostrándoles números reales de empleados que habían decidido tener una carrera en McDonald's y que ahora participaban en las ganancias de la empresa.

Pero eso no fue todo.

—Había una joven llamada Ofelia, cuya madre no parecía muy convencida en esa reunión —prosigue J. C.—, así que invité a madre e hija a cenar junto con mi esposa y le enseñé a la señora mis propias acciones y mi participación en las ganancias. Le mostré lo que era posible para Ofelia si trabajaba con nosotros porque yo quería esa oportunidad para nuestra gente. No podíamos seguir quedándonos fuera.

Fue tal el impacto causado en la madre de Ofelia que, desde ese día, cada vez que su hija tenía oportunidades en el trabajo, la madre le sugería: «Pregúntale a J. C., a ver qué opina».

Ofelia Kumpf, con quien también me comuniqué para escuchar su lado de esta historia, completó el programa de pasantías, creció en los rangos de la empresa y recientemente se jubiló luego de ser la vicepresidenta y gerente general responsable de restaurantes en cinco estados. Acumulando treinta años de trabajo en McDonald's, en el momento de su jubilación era la latina de más alto rango no solo dentro de los Estados Unidos, sino a nivel global.

—El patrocinio es clave para las mujeres, sobre todo para nosotras —me comentó Ofelia—. J .C. fue tanto mi *coach* como mi mentor y patrocinador durante mi carrera completa. Fue una relación que se construyó con base en la confianza, en no desilusionar a la otra persona y en hablarnos con la verdad. —El impacto que tuvo J. C. en la carrera de Ofelia fue significativo. Con el tiempo, los valores y estándares que él demostraba inspiraron a Ofelia a hacer lo mismo—. Asumí la responsabilidad de demostrar en mi día a día los valores que traía desde mi casa y que eran importantes para mí, como expresar mis opiniones y apoyar el crecimiento de otros, en especial el de nuestras latinas.

J. C. fue pionero en crear oportunidades para mujeres latinas en una organización que hasta entonces desconocía nuestra presencia en puestos ejecutivos, pero su accionar también cambió la percepción que se tenía internamente acerca del talento latino y les abrió la mente a las familias de las pasantes acerca de lo que era posible para sus hijas. J. C. fue un agente de cambio tanto en su empresa como en la vida de numerosas familias. Gracias a este programa, la región de J. C. se colocó entre las cinco mejores del país en cuanto ganancias, llegando a tener un 72% de gerentes latinos, y mujeres más de la mitad, cuando solo unos años antes estas eran una ínfima minoría. Muchas de ellas continuaron su camino a puestos gerenciales y ejecutivos. Luego de una carrera de más de tres décadas en la empresa, J. C. se jubiló tras haberse desempeñado por varios años como presidente para América Latina y como presidente de la Fundación Ronald McDonald a nivel mundial.

Al concluir nuestra reunión, le pregunté, trayendo a cuento el reporte de investigación sobre cómo nos castigan por promover la diversidad:

—¿Sentiste alguna vez temor de que te juzgaran por enfocarte en ayudar a nuestra gente? ¿Tuviste miedo de lo que pensarían los demás?

—Si queremos que haya un cambio tenemos que actuar con determinación e ir hacia adelante sin pedir disculpas, porque apoyar a nuestra gente es lo que corresponde hacer, ¡es lo correcto! —enfatizó—. Además, ¿quién mejor que nosotros mismos para conocer el talento, la ética de trabajo y la lealtad de nuestra gente? ¡No podría mirarme al espejo y sentirme bien sabiendo que perdí la oportunidad de hacer algo por los nuestros, por el qué dirán. Si la gente va a hablar mal porque hicimos lo correcto, ¡que así sea!

NADA MÁS HACE FALTA UNA PERSONA PARA CREAR UNA NUEVA CULTURA

En el proceso de buscar a nuestros agentes de cambio coloqué un llamado en LinkedIn para convocar a quienes habían ayudado a otras latinas a romper techos de cristal, o a quienes habían recibido tal ayuda, a que me contaran su historia.

Los números hablan por sí mismos. Esa convocatoria tuvo unas 12 000 vistas y más de cien interacciones, pero apenas un puñado de entrevistas surgió de allí. Fue como buscar una aguja en un pajar. Una de esas entrevistas fue con Teri Arvesú González, ejecutiva de una empresa líder en medios, quien me contó acerca del impacto significativo que otra ejecutiva latina, Jessica Rodriguez, había tenido en su carrera profesional y en la de muchas latinas más, al punto de generar un cambio en la cultura.

—Jessica no solo creó un Consejo de Mujeres Líderes, proporcionando oportunidades tangibles de visibilidad y crecimiento a gran cantidad de latinas, sino que como mentora y patrocinadora nos enseñó a apoyarnos entre nosotras en lugar de reafirmar el estereotipo de que tenemos que competir —me dijo Teri. En otras palabras, Jessica no solo cambió la trayectoria profesional de muchas mujeres latinas, sino que les cambió la mentalidad. Su paso por la empresa dejó como legado una cultura de colaboración y apoyo, y no de competencia y envidia.

Teri agregó:

—Cuando una mujer con la trayectoria y el calibre de Jessica decide que quiere cambiar una cultura, lo que hace es trazar un camino que otras mujeres luego querrán seguir. Observarla luchar por recursos como ella hacía para apoyar el crecimiento de otras mujeres, o verla dando mentoría y patrocinio activamente, fue algo que muchas incorporamos como modelo de lo que se esperaría de nosotras cuando llegáramos a su nivel.

Unos días más tarde me conecté con la misma Jessica.

—Yo quería que hubiera entusiasmo en ayudar a otras mujeres, deseaba que apoyarse para crecer fuera algo popular en la organización —me dijo cálida y con voz firme—. Teníaclaro que ese sería mi legado.

—¿Por qué asumiste tareas que ni siquiera entraban en tu evaluación anual de desempeño? ¿De dónde vino ese deseo tan fuerte de ayudar a otras personas? —le pregunté.

—Siempre estuve impulsada por un sentimiento de propósito, misión y deber —aseveró, y me contó cómo su padre y su madre, migrantes que habían dejado todo atrás para insertarse en una nueva cultura, le habían inculcado que cuando has recibido mucho, también tienes la responsabilidad de dar mucho. Le decían: «Nosotros esperamos mucho de ti porque hicimos muchos sacrificios para llegar adonde estamos». Y así lo hizo, queriendo honrar el sacrificio de sus padres.

«También tuve mis ángeles en la tierra. Muchas de las oportunidades que tuve llegaron cuando alguien creyó en mi en momentos en los que ni yo creía en mí misma. Tuve personas que cambiaron la trayectoria de mi carrera y de mi vida —me dijo. Esos ángeles habían tomado muchas formas. Desde su profesor de sexto grado, que le dijo que debía postularse a cierto programa de música que le abrió puertas, hasta sus profesores de la universidad, que la incentivaron a trabajar en banca de inversión, una industria que desconocía totalmente, pasando por hombres en su trabajo que la patrocinaron y dirigieron su camino. Los ángeles fueron muchos—. Alguien lo hizo por mí, y entendí que yo también lo debía hacer por otros.

Jessica entendió desde temprano que ayudar a otras mujeres era una opción que se le presentaba en su día a día y que su decisión de hacerlo o no, dependería de mirar al mundo a través de los lentes de la abundancia o mirarlo con los lentes de la escasez.

—Nos pasa que cargamos con el dilema de ayudar porque se nos ha inculcado el juego suma cero —agregó—. En este juego, si yo gano, tú pierdes. Solo hay espacio para una o para pocas, entonces mejor cuido lo mío, me ocupo de mi carrera, y que los demás se arreglen como puedan. —Jessica entendió que ella no quería ser así y decidió hacerlo diferente—. Es como cuando estás en la estación con el tren por partir y las puertas están por cerrarse. Me gusta mantener las puertas abiertas y ver a cuántas mujeres me puedo llevar conmigo.

Finalmente, y de forma muy similar a J. C. Gonzalez, Jessica se atrevió a promover sus ideales.

—Parte del éxito es que hay que atreverse —me dijo. Tal vez haber perdido a su papá a sus 15 años tuvo mucho que ver con la fortaleza que le tocó desarrollar. Habiendo quedado su mamá viuda y con cuatro hijos, a Jessica le tocó convertirse en negociadora y traductora. Hablaba con el jefe del banco cuando recibían un depósito, traducía para su mamá las reuniones con maestras y abogaba ante el sistema por las necesidades de sus seres queridos—. Esas son tremendas cualidades que luego llevas a tu empresa.

Cuánta razón tiene.

LA GRANDEZA DE DAR EN SILENCIO

Si dar de lo tuyo para ayudar y patrocinar a otros constituye un acto de grandeza, imagínate cuán honorable no será ese acto de patrocinio cuando queda tan detrás de escena que ni la persona por él beneficiada llega a saberlo.

Ese es el caso de Diana Peña, ejecutiva de Recursos Humanos, quien a pesar de no haber recibido jamás el apoyo de un patrocinador para su carrera, en el momento de enfrentarse a la oportunidad de patrocinar a otra mujer latina no lo dudó ni un segundo. Y lo mantuvo en secreto, porque sabía que así sería mejor para todos.

Una de las empleadas de su empresa, llamada Ivonne, utilizó el chat en una reunión virtual en la que se tocaban temas de carrera con el presidente de la empresa y su equipo.

—Escribió que sería importante tener en cuenta a quien cambia de trabajo sin cambiar de rol —me dijo Diana—. No entendí muy bien lo que Ivonne había querido decir, pero me dejó pensando. —Ivonne estaba en el radar de Diana desde hacía un tiempo—. Primero captó mi atención en las redes sociales. Dije «Es latina, como yo», y luego me di cuenta de que trabajábamos en la misma empresa. —Además de ser una empleada brillante y exceder los objetivos, Ivonne estaba muy involucrada ayudando a nuestra comunidad. Nada de eso pasó desapercibido para Diana—. Algo me hizo ruido, ya que a pesar de que Ivonne parecía ser valorada por su trabajo y además creaba impacto en la comunidad, su nombre nunca había sido mencionado en las mesas donde se discutían los ascensos y aumentos de sueldo. Eso me llamó mucho la atención —observó Diana—. Es hora de mirar debajo del capó, me dije.

Echando un vistazo a su historia laboral, Diana notó que Ivonne había estado con la firma durante ocho años, seis de los cuales se había mantenido en el mismo nivel. Antes de que Diana se uniera a la firma, a Ivonne la habían movido junto con su jefe unas tres veces dentro de la organización, pero a pesar de que su jefe había sido ascendido en puesto y salario, Ivonne no había recibido el mismo tratamiento. Es decir, se le fue asignando una mayor responsabilidad, pero no de la mano de un cargo y un sueldo actualizados.

Diana decidió reunirse con el jefe de Ivonne para entender un poco mejor la situación. Éste le dijo:

—Varias veces propuse un aumento generoso para su salario, porque su trabajo supera los objetivos consistentemente. Pero cada vez, el aumento fue denegado. Ivonne no lo tomó bien y estaba decepcionada, pero hice todo lo que pude.

En ese momento Diana entendió lo que había pasado. Ivonne había llegado al tope de su categoría, ganando el máximo sueldo posible para su nivel. Su jefe había estado enfocado en conseguirle más dinero, cuando la respuesta más bien estaba en reclasificar el trabajo de Ivonne.

—Para que no pasara más tiempo, decidí tomar este caso en mis manos —me contó Diana—. Logré que subieran a Ivonne a dos bandas más altas y que su sueldo pasara a ser de seis cifras. Y en el momento en que Ivonne debía conocer esta buena noticia, le pedí a su jefe que lo hiciera. No quería que Ivonne supiera que yo estaba involucrada, porque ello podía afectar su relación con su jefe.

Diana además aprobó una excepción para que Ivonne fuera parte de un programa de *coaching* por seis meses dirigido a individuos de alto potencial, y le hizo llegar la noticia a través de su jefe. Diana se mantuvo tras bambalinas mientras el jefe de Ivonne comunicaba esas oportunidades. Además, patrocinó a Ivonne para una posición de liderazgo en el ERG de la firma, del cual Diana era asesora ejecutiva. Ello le permitiría a Ivonne ganar más visibilidad con los líderes.

—Como hoy en día soy su mentora y *coach*, hace poco me llamó y me preguntó si yo estaba detrás de todo esto porque sentía que yo había sido su patrocinadora —me dijo Diana. Diana encontró la forma de excusarse para evitar responder. Así que, si Ivonne está leyendo este libro, esta será la primera vez que toma conocimiento del movimiento interno que Diana llevó adelante para corregir lo injusto. Y para Diana, esta será la primera vez que su accionar será público.

—¿Por qué lo hiciste? -le pregunté.

ACTO DE SANA REBELDÍA

Reflexiona:

¿Cómo puedo usar los desafíos de mi vida para apoyar a otras latinas? ¿Estoy dispuesta a usar mi capital social para patrocinar a otra latina?

____

____

____

____

____

Porque alguien tenía que hacerlo, había que corregir algo que no era justo, y decidí ser yo quien lo hiciera. Luego de una pausa, agregó:

—Tal vez tiene que ver con mi papá, a quien perdí en 2021, quien toda la vida me dijo que cuando estuviera en una sala donde fuera la única que se veía de cierta forma, me recordara que soy tan inteligente y tan preparada como otros —dijo Diana, emocionada—. Me enseñó a tener una voz propia, a desarrollar mi fortaleza, a conocer mi valor. Y de eso se trata, de poner nuestra fortaleza y nuestros talentos en uso para hacer el bien por nuestra comunidad.

Tal vez no es casual que tanto Diana como Jennifer y J. C. hayan perdido a seres amados que fueron pilares en sus vidas, y que desde tierna edad hayan enfrentado obstáculos que los hicieron más fuertes. Tal vez es cierto que el dolor nos termina haciendo más fuertes. Qué noble entonces es utilizar esa fortaleza en beneficio de otros, aun cuando no te lo hayan pedido.

De tu patrocinio depende la aceleración del crecimiento colectivo de nuestra comunidad. Te invito a que tomes ese paso y que desde hoy construyas tu importante legado.

LECCIONES APRENDIDAS

- El punto de inflexión en nuestra historia no vendrá de la mano de un salvador poderoso, sino que se iniciará desde las trincheras. Ocurrirá cuando tú, yo, miles y luego millones de latinas aceptemos que somos nosotras el agente de cambio que hemos estado esperando.
- A medida que atraviesas el techo de cristal, tienes la oportunidad de darte la vuelta para extender una mano a quienes vienen escalando y subiendo. Esto se conoce como *push up* y *pull up*.
- Querer ser la única latina en nuestros espacios y el miedo a que nuestro brillo sea opacado por otra latina puede llevarnos a darles la espalda a otras personas de nuestra comunidad. Por eso, cada vez que escucho a alguien decir «Soy la única latina en mi espacio», quiero preguntarle: «¿Qué estás haciendo para dejar de serlo?»
- Es posible que, acostumbradas a correr y sobrevivir trabajando duro, quedemos atrapadas en una rueda de hámster, sin darnos cuenta de que hemos llegado a un espacio desde el cual podemos reescribir las reglas del juego.
- Si logramos multiplicar a nuestros agentes de cambio en todos los espacios y niveles jerárquicos, llegaremos al punto de inflexión que nuestra comunidad está buscando. Normalizaremos el comportamiento de ayudar a otros latinos, quebraremos el techo de y escribiremos una nueva historia de progreso colectivo.
- Jessica entendió desde temprano que ayudar a otras mujeres era una opción que se le presentaba en su día a día y que su decisión de hacerlo, o no, dependería de mirar al mundo a través de los lentes de la abundancia o de los lentes de la escasez.

- Si queremos que haya un cambio tenemos que actuar con determinación e ir hacia adelante sin pedir disculpas, porque apoyar a nuestra gente es lo que corresponde hacer.

CAPÍTULO 16

Nuestra unión, ¿una utopía?

Independientemente de si podemos ayudar a otra mujer latina aquí o allá, ¿crees que nuestra unión sea posible? ¿Cómo podríamos llegar hasta allí? Me refiero al tipo de unión que conlleva un cambio de mentalidad, en el cual nos veamos como parte de una comunidad en la que nuestros factores en común tengan más peso que nuestras diferencias.

¿Qué pasaría si la comunidad latina empujara para el mismo lado, ya no comportándonos como cangrejos en una cubeta, sino como miembros de una misma familia ampliada, compartiendo nuestros conocimientos, patrocinándonos unos a otros, apoyando a nuestros emprendedores y acelerando nuestra llegada a los espacios en los que se escriben las reglas que nos rigen? ¿Qué pasaría si viéramos a otros miembros de nuestra comunidad a través de los ojos, no de la separación y la competencia, sino de las oportunidades?

Con estas mismas preguntas salí al mundo y me encontré con un poco de todo. Parece irónico, pero estamos divididos en cuanto a si podremos algún día unirnos.

—Lo veo difícil. Para empezar, fíjate en la división que tenemos entre demócratas y republicanos dentro de la comunidad. Si pensamos diferente acerca de pilares fundamentales de nuestra sociedad y de la economía, ¿cómo podremos unirnos? —me cuestionó una ejecutiva de raíces cubanas.

—Creo que progresamos bastante, aunque aún nos queda mucho camino por recorrer —me dijo una ejecutiva de raíces mexicanas.

—Estamos todavía muy conectadas a nuestro país de origen, y esas diferencias culturales son casi insalvables —señaló una emprendedora dominicana.

—No apoyarnos unas a otras se me hace una microagresión. ¿Cuántos años o generaciones nos llevará transformar ese desinterés por los nuestros en apoyo y colaboración? Demasiados, tal vez —se lamentó una emprendedora de raíces puertorriqueñas, dejando entrever su cansancio y frustración.

—En nuestra ciudad armamos un grupo de latinas líderes y nos reunimos con frecuencia para ayudarnos, así que creo que es posible —me dijo una directora de una organización sin fines de lucro de Charlotte.

Cada campana sonó a su manera, algunas expresando sus dudas y otras creyendo en la posibilidad de algo diferente.

NUESTRA DIVERSIDAD, CAUSA DE DIVISIÓN

Nuestra diversidad es profunda y amplia. Somos un crisol de razas, culturas, idiomas, niveles socioeconómicos y grado de aculturación. Asimismo, podemos pensar diferente acerca de temas que definen nuestra visión del mundo y las reglas de nuestra sociedad. Solo para tomar un ejemplo, pregunta a un grupo de latinas qué piensan de la inmigración ilegal proveniente de nuestros países, y prepárate para recibir una variedad de respuestas. No te sorprendas si alguien que en el pasado cruzó sin documentación, hoy se opone fervientemente a la llegada de otros por el mismo medio. Nuestra diversidad de opiniones es aún más marcada con otros temas, como el matrimonio gay, la adopción de hijos por parejas del mismo sexo y la legalización de la marihuana. Prepárate para una diversidad de opiniones, incluso, dentro de una misma familia. Entonces,

¿cómo es que algún día nos será posible unirnos como comunidad?

—Cuando en la comunidad LGBTQIA+ de nuestra compañía teníamos objetivos claros, avanzamos —me comentó una ejecutiva corporativa—. Y cuando nos diversificamos demasiado en subgrupos más específicos, se diluyó el esfuerzo. Me di cuenta de la importancia de los objetivos comunes. Sin ellos, es realmente difícil avanzar una causa.

¿Y cuál sería esa causa para nuestra comunidad latina? Del mismo modo, ¿será posible determinar objetivos comunes tras los cuales alinearnos? A final de cuentas, ¡no hay nada que pueda ser más ruidoso y desordenado que abrir un debate entre latinos y latinas!

OBSERVANDO A QUIENES AVANZARON POR ESTAR UNIDOS

Desde hace algunos años he observado el progreso de la comunidad afroamericana, que luego del asesinato de George Floyd se ha unido fuertemente. Los resultados han sido notorios en acceso a posiciones de liderazgo, a directorios, en promociones a puestos ejecutivos y en contratos a emprendedores afroamericanos. Un artículo del *Wall Street Journal* indica que, de cada cien hombres promovidos por primera vez en 2021, 72 eran afroamericanos. También se notaron esfuerzos por contratar y promover empleados afroamericanos en los puestos más altos de las compañías. En 2021 había ocho directores ejecutivos afroamericanos en empresas Fortune 500, comparados con solo cuatro un año antes, lo que evidenciaba objetivos ambiciosos para avanzar el talento afroamericano en los rangos de las empresas.

Si bien esos esfuerzos se fueron desacelerando en el tiempo, los latinos tenemos mucho que aprender. No hemos visto el mismo ritmo de progreso en la comunidad latina que en la afroamericana. Por eso desde hace tiempo me he cuestionado, y también lo he preguntado públicamente en conferencias y eventos, ¿qué podemos aprender de nuestros hermanos y hermanas afroamericanos para cerrar las brechas sistémicas de los latinos? Creo que hay muchísimo que aprender, comenzando por la forma en que se apoyan unos a otros.

Sol Trujillo, emprendedor, inversionista y fundador de Latino Donor Collaborative y del evento L'Attitude, ofreció un punto de vista adicional con referencia a la comunidad judía.

—¿Has observado cómo se ayudan las personas judías entre sí? —me preguntó durante nuestra conversación—. Invierten en otros judíos, compran de otros judíos, se recomiendan para trabajos y se apoyan como si fueran familia. Tenemos mucho que aprender de ellos.

En la comunidad judía también existe diversidad, pero su unión es más fuerte que las diferencias. Sus integrantes provienen de diversos países, hablan distintos idiomas y son multirraciales, con al menos un 15% de personas de color dentro de la comunidad. El apoyo que se brindan, más allá de su diversidad, proviene de considerar a su unión como el pilar que les permitió sobrevivir en el tiempo y como uno de sus valores religiosos y culturales más marcados.

—Estamos enfocados en mirar nuestras diferencias y no actuamos como un grupo —agregó Sol—. Es muy importante que nos unamos y que, en lugar de competir, hagamos como hacen las personas de religión judía, para quienes, si hay tres de ellos que son exitosos, eso significa que yo puedo ser el cuarto y que, además, esos tres pueden ayudarme a lograrlo. Esa es la mentalidad que necesitamos.

Algo similar he escuchado con respecto a la población hindú y la japonesa. Son comunidades cuyos miembros parecen ayudarse más que los latinos en la nuestra.

A medida que seguimos explorando este tema juntas, quiero que pincelemos un poco más esa visión de futuro con un concepto revolucionario: dado que nuestra comunidad es una de las más diversas que habitan este suelo, y ante esta sociedad plagada de división e intolerancia, tenemos la oportunidad de transformarnos en un modelo de éxito si logramos decodificar cómo unirnos en nuestra diversidad. Si logramos atravesar la división racial, cultural, idiomática, educativa y tantas más, podríamos transformarnos en un ejemplo de lo que es posible para el resto de los Estados Unidos y el mundo.

¿Te has dado cuenta de que llevamos en nuestra sangre un poco de las otras comunidades? Solo considerando la raza y el color de piel, entre los latinos y latinas encontrarás individuos de sangre nativa, africana, anglo y hasta asiática, grupos que generalmente se sienten y se perciben como diferentes. Imagínate entonces si aprendemos a funcionar armónicamente en nuestra diversidad. Podríamos ser un modelo a seguir para quienes siguen encontrando separación en lo diverso.

NUESTRA DIVERSIDAD, OPORTUNIDAD DE UNIÓN

Si bien es cierto que nuestra diversidad ha causado división, también nos invita a trabajar más duro para encontrar lo que nos une. Cuando las diferencias más visibles son amplias, nos toca excavar más profundo en nuestra esencia para encontrar esos puntos en común.

La punta del ovillo para dar pasos firmes hacia nuestra unión se encuentra dentro de nosotras. Lo primero que nuestra unión requerirá es un cambio intencional de mentalidad. Debemos creer que nuestra unidad es posible y hacer el esfuerzo de encontrar lo que nos une, casi de la misma forma en que lo hicimos antes cuando hablamos de buscar puntos en común con nuestros aliados que se ven diferentes a nosotras. Encontrar esas bases en común nos hará más fácil apoyarnos. Por ello, si quieres más unión entre las latinas, es imperativo que cuando tengas a otra latina ante ti, por diferente que se vea, te propongas ir más allá de las diferencias para encontrar las cosas que tienen en común, aunque al inicio te parezcan pocas.

Durante gran parte de mi vida profesional me he encontrado abriéndome paso por espacios corporativos donde no había muchas latinas. Mi experiencia de inmersión en nuestra cultura y comunidad se dio de la mano de una oportunidad laboral que le dio un giro a mi mentalidad. Trabajando de cerca con cientos de emprendedores y emprendedoras latinas descubrí lo que nos une. Era tal la diversidad que me rodeaba y tan profunda mi sed de pertenecer, que comencé a enfocarme en lo que tenemos en común. Entonces empecé a sentirme en casa por primera vez.

Cuando te concentras en buscar lo que nos une te das cuenta de que es mucho más de lo que pensamos, pero llegar allí requiere una intención firme de ir más allá de lo que se percibe a simple vista. A continuación te contaré cómo fui encontrando puntos de unión en nuestra diversidad, los que me invitaron a soñar que una comunidad más unida era posible. En mi corazón, creo firmemente que lo es.

LOS VALORES QUE APRENDIMOS DE NUESTRA CULTURA

—Me fui a Cartagena por tres días con una vecina australiana, y me resultó una experiencia totalmente reveladora —me compartió Sara, amiga colombiana y ejecutiva en uno de los bancos más importantes del país—. Pude ver mi propia cultura a través de los ojos de una extranjera que estaba de visita, y fue fascinante.

—Cuéntame, ¿qué notaste? ¿Qué es lo que más te llamó la atención? —le pregunté, ansiosa por comparar notas y experiencias.

—Mi vecina no paraba de hacer comentarios acerca de cómo en su cultura la gente suele ser más fría, mientras queen Cartagena te encuentras con gente que claramente tiene poco en lo material, pero mucha calidez. No paraban de sonreírle, y eso le tocó el corazón. Tuvo una experiencia inolvidable.

Entendí perfectamente a lo que se refería. ¿Alguna vez has visto a un anglo que haya visitado nuestros países y no haya disfrutado de la experiencia? Yo no. Cada persona que conozco que ha visitado nuestra cultura vuelve encantada con la comida, la música y, sobre todo, nuestra gente. ¿No es cierto? Nos caracterizan nuestra calidez, la generosidad y la alegría. Sabemos del trato humano y de construir relaciones en las que conectamos con la esencia del otro, con su corazón. Somos maestras en hacer aque otros se sientan como en casa, cómodos aun en espacios que desconocen. Les damos una gran importancia al grupo, a lo colectivo, a la tribu, a la familia y a las amistades, y por ello somos muy leales a los grupos que nos dan acogida. Nuestro compromiso con nuestro trabajo y nuestra lealtad no tienen competencia.

Nuestra cultura nos dejó esta amplia gama de valores que forman parte de lo que llamo *la cultura del corazón*, de la que te hablaré más a profundidad en el siguiente capítulo. Yo, de Argentina, y tú, de sea cual sea tu país de origen, al igual que las hijas de migrantes latinos que nacieron en Estados Unidos, compartimos esos valores. Los llevamos impregnados en nuestro ser y nuestra esencia.

Durante mi inmersión profesional en la comunidad latina, al frente de centros e incubadoras de emprendimiento, eso fue lo primero que noté: tenemos una gran cantidad de valores en común. Toda esa calidez, alegría y mentalidad de grupo es parte de quienes somos. Y cuando conectamos desde los valores del corazón, se nos hace más fácil querer apoyar a los demás; los sentimos como *nuestros.*

Te propongo que cuando tengas frente a ti a otra latina o latino con quien sientas cierta separación, te enfoques muy intencionalmente en conectar con esos valores, siendo tú quien los demuestre primero. Si te das el permiso de ser cálida, alegre y generosa, mostrando tu esencia, le estarás dando a quien tengas enfrente la libertad de hacer lo mismo. Una vez que esa conexión genuina haya tenido lugar, será más fácil apoyarnos unas a otras para seguir creciendo. ¡Pruébalo!

NUESTRAS EXPERIENCIAS Y LUCHAS EN COMÚN

A medida que continuó mi inmersión en nuestra comunidad comencé a notar otras similitudes que al comienzo no habían sido tan evidentes.

—La semana próxima tengo una reunión con el ejecutivo de un posible cliente y tengo terror de presentarme —me dijo Joanna, nacida aquí de padres puertorriqueños y dueña de su emprendimiento de servicios profesionales.

—¿Por qué? —le pregunté con curiosidad. Antes de esta reunión en privado, Joanna se había presentado como una de las personas más fuertes y extrovertidas de la clase. Me sorprendió escucharla dudar de esta forma.

—Porque es un hombre blanco y me siento incómoda hablando de dinero y negociando precios. Me intimido tanto que ya comienzo la negociación ofreciendo un descuento para cerrar el precio de una vez e irme de ahí lo antes posible.

Me quedé en silencio mientras Joanna me relataba cómo le temblaban las manos en esas ocasiones, llevando su ansiedad a las nubes. «Pero... —pensé— es exactamente así como me siento yo en esas ocasiones. Y como ella, termino cobrando menos por lo mío».

No importaba que Joanna hubiera sido emprendedora por años y que yo viniera de un espacio corporativo. Tampoco importaba que hubiéramos nacido en diferentes países y crecido en culturas distintas, ni que yo tuviera mi acento y que Joanna hablara perfecto inglés. Nuestras luchas internas y las barreras a las que nos enfrentábamos como latinas parecían bastante similares. Algo semejante se repitió con otras emprendedoras y emprendedores, y más tarde con empleados de organizaciones y corporaciones en las que trabajé como consultora. Por supuesto que, por el sesgo sistémico y el racismo, las barreras que enfrentan las mujeres afrolatinas, de la comunidad LGBTQIA+, neurodivergentes, etc., presentan una magnitud adicional. Sin embargo, existen similitudes culturales, no solo en cuanto a lo que cobramos por nuestro trabajo, sino en las dificultades con el uso de nuestra voz, en nuestra inseguridad al abogar por nosotras, en las voces internas que se disparan cuando sentimos no pertenecer, y mucho más. Aquí estaba pasando algo que valía la pena investigar más a fondo.

Me dispuse a descubrir cuánto de nuestras experiencias tenemos realmente en común y si en ellas podríamos encontrar unidad. Sabía que me enfrentaba a la dificultad de romper nuestro silencio cultural, pues, ya sea por miedo, vergüenza o porque de alguna forma creemos que tenemos que mostrarnos fuertes, tendemos a cargar con nuestros problemas en silencio. Bastó una pregunta para tocar esos corazones y dejar que saliera un caudal de palabras.

«Cuéntame de ti. ¿Cómo llegaste hasta aquí? ¿Qué eventos marcaron más profundamente tu vida?» fue la primera pregunta que planteé a decenas de latinas a quienes entrevisté. En más de la mitad de estos encuentros terminamos llorando, al recordar de dónde venimos, el sacrificio de los nuestros, y en algunos casos para expresar nuestra frustración y cansancio porque las barreras que enfrentamos aún son muchas y la energía para romperlas parece limitada.

No importa a quién tuviera frente a mí: empleadas corporativas, emprendedoras, latinas blancas, morenas, afrolatinas, migrantes, hijas de migrantes, latinas con diversas orientaciones sexuales, casadas, solteras, en pareja, hablando en español, en inglés, en ambos idiomas. No solo eso: conversación tras conversación notaba similitudes que nos acercan de una forma muy íntima, pero que en general desconocemos o pretendemos ignorar por seguir trabajando duro sin darnos la oportunidad de hablar de lo que cargamos.

En conocer nuestras historias en profundidad radica el secreto de nuestra unión.

Quienes hemos inmigrado compartimos el dolor eterno de un desarraigo que nunca terminamos de sanar. Llevamos en común la experiencia de haber pasado por el choque cultural que te zambulle sin aviso en una cultura diferente, donde te sientes vivir en una película que no parece real. Compartimos trabajar en espacios que muchas veces nos parecen fríos y hasta hostiles y que son tan diferentes de lo que recordamos de nuestras tierras. Compartimos el tener que contar los días para volver a abrazar a nuestra familia que quedó en nuestros países, y que para muchos es un sueño inalcanzable.

Quienes nacieron aquí en los Estados Unidos, por otro lado, comparten los recuerdos de una niñez en la que les tocó crecer demasiado rápido, transformándose en las voces de sus padres y hasta en las madres de sus progenitores, quienes con frecuencia desconocían el idioma y la cultura. Comparten el vivir una cultura de puertas para adentro y un mundo diferente de puertas para afuera, con un pie en cada espacio e intentando moverse exitosamente por ambos. Comparten la presión y la exigencia, tanto interna como externa, de lograr algo más grande de lo que sus ancestros pudieron, para honrar su historia y demostrarles que su sacrificio valió la pena. ¿Cuándo fue la última vez que te permitiste ser vulnerable y que le preguntaste a otra mujer latina «¿Cómo llegaste hasta aquí? ¿Qué eventos marcaron más profundamente tu vida?»?

ACTO DE SANA REBELDÍA

En las próximas 48 horas acércate a una persona de nuestra comunidad con quien sientas separación. Conoce su historia, sus barreras y sus aprendizajes.

Nuestras historias, cuando son narradas y escuchadas desde el corazón, son la puerta de entrada a nuestra unidad. No podremos lograr una unión sólida y verdadera sin antes conocer nuestra historia y darnos cuenta de que es muchísimo más lo que nos une que lo que nos separa.

No te prives de la magia de crear momentos de unión con otras latinas y latinos, porque en ellos comprobarás que la mayoría de las veces las barreras y las divisiones existen solo en nuestras mentes.

LECCIONES APRENDIDAS

- No hemos visto el mismo ritmo de progreso en la comunidad latina que en la afroamericana. ¿Qué podemos aprender de ellos para cerrar las brechas sistémicas de los latinos?
- Los latinos tenemos la oportunidad de transformarnos en un modelo de éxito si encontramos cómo unirnos en nuestra tan marcada diversidad.
- Nuestra diversidad nos invita a trabajar más duro en encontrar aquello que nos une.
- Si quieres más unión entre las mujeres latinas, es imperativo que cuando tengas a una ante ti tengas la intención de encontrar las cosas que tengan en común, aunque al inicio te parezcan pocas.
- Si te das el permiso de ser cálida, alegre y generosa, mostrando tu esencia, le estarás dando a quien tengas enfrente la libertad de hacer lo mismo.
- Nuestras historias, cuando son narradas y escuchadas desde el corazón, son la puerta de entrada a nuestra unidad. No podremos lograr una unión sólida y verdadera sin darnos cuenta de que es muchísimo más lo que nos une que lo que nos separa.
- No te prives de la magia de crear pequeños momentos de unión con otras latinas y latinos, porque en ellos comprobarás que la mayoría de las veces las barreras y las divisiones existen solo en nuestras mentes.

CAPÍTULO 17

Crea la tercera cultura

A medida que dejemos salir a la luz nuestra esencia cultural auténtica, que sanemos nuestra autoestima, apreciemos quiénes somos y demostremos los valores y características de la cultura del corazón, no solamente impactaremos positivamente a nuestras organizaciones y comunidades, sino que comenzaremos a cambiar las bases mismas de la sociedad norteamericana.

En las próximas décadas experimentaremos una fusión cultual sin precedentes. Tú, yo y millones de latinos tendremos la oportunidad de demostrar lo mejor de nuestra cultura, la cultura del corazón, que, en conjunto con la cultura de la mente, nos permitirá avanzar como país a espacios de cooperación y unidad desconocidos hasta ahora.

Pasar de sentirnos ignoradas o etiquetadas a liderar un cambio histórico sin precedentes parece una fantasía. Te sorprenderás. La creación de una nueva cultura que combine lo mejor de la cultura del corazón y lo mejor de la cultura de la mente ya está dando sus primeros pasos.

LAS CULTURAS DE LA MENTE Y DEL CORAZÓN

En nuestra sociedad y en el mundo nos encontramos con dos tipos de culturas bastante marcadas y diferenciadas: la de la mente y la del corazón.

La cultura de la mente se caracteriza por la materialización en el plano físico. En ella encontramos los avances tecnológicos, la ciencia, el enfoque en los resultados y las ganancias, la eficiencia y la productividad. Las métricas que cuantifican el éxito miden cuánto se logró en el plano material. Es el tipo de cultura que predomina en los países desarrollados, mayormente anglosajones, donde el modelo de liderazgo está representado por la energía masculina, no por su relación con el género, sino por su enfoque en la lógica y en la acción.

La cultura del corazón, por otro lado, se caracteriza por su conexión con lo invisible. Aparecen aquí la espiritualidad, la intuición, el interés genuino por otros seres humanos y por el planeta, la calidez, la compasión y la expresión humana en su forma más esencial. La cultura del corazón está anclada en lo ancestral, en la tierra, en tradiciones y valores transmitidos de generación en generación. Es el tipo de cultura reinante en nuestros países latinoamericanos, donde predomina una energía femenina, nuevamente no por su relación con el género, sino por su representación en aquello que no puede medirse con las métricas de los negocios ni explicarse a través de la lógica.

No hay una cultura mejor que la otra; simplemente son diferentes y cada una tiene su función. En realidad, cada persona, cada comunidad y cada país posee un grado determinado de cada una de estas culturas. No existen culturas exclusivamente de la mente ni exclusivamente del corazón, pero sí existen culturas donde una predomina sobre la otra. Aun así, no se trata de la zona geográfica de la que provengas o de la raza de la que ancestralmente desciendas, sino de la energía que emanas, del tipo de cultura que vibras en tu caminar día a día por el mundo. Tampoco es un concepto fijo, sino que se trata de una experiencia en continua evolución.

En este momento, en Estados Unidos predomina la cultura de la mente. Y el contexto global en el que nos sumergimos luego de la Revolución Industrial ayudó a que ello ocurriera.

La demanda global de tecnología, los avances científicos y la búsqueda de aumento de productividad y reducción de costos posicionaron la cultura de la mente como el modelo a seguir, impulsando el poderío y la hegemonía de este país como uno de los principales abanderados de ese tipo de cultura. Por mucho tiempo pareció funcionar. Sin embargo, quienes provenimos de la cultura del corazón sabemos que algo no está bien y sentimos que no encajamos del todo en este modelo de cultura. Es lógico; provenimos de un modelo cultural diferente. ¿Entiendes por qué es posible que aún sientas que estás viviendo un choque cultural casi continuo?

Como te decía, estamos viviendo los primeros pasos de una transformación sin precedentes. Hay un término que describe el cambio que ya ha comenzado: *hibridación*. Este concepto, investigado por Homi Bhabha, se usa para describir la creación de una nueva cultura a partir del encuentro de dos culturas diferentes. En horticultura, el término se refiere al cruce de dos especies para formar una tercera. Trasladando esta idea al surgimiento de una tercera cultura que nace de la unión entre la cultura de la mente y la cultura del corazón, seremos testigos de cruces lingüísticos, culturales, políticos, de valores, de formas de ser y de pensar que terminarán en la construcción de una nueva cultura que encontrará en sí misma más puntos en común que de separación.

Esto no significa que todos pensaremos igual ni que seremos un grupo indistinto de seres humanos idénticos, pero sí que podremos respetar lo que hace que cada persona sea única e irrepetible. Podremos aceptar tanto lo que traemos a la mesa como lo que otros traen que pueda resultar valioso para nuestro avance y progreso. Así como hacemos propias ciertas características que valoramos, quienes provenimos de la cultura del corazón comenzaremos a incorporar más aspectos de la cultura de la mente que nos ayuden a movernos por nuestros espacios de forma asertiva, y quienes provienen de la cultura de la mente comenzarán a adoptar valores y formas de ser que tienen que ver con la conexión humana, la intuición, la compasión y lo colectivo por sobre lo individual.

Para ello tendremos que superar nuestra tendencia histórica a la dominación, donde la cultura dominante se mantiene inflexible y donde se espera que sea la cultura emergente la que deje de lado lo suyo para adoptar la cultura dominante. A quienes provenimos de la cultura emergente del corazón nos toca superar la concepción errónea de que lo que traemos a la mesa no vale. Como me lo dijo una ejecutiva latina en una empresa global de tecnología, «nosotras tenemos cualidades que los americanos blancos no latinos generalmente no tienen, pero nos han dicho que esas cualidades no son ventajas, sino problemas o distracciones».

Como agente de cambio, tienes la oportunidad de ser pionera en la misión de unir ambas culturas. Por eso quiero contarte la experiencia de quienes, viniendo de la cultura del corazón, han sido hasta ahora pioneros en la cultura de la mente.

LA VISTA DESDE LA CIMA

—Muchos ejecutivos latinos con los que he interactuado no muestran nuestros valores latinos, no parecen representarlos. Se sienten más bien fríos, mentales, distantes —me comentó Claudia, una ejecutiva latina del espacio de Recursos Humanos y Diversidad—. Parece que tuvieron que cambiar sus valores para poder crecer y triunfar, porque de otra forma no hubieran llegado.

Creo que la mayoría de nosotras lo hemos notado. Los latinos y las latinas que llegan a espacios de poder suelen expresar las características de la cultura de la mente. Sin embargo, en privado, en sus hogares y con sus amigos, o incluso en charlas con otros latinos, es posible que se relajen y dejen salir su verdadero ser, el que proviene de la cultura del corazón.

Pero como dijo Claudia, «si llegamos a esos puestos de liderazgo y no podemos traer lo que nos hace especiales, ¿entonces qué?». Antes de sacar nuestras conclusiones, veamos cómo se siente la experiencia desde la cima, en las palabras de una ejecutiva latina que ha llegado a ese espacio. Esta mujer, a quien llamaremos Virginia, en un momento de vulnerabilidad me explicó exactamente cómo se siente por tener que modificar su forma de ser para mantener su trabajo y seguir creciendo.

—Me di cuenta de que cuanto más arriba llegas, más sola estás Cuando era más joven tenía más personas, más latinos, más calidez a mi alrededor. Más alto llegas y más frío es todo, con ese sentimiento de que tienes que cuidarte las espaldas permanentemente. Siento que cualquier cosa que haga puede poner en riesgo mi carrera —me dijo Virginia aquella mañana que nos juntamos a tomar un café. Su expresión era triste, como de quien lo quiso intentar de una forma distinta, pero por una cuestión de supervivencia debió amalgamarse con el entorno—. Siento que, por un lado, la empresa donde trabajo nos invita y hasta nos presiona a decir que podemos traer nuestro ser auténtico, pero con otros ejecutivos latinos hablamos de que, si hubiéramos traído nuestro ser auténtico a estos espacios, realmente no estaríamos donde estamos.

Virginia me habló de las batallas que vive a diario, su falta de pertenencia y su desgaste por tener que cuidar constantemente lo que dice o hace. Luego de esta charla me quedé pensando en cuánto solemos juzgar a estas personas, etiquetándolas como traidoras a nuestra cultura y desconociendo lo que realmente confrontan en el día a día. Virginia me ayudó a entender el precio que pagan los primeros en insertarse en espacios de poder dentro la cultura de la mente. Al terminar la reunión con Virginia me quedé con un sentimiento de gratitud.

LA EXPERIENCIA DE LOS MÁS JÓVENES

Nuestros jóvenes continuarán ingresando a raudales a la fuerza laboral, sobre todo nuestros latinos generación Z, cuyas edades oscilan entre los 12 y los 26 años. Con esta generación llegaremos finalmente al punto de inflexión para nuestra comunidad, al momento en que un número importante de nosotras nos demos cuenta del poder que tenemos y lo comencemos a ejercer con confianza. La oportunidad no está solamente en lo que estos jóvenes puedan hacer por sí mismos, sino en lo que podemos hacer juntos si los entendemos y los apoyamos.

Hoy en día, uno de cada cuatro jóvenes pertenecientes a la generación Z en Estados Unidos es latino o latina. ¡Son millones! Y casi un 90% de ellos nacieron aquí y manejando perfectamente el idioma y la cultura. En esta generación nuestra comunidad enfrentará una oportunidad histórica: pasar de ser hormigas trabajadoras y propulsores de la economía americana a través de nuestro consumo, a ser líderes y dirigentes que escriban las reglas del juego.

La doctora Patty Delgado, cofundadora de El Puente Institute, investiga desde hace años a nuestros latinos más jóvenes y me compartió información valiosísima al respecto.

—Nuestra generación Z latina no se siente obligada, ni tiene esa expectativa de tener que elegir a qué identidad cultural pertenecen —me dijo la doctora Delgado—. A diferencia de muchos latinos de generaciones anteriores, como la X o los *baby boomers,* que nacieron en Estados Unidos y aprendieron o simplemente dieron por sentado que tenían que elegir entre ser estadounidenses o latinos, nuestros jóvenes abordan su identidad de manera más progresiva —agregó—. No eligen, sino que lo toman todo. Integran las múltiples facetas de su identidad cultural como parte de quienes son.

En otras palabras, estos jóvenes integran de manera natural la cultura de la mente y la cultura del corazón. Usan su poder estadounidense cuando es necesario y su poder cultural latino según lo consideren adecuado. Al no sentirse presionados a elegir, llevan consigo una caja de herramientas de la que pueden extraer el aspecto cultural que mejor se adapte a sus necesidades en cualquier momento dado.

Una de las grandes barreras que frenan el avance de estos jóvenes radica en nuestra propia comunidad. Patty Delgado me comunicó una importante reflexión:

—En ocasiones, nuestros jóvenes no pueden encontrar su voz dentro de sus familias o dentro de nuestra comunidad debido al discurso cultural y al valor del respeto. Este representa el alto grado de apreciación de nuestra comunidad hacia ciertos individuos por su edad, autoridad formal o poder económico y social, lo que crea una forma jerárquica de pensar. Nuestro respeto cultural a los mayores o a quienes ocupan espacios de autoridad hace que cortemos la iniciativa, perspectivas, e ideas de los más jóvenes, sin permitirles hablar o participar en temas y decisiones importantes.

Esto ocurre tanto en nuestros hogares como en las organizaciones de las que formamos parte. Podemos privar a estos jóvenes de la oportunidad de expresar sus voces, experiencias y puntos de vista, o, incluso cuando lo hacen, podemos interrumpirlos o ignorarlos.

La doctora Delgado me habló de un ejemplo personal:

—Una tarde, reunidos con mi familia, estábamos hablando del racismo, y los más jóvenes, que son de la generación Z, querían hablar y dar su opinión. Sin embargo, mientras intentaban levantar la mano, hablar y llamar la atención de todos, los adultos seguían hablando en voz alta sin darles espacio. Tuve que aprovechar un momento durante la conversación para pedir a los otros adultos que se detuvieran y escucharan lo que nuestros jóvenes querían decirnos, porque por el valor cultural del respeto habían permanecido en silencio y ya no intentaban participar.

Una experiencia aparentemente pequeña como esta puede tener un impacto significativo en nuestra generación más joven. Como padres, educadores, mentores y miembros de las generaciones mayores de la comunidad latina, es nuestra responsabilidad dar espacio a las generaciones más jóvenes para que puedan expresar sus opiniones y perspectivas. Debemos invitarlas intencionalmente a participar y crear un espacio para sus voces. Si no encuentran esa voz entre nosotros, su familia y comunidad, es posible que no la encuentren en ningún otro lugar.

—Debemos dar a los jóvenes la oportunidad de ser el cambio que queremos para nuestra comunidad —me dijo la doctora Patty—. Tenemos la responsabilidad de crear esos espacios para que desarrollen sus voces y se pongan de pie para expresar sus creencias, de modo que el discurso del respeto pase de ser *respeto a los mayores o a los que tienen poder*, a *respeto a las opiniones diversas y provenientes de todas las edades.* Ese es el nuevo discurso de respeto que necesitamos desarrollar y celebrar de manera consciente y deliberada.

A medida que nuestra generación Z encuentre aún más su voz y su lugar, la creación de una tercera cultura se acelerará exponencialmente. Mientras tanto, sigamos tú y yo siendo pioneras en esta misión. Y si te preguntas cómo crearemos esa tercera cultura, déjame que te cuente de algunas latinas líderes que ya lo están haciendo.

LA TERCERA CULTURA YA ESTÁ EN CAMINO

Viviana, ejecutiva de una empresa global de tecnología, en un evento en el cual era panelista contó que cada vez que estaban por empezar una reunión en su empresa, el tema de conversación siempre eran el futbol americano y el beisbol. La mitad de la sala participaba en la charla y la otra mitad se quedaba fuera, sin poder seguir el hilo de la conversación, hasta que un día Viviana decidió actuar.

—Muchachos, sé que el beisbol está buenísimo y es un tema bien interesante, pero ¿qué les parece si hoy hablamos de algo divertido que hayamos hecho el fin de semana? —propuso a sus compañeros de trabajo. Desde ese día, la reunión de la mañana se transformó y el diálogo fue diferente—. Ahora todos podían participar y nadie quedaba afuera, y además nos empezamos a conocer más en profundidad. Tomé esa acción luego de consultarlo con mi mentor. Quería modificar esa cultura de pocos para que fuera inclusiva de muchos, y comencé con lo que tenía enfrente en ese momento.

Influenciar la cultura es posible si empezamos a hacerlo desde nuestro lugar y con lo que tengamos frente a nosotras en ese momento. ¡Jamás subestimes el poder de los pequeños comienzos! Viviana no es la única. En las próximas páginas te presentaré a dos abanderadas más en la misión de crear la tercera cultura y te contaré cómo lo han estado haciendo. Vamos primero a conocer a Diana Solís y luego a Adriana Dawson.

—Mi sistema de valores es mixto, una mezcla de ambas culturas —me contó Diana Good Solís, quien, siendo hija de una madre blanca no latina y un padre mexicano, creció con un pie en cada cultura. Hoy en día se mueve en la cultura de la mente como en la cultura del corazón en su vida profesional. Como directora ejecutiva de Acceleration Academies, trabaja por un lado con varios líderes blancos no latinos, y por otro interactúa con educadores y con jóvenes estudiantes, muchos de ellos latinos—. Las diferencias culturales entre el grupo de líderes blancos y el de los jóvenes latinos que se benefician de nuestro trabajo son significativas —continuó—, y parte de mi rol es tender un puente entre ambas culturas para que el trabajo que hacemos sea más efectivo.

Cuando Diana visitaba las escuelas, notaba que los estudiantes latinos se sentaban al fondo y se mantenían en silencio cuando la maestra los invitaba a participar. Las maestras pensaban que se enfrentaban a un problema de falta de interés, pero Diana sabía que en realidad lo que estaba ocurriendo se relacionaba con el discurso cultural cultural de *respetar a la maestra*, que muchas veces significa agachar la cabeza y no levantar demasiado la voz. «No es así —les explicaba Diana pacientemente—. Estos estudiantes no demuestran su interés y liderazgo de la misma forma que los anglosajones. Estamos frente a una cultura distinta, y tú como educadora puedes crear el espacio para que confíen y se abran, participen y se atrevan a salir de su zona de confort», les decía.

—Aprendí que estoy aquí para invitar a esos líderes y educadores que no han tenido las experiencias que nuestros jóvenes latinos atravesaron y que no entienden completamente nuestra cultura. Ante la falta de entendimiento pueden llegar a conclusiones erróneas; por eso, a fin de cuentas, ser un puente entre ambas culturas consiste en educar a la gente acerca de las diferencias que ellos no alcanzan a percibir —me explicó Diana.

Diana era consciente de la tendencia que nuestra sociedad tiene a la dominación, por ejemplo, al exigir que sea solo uno de los grupos el que se adapte al otro, en lugar de encontrarnos a la mitad del camino.

—No podemos exigirles a los jóvenes latinos que cambien para ajustarse a ideales anglosajones que definen la forma *correcta* de presentarse, hablar, mostrar liderazgo y compromiso. Debemos permitirles su espacio para que se expresen, y eso implica que los líderes no latinos deben también cambiar su forma de ser para trabajar mejor con esos jóvenes.

Diana tiene una forma de hablar muy pausada y tranquila. La imagino en sus reuniones con ejecutivos sentada a la cabecera de la mesa, rodeada de directores y líderes blancos no latinos, y trabajando con paciencia, firmeza y compasión para cambiar la forma en que ven las cosas.

«Los llevo a que se quiten las gafas que han estado usando por siempre, para que se atrevan a preguntarse "¿Qué podemos estar perdiéndonos aquí?", "¿Qué es lo que no estamos viendo por haber crecido en espacios diferentes?", "¿Qué es lo que mi privilegio no me está permitiendo ver?"

Al final de nuestra conversación, Diana me miró fijamente a los ojos y dijo:

—El sistema debe cambiar y adaptarse, y no solo los latinos.

De eso se trata la creación de la tercera cultura. ¡Cualquier similitud entre las aulas y nuestros espacios laborales, no es coincidencia!

Adriana Dawson es otra de nuestras pioneras en la creación de la tercera cultura. Líder en una reconocida empresa de telefonía, se define a sí misma como una bróker cultural, por su rol en manejar ambos espacios culturales en su vida personal y profesional.

Los padres de Adriana inmigraron desde Colombia cuando no había mucho apoyo para familias inmigrantes. Trabajando en fábricas y rodeados de otros latinos, no fueron expuestos al inglés, por lo que Adriana, nacida en los Estados Unidos, se transformó a los 6 o 7 años en la adulta de la casa.

—Llegaban cosas por correo y me preguntaban, «Adriana, ¿qué dice esto?' Me sacaban de la escuela para acompañarlos al doctor o a hacer otros trámites, así que pasé por experiencias que me hicieron adulta muy pronto, exponiéndome a la discriminación hacia quienes no hablaban inglés o no se sabían manejarse en este sistema.

Esas experiencias fueron clave para que Adriana tomara conciencia de la desconexión entre las dos culturas. Hoy en día utiliza esas experiencias pasadas como activos importantes que le permiten desempeñar su rol de bróker cultural.

—En el trabajo tengo conversaciones valientes en las que les sugiero: «Si me dejas, te voy a llevar a mi realidad y contarte cómo lo veo desde mi punto de vista, a través de mis gafas». Les pregunto si están abiertos a proyectarse y verse a través de las experiencias de otros, y luego continúo preguntándoles: «¿Qué hubieras hecho en esa situación? ¿Cómo te hubieras sent¿Cómo¿Como te hubiera impactado?».

Adriana participa en la creación de una tercera cultura influyendo en el pensamiento de sus compañeros de trabajo y de sus líderes, llevándolos a entender la psicología del latino y lo que esto implica a la hora de entrenar a un equipo de ventas, al lanzar un plan de mercadeo multicultural o al planear el tipo de mensajes que se necesitan para llegar a nuestra comunidad de una forma más efectiva.

ACTO DE SANA REBELDÍA

Haz una lista de las herramientas que has adquirido de la cultura de la mente y de la del corazón. Responde:

¿Cuáles de estas herramientas quiero traer a la mesa para impulsar una causa que me apasiona?

____

____

____

____

____

—En lugar de emocionarme, me calmo y les digo «¡Hagámoslo juntos!». Quiero también entender su posición y por qué se sienten así. Son conversaciones con empatía y valentía.

¿CUÁNDO VEREMOS EL CAMBIO A GRAN ESCALA?

Estaba casi por terminar la escritura de este libro y ocurrió un evento maravilloso.

—Una de las variables que analizamos es cuán individualista o colectivista es una cultura, y para Estados Unidos notamos recientemente un cambio significativo del individualismo hacia el colectivismo —me dijo la doctora Lisa DeWaard, directora gerente de The Culture Factor. La forma en que mi camino se cruzó con el de la doctora DeWaard fue casual, aunque no creo en las casualidades. Una amiga publicó en LinkedIn algo acerca de las diferentes culturas que habitan este suelo y a partir de mi comentario en ese *post* fui contactada por esta investigadora.

—Déjame pensar un momento —le pedí—. ¿Me estás diciendo que en los Estados Unidos pudieron medir un cambio hacia el colectivismo, que es la cultura que predomina en los países de América Latina? — le pregunté.

—¡Así es! —me respondió.

No sé quién estaba más feliz, si ella o yo.

Quienes somos agentes de cambio, y lo damos todo para cambiar un sistema que parece resistirse, queremos exactamente eso: pruebas de que nuestros esfuerzos valen la pena y están funcionando. En el momento perfecto, aparecieron las pruebas.

La compañía donde Lisa trabaja utiliza el modelo de las seis dimensiones de la cultura, de Geert Hofstede, que miden atributos que hacen que las culturas sean diferentes entre sí. Esas variables son el individualismo/colectivismo, la distancia jerárquica, la motivación hacia el logro y el éxito, el control de la incertidumbre, la indulgencia/contención y la orientación a largo plazo.

El individualismo/colectivismo, la variable donde ocurrió el cambio más significativo para Estados Unidos, mide el grado de interdependencia que una sociedad mantiene entre sus miembros. En una sociedad individualista, las personas cuidan de sí mismas y de su familia directa. En una sociedad colectivista las personas además pertenecen a grupos que los cuidan a cambio de su lealtad. En la cultura colectivista se da una mentalidad más grupal, con todo lo que ello implica en nuestro día a día.

Históricamente, Estados Unidos había recibido 91 puntos en la escala del 1 al 100 que mide el colectivismo y el individualismo. Cuanto más cerca del 100 es el puntaje, más individualista es la cultura; cuanto más cerca del 1, más colectivista. Esto quiere decir que con un 91, Estados Unidos se encontraba entre las culturas más individualistas del planeta. En 2023, la compañía de Lisa tomó una nueva medición, donde el puntaje de Estados Unidos había bajado a 60, colocándola casi a mitad de camino entre una cultura individualista y una colectivista. Para que tengas un punto de comparación, México obtuvo un puntaje de 34, lo que coloca a ese país como altamente colectivista.

En otras palabras, Estados Unidos se ha movido de un alto grado de individualismo para posicionarse más cerca de una cultura colectivista como la mexicana y otras culturas latinoamericanas. La historia que estos números nos cuentan es fascinante: la creación de la tercera cultura ya está en marcha.

—En estas mediciones no hay un tipo de cultura correcta o incorrecta —me recordó Lisa—. Simplemente los valores distintos nos ayudan a entender lo que cada cultura trae a la mesa. Además, entender estas diferencias nos ayuda a tener más paciencia y compasión hacia otros.

Paciencia y compasión. ¡Definitivamente necesitamos más de eso!

El cambio no se detendrá aquí. En los próximos años tendremos la oportunidad de continuar sanando nuestras divisiones y de tender alianzas que nos permitan trabajar en cooperación con otros grupos que hoy vemos como separados y diferentes. Para ello nos toca aceptar con orgullo lo que traemos a la mesa y reconocer que aún podemos aprender mucho de quienes son diferentes a nosotras, de la misma forma en que ellos podrán aprender de lo nuestro. El rompecabezas solo estará completo cuando tengamos todas las piezas.

Mientras tanto, sigamos creciendo y ofreciendo toda la grandeza que tenemos para dar. Sigamos rompiendo esquemas de pensamiento y comportamiento que ya no nos sirven, para dejar nacer la versión más libre, consciente y elevada de nosotras mismas. Sigamos ayudándonos y patrocinándonos entre nosotras, creciendo y apoyando a crecer. Estoy segura de que el mundo aún no ha visto de lo que somos capaces. No le quitemos a este mundo la oportunidad de ver quiénes somos y todo lo que tenemos para ofrecer. Lo mejor está aún por llegar, y tú y yo podemos construirlo ahora.

LECCIONES APRENDIDAS

- A medida que dejemos salir a la luz nuestra esencia cultural auténtica, que sanemos nuestra autoestima, apreciemos cómo somos y demostremos los valores de la cultura del corazón, impactaremos positivamente a nuestras organizaciones y comunidades y comenzaremos a cambiar las bases mismas de la sociedad.
- Quienes provenimos de la cultura del corazón incorporaremos más aspectos de la cultura de la mente que nos ayuden a manejarnos en los espacios de forma asertiva, y quienes provienen de la cultura de la mente comenzarán a adoptar valores y formas de ser que tienen que ver con la conexión humana, la intuición, la compasión y lo grupal y colectivo por encima de lo individual.
- Tendremos que superar nuestra tendencia histórica a la dominación de un grupo, donde la cultura dominante se mantiene inflexible y se espera que la cultura emergente adopte a la dominante en su totalidad.
- Estados Unidos se ha movido de un alto grado de individualismo para posicionarse más cerca de una cultura colectivista, como las latinoamericanas. La historia que estos números nos cuentan es fascinante: la creación de la tercera cultura ya está en marcha.
- En los próximos años tendremos la oportunidad de continuar sanando nuestras divisiones y tender alianzas que nos permitan trabajar en cooperación con otros grupos que hoy vemos como diferentes.
- Nos toca aceptar con orgullo lo que traemos a la mesa y reconocer que aún podemos aprender mucho de quienes son diferentes a nosotras, de la misma forma en que ellos podrán aprender de lo nuestro.

Conclusión

Comencé este libro con la promesa de invitarte a pensar diferente para luego actuar diferente. Prometí llevarte de la mano para que vieras con nuevos ojos las oportunidades que tiene nuestra comunidad latina, para que te atrevas a desafiar los discursos ancestrales de nuestro inconsciente colectivo que no te han permitido avanzar y para que te des permiso de dejar salir la verdad de quien eres con orgullo y autenticidad: una agente de cambio con el poder de llevar adelante una transformación sistémica histórica.

Espero haber cumplido mi promesa. Este libro es un compañero de camino, un manual de actos de sana rebeldía, un mapa de nuestro despertar individual y colectivo. Revisítalo a menudo para reconectar con tu verdadera esencia y para darte cuenta de cuánto has avanzando, porque tomar conciencia de esos avances alimentará tu confianza para seguir adelante. El mundo está hambriento de líderes como nosotras, dispuestas a transformase a sí mismas y revolucionar el sistema, creando un cambio individual y colectivo sin precedentes.

Tenemos mucho trabajo por delante, ¿para qué engañarnos? Somos apenas las primeras generaciones que despertamos a la posibilidad de que el mundo que nos rodea sea diferente, más inclusivo, más cálido y más receptivo de nuestros sueños. Ante los obstáculos que seguiremos enfrentando, recuerda ponerte primero que los demás y cuidar de ti. Estar en la primera fila de esta transformación es una experiencia exigente en cuanto a lo emocional, físico, mental y espiritual. Por eso la importancia de crear espacios para descansar, reconectar contigo y tomar fuerzas. No minimices la importancia de tomarte tu tiempo y tus espacios; hazlo sin culpa.

En los días en que el trabajo parezca superar tus fuerzas, mantén la visión de lo que será posible cuando logremos unirnos en nuestra diversidad y, mientras tanto, camina hacia allí con compasión, incluso hacia quienes te lastiman. Recuerda que cada uno hace lo mejor que puede con lo que sabe. Si supieran hacerlo mejor, ya lo habrían hecho mejor. Por eso, activa tu capacidad de compasión y de perdón hacia este mundo.

Hace poco, una líder latina que ha llegado a abrirse paso en espacios de poder expresó en un pódcast que cada vez que la invitan a una recepción en el lujoso hogar de los amigos de su marido americano blanco no latino, al notar su acento le preguntan de qué país es. En cuanto ella dice «mexicana», la llevan a la cocina para que salude a los empleados mexicanos que allí trabajan o le presentan al personal encargado de la jardinería.

Muchas veces, quienes tienen las mejores intenciones de conectar con nosotras no pueden evitar mostrar sus sesgos y estereotipos, mayormente inconscientes. No lo tomemos como un insulto, sino como un poderoso recordatorio de todo lo que hemos avanzado y de lo que aún nos queda por avanzar. Provenientes de espacios ancestrales de sacrificio y trabajo físico, seguimos llegando a las mesas de poder desde las que se toman decisiones de gran impacto. En nosotras convergen poderosamente un pasado de duras pruebas y un futuro de infinitas posibilidades, y solo al honrar cada una de esas partes disímiles que constituyen nuestro ser podremos expresar nuestra más autentica latinidad con confianza y orgullo.

Para concluir este libro, quiero compartirte algo que mi amigo David Clegg, un gran aliado en mi crecimiento, me envió cuando comencé a escribir mi primer libro. Se trata de una fascinante profecía milenaria que nos invita a soñar que la unión en nuestra diversidad es posible y que la fusión de lo mejor de nuestras culturas será un portal para vivir en la verdad y en la libertad que nos merecemos.

LA PROFECÍA DEL ÁGUILA Y EL CÓNDOR

Esta profecía, que parece provenir del Amazonas y remontarse a dos mil años atrás, cuenta que desde tiempos inmemoriales las sociedades humanas tomamos caminos separados para convertirnos en dos pueblos diferentes: el pueblo del águila y el pueblo del cóndor.

El pueblo del águila, orientado a lo intelectual, lo masculino y lo industrial, representa la cultura de la mente. El pueblo del cóndor, orientado a lo ancestral, lo intuitivo y lo femenino, representa la cultura del corazón.

La profecía señala que durante muchos años los caminos del águila y del cóndor no se cruzarán, hasta que en el Quinto Pachakuti esos caminos finalmente se encuentren, con consecuencias casi devastadoras. El águila será tan fuerte que prácticamente conducirá al cóndor a la extinción. Por siglos, la cultura de la mente se transformó en dominante, empujando a la cultura del corazón a su casi desaparición.

La profecía también relata que ese Quinto Pachakuti creará un portal para que algún día el águila y el cóndor puedan volar juntos en un solo cielo, uniéndose para crear una conciencia humana superior y hasta el momento desconocida. Ese será el encuentro entre el corazón y la mente, el arte y la ciencia, lo espiritual con lo material, lo femenino con lo masculino, para transformar radicalmente nuestra sociedad.

Este oráculo concluye vaticinando que cuando el águila y el cóndor se unan, el espíritu de la paz finalmente invadirá esta tierra. Una nueva era habrá comenzado para todos.

Soltemos el impulso ancestral de poner el énfasis en lo que nos separa y de intentar que una cultura domine a la otra. Recordemos que la cultura de la mente y la del corazón no están demarcadas por zonas geográficas ni por las razas de las que descendemos, sino que se manifiestan a través del tipo de energía que emanamos y vibramos a cada momento. Centrémonos en sacar lo mejor de cada cultura y comencemos a caminar en una dirección que nos encuentre más unidos. Entonces la transformación en nuestras familias, comunidades, organizaciones y países será tan profunda que aquí y ahora no podemos ni siquiera imaginarla.

Gracias por creer que el cambio es posible. Gracias por ser parte de este despertar y de esta transformación que nuestro corazón colectivo ha anhelado por siglos. ¡Gracias por atreverte a ser una latina imparable!

Agradecimientos

En los últimos años tuve la bendición de ser testigo del poder sanador de contar nuestras historias más personales como mujeres latinas migrantes e hijas de migrantes.

Mirando hacia el pasado, darles nombre y color a nuestras experiencias y vivencias nos ayuda a ir sanando las heridas de un camino que estuvo plagado de trauma y de dificultades. Observando nuestro presente, darnos el espacio para reconocer nuestras luchas y obstáculos nos ayuda a encontrar unión en nuestras batallas comunes. Mirando hacia el futuro, compartirnos el mapa de lo que funciona profesionalmente para mujeres como nosotras acelerará nuestra llegada en números masivos a espacios de poder y de creación de riqueza.

Cuando surgió la posibilidad de escribir este libro, no lo dudé ni por un segundo. Sabía muy bien que sería una tarea titánica, pero la oportunidad de dejar un legado para nuestra comunidad me motivó a enfrascarme sin dudarlo en esta aventura de largas noches y fines de semana. Mi intuición me decía que las historias con las que me encontraría durante el proceso de escritura transformarían mi vida para siempre. No me equivoqué. Un libro es tan transformador para quien lo lee como para quien lo escribe, y definitivamente habrá un antes y un después en mi vida luego de la escritura de *Latinas imparables*.

Mi agradecimiento más profundo va para mi familia, el pilar de mi vida. Mis hijos, Valentina y Tommy, que me inspiran a seguir adelante; mi esposo, Gonzalo Martín, que me alienta a ir tras mis sueños; mi mamá, Berta Margarita Schimpf de Aloé, y mi papá, Juan Carlos Aloé, quienes me tienen toda la fe del mundo sin importar lo que decida a emprender, y mis hermanos Ricardo y Julio, quienes siguen siendo una parte clave de mi pasado y presente, así como lo son mis tías, primas y primos, mis suegros Moña y Juan Carlos, mis sobrinos y sobrinas, cuñados y cuñadas, especialmente Caro Merlo, cuyo apoyo increíble desde Argentina fue un motor para que me atreviera a soñar con este proyecto.

En momentos clave de mi vida tuve la bendición de que mi camino se cruzara con aliados y patrocinadores que me abrieron una puerta de oportunidad. En el caso de este libro, esa persona visionaria y comprometida con nuestra comunidad latina ha sido Cristóbal Pera, vicepresidente de Editorial Planeta en Estados Unidos, quien creyó en mi trabajo y posibilitó que este proyecto transformador se materializara. Sin al apoyo de Cristóbal Pera y de todo el maravilloso equipo de Planeta, entre ellos Fernanda Martínez, quien contribuyó valiosamente en la edición, y Astrid Harders Gómez, Helen Hernández Hormilla y Mónica Vega Velásquez, a cargo del mercadeo, esta obra no estaría hoy en tus manos.

Mi especial agradecimiento a todas las mujeres y hombres, latinos y no latinos, que durante el proceso de escritura me compartieron sus experiencias de vida, sus barreras, sus logros, y su transformación personal más profunda para llegar a ser los influyentes agentes de cambio que hoy son: Adriana Dawson, Adrienne Valencia García, Alice Rodríguez, Ana Valdez, Andrew Rodríguez, Carla Dodds, Carolina Alarco, Claudia Romo Edelman, Claudia Vázquez, Cynthia Kleinbaum, Cynthia Trejo, David Morales, Diana Good Solís, Diana Pena, Dulce Orozco, Elisa Charters, Elizabeth Nieto, Esther Aguilera, Francis Hondal, Gabriel Perez, Dr. Gail Ayala Taylor, Hady Mendez, Dr. Ivonne Díaz-Claisse, J. C. González-Mendez, Jessica Rodríguez, Joan Witkowskie, Joanie Gines, Juliette Gebken-Mayi, Kat Vera, Laura Rivera, Dr. Lisa DeWaard, Lisa, Lory Burgos, Lucy, Lupita Colmenero, Lyanne Alfaro, Manuel Velásquez, Marcela Gómez, Marie Quintana, Dr. Marisol Capellán, Melanie Sole, Melba Alhonte, Millie Guzmán, Mónica Márquez, Nadya Ramos, Natalia Ariza, Natasha Tous, Ofelia Kumpf, Dr. Patty Delgado, Phyllis Barajas, Raquel K., Robert Bard, Roxanne Martinez, Santi Strasser, Sara, Silvana Montenegro, Sol Trujillo, Traci Ruiz, Teri Arvesú González y Yai Vargas.

Gracias a ti, querida lectora o querido lector. El mundo necesita de líderes como tú, comprometidos a transformarse profundamente a sí mismos para propulsar la transformación sistémica más extraordinaria que jamás nos hayamos imaginado.

Y finalmente, gracias, Dios, por caminar siempre a mi lado. Sé que lo mejor está aún por llegar.

Bibliografía

INTRODUCCIÓN

- Tendencia de la comunidad latina a trabajar duro:
  C., F. (2023, mayo 3). *Los laboriosos latinoamericanos: mucho trabajo, pocos beneficios.* Diario Libre. https://www.diariolibre.com/actualidad/reportajes/2023/05/03/laboriosos-latinoamericanos-mucho-trabajo-pocos-beneficios/2304504
- Raíces de la crisis en la salud mental de la comunidad latina:
  Franco, M. E. (2021, mayo 13). *Latino mental health crisis grows.* Axios.com. https://www.axios.com/2021/05/13/latino-mental-health-crisis-covid-pandemic?utm_source=newsletter&utm_medium=email&utm_campaign=newsletter_axioslatino&stream=science
- Estadísticas que reflejan tanto nuestro poder como nuestra ausencia de espacios de liderazgo, toma de decisiones y creación de riqueza:
  Datasets about the U.S. Hispanic community. (2024). https://drive.google.com/file/d/1-Z8pIErY3Q786mt4XQcZB-ZunhEI_9L1/view

CAPÍTULO 1

- Población de mujeres latinas en el año 2022, por país latinoamericano:
  Población, mujeres - Latin America & Caribbean. (2024). World Bank Open Data. https://datos.bancomundial.org/indicator/SP.POP.TOTL.FE.IN?locations=ZJ
- Población latina en Estados Unidos según el Censo de 2010:
  2010 Census Briefs. (2011, mayo). *The Hispanic population: 2010.* Census.gov. https://www.census.gov/history/pdf/c2010br-04-092020.pdf

- Proyección de la población latina en Estados Unidos entre los años 2017 y 2060:
  US Census Bureau. (2018). *Hispanic population to reach 111 million by 2060.* https://www.census.gov/library/visualizations/2018/comm/hispanic-projected-pop.html
- Proyección de crecimiento de la fuerza laboral en Estados Unidos por raza/etnia:
  Hernández, K., Garcia, D., Nazario, P., Rios, M., & Domínguez-Villegas, R. (2021, junio 14). *How the pandemic revealed historic disadvantages and heightened economic hardship.* Ucla.edu. https://latino.ucla.edu/wp-content/uploads/2021/10/Latinas-Exiting-the-Workforce.pdf
- Estadísticas del emprendimiento latino comparado con otros grupos étnicos y raciales:
  The 2019 State of Women-Owned Businesses Report. (2019). Ventureneer.com. https://ventureneer.com/wp-content/uploads/ 2019/10/Final-2019-state-of-women-owned-businesses-report.pdf
- Representación latina en puestos gerenciales y ejecutivos:
  Guyn, J., & Fraser, J. (2022, agosto 2). *Only two Latinas have been CEO of a Fortune 500 company. Why so few Hispanic women make it to the top.* USA Today. https://www.usatoday.com/story/money/2022/08/02/hispanic-latina-business-demographics-executive/10157271002/?gnt-cfr=1
- Disparidad salarial de la mujer latina:
  Latinas aren't paid fairly—and that's just the tip of the iceberg. Lean In. https://leanin.org/data-about-the-gender-pay-gap-for-latinas
- Riqueza acumulada por hogar, por raza/etnia:
  Kent, A. H., & Ricketts, L. R. (2024, febrero 7). *U.S. Wealth Inequality: Gaps Remain Despite Widespread Wealth Gains.* Stlouisfed.org. https://www.stlouisfed.org/open-vault/2024/feb/us-wealth-inequality-widespread-gains-gaps-remain#%3A%7E%3Atext%3DHispanic%20Families%27%20Wealth%2Cdollar%20of%20white%20median%20wealth
- Sobre el inconsciente colectivo (Carl Jung):
  Inconsciente colectivo. Wikipedia, The Free Encyclopedia. https://es.wikipedia.org/w/index.php?title=Inconsciente_colectivo&oldid=159445108

CAPÍTULO 2

- Niveles educativos de la comunidad latina:
  Román, E. (2023, julio 14). *Latinos aren't represented in higher education. Here's how to fix that.* The Boston globe. https://www.bostonglobe.com/2023/07/14/opinion/latinos-arent-represented-higher-education-heres-how-fix-that/

- Las mujeres nos postulamos a trabajos solo si cumplimos el 100% de los requisitos (los hombres se postulan con un 60%):
  Lean in for Graduates. Lean In. https://leanin.org/graduates

CAPÍTULO 3

- Tendencias y percepciones dentro de la comunidad latina, incluyendo nuestro grado de unidad tras una sola voz:
  Untapped potential: The Hispanic talent advantage. IBM. https://www.ibm.com/thought-leadership/institute-business-value/en-us/report/hispanic-talent-advantage
- Existencia de subculturas dentro de la comunidad latina:
  Schaeffer, K. (2023, septiembre 5). *Who is Hispanic?* Pew Research Center. https://www.pewresearch.org/short-reads/2023/09/05/who-is-hispanic/
- Presencia e incidencia de latinos según su país de origen en las diferentes ciudades de los Estados Unidos:
  Kent, D. (2023, agosto 16). *11 facts about Hispanic origin groups in the U.S.* Pew Research Center. https://www.pewresearch.org/short-reads/2023/08/16/11-facts-about-hispanic-origin-groups-in-the-us/
- Sobre nuestro sentido de pertenencia a los Estados Unidos según cuántas generaciones llevamos en el país:
  Kent, D. (2020, septiembre 24). *The ways Hispanics describe their identity vary across immigrant generations.* Pew Research Center. https://www.pewresearch.org/short-reads/2020/09/24/the-ways-hispanics-describe-their-identity-vary-across-immigrant-generations/
- Uso del idioma español e inglés en la comunidad latina:
  Krogstad, J. M. (2015, marzo 24). *A majority of English-speaking Hispanics in the U.S. are bilingual.* Pew Research Center. https://www.pewresearch.org/short-reads/2015/03/24/a-majority-of-english-speaking-hispanics-in-the-u-s-are-bilingual/
- Nivel educativo por raza o etnia:
  Educational attainment statistics [2023]: *Levels by demographic.* (2020, junio 25). Education Data Initiative. https://educationdata.org/education-attainment-statistics

CAPÍTULO 4

- Estadísticas sobre la comunidad afrolatina en los Estados Unidos:
  Blazina, C. (2022, mayo 2). *About 6 million U.S. adults identify as Afro-Latino.* Pew Research Center. https://www.pewresearch.org/short-reads/2022/05/02/about-6-million-u-s-adults-identify-as-afro-latino/

- Experiencias de discriminación y sesgo por raza y etnia:
  Noe-Bustamante, L., Gonzalez-Barrera, A., Edwards, K., Mora, L., & Lopez, M. H. (2021, noviembre 4). 4. *Measuring the racial identity of Latinos.* Pew Research Center. https://www.pewresearch.org/race-and-ethnicity/2021/11/04/measuring-the-racial-identity-of-latinos/
- Nivel educativo de las mujeres afrolatinas comparado con la comunidad latina femenina en general:
  Galdamez, M. (2023, abril 20). *Centering black latinidad.* Latino Policy & Politics Institute. https://latino.ucla.edu/research/centering-black-latinidad/

CAPÍTULO 5

- Estadísticas sobre quiénes son primera generación en la universidad:
  Redford, J., Raplh, J., & Hoyer, K. M. (2017, septiembre). *First-generation and continuing-generation college students: A comparison of high school and postsecondary experiences.* Nces.ed.gov. https://nces.ed.gov/pubs2018/2018009.pdf
- Estadísticas del emprendimiento femenino latino:
  The 2023 impact of women-owned businesses. (2023, septiembre 15). Ventureneer.com. https://ventureneer.com/wp-content/uploads/2023/10/IWOB-Hispanic-Latino-Women-Owned-Businesses-230912_Final.pdf
- Compras empresariales a negocios minoritarios:
  2022 state of supplier diversity report. (2022, marzo 15). Supplier.Io. https://supplier.io/resources/reports/2022-state-of-supplier-diversity-report
- Cambios en la percepción acerca de las capacidades del talento femenino:
  Novotny, A. (2023, marzo 23). *Women leaders make work better. Here's the science behind how to promote them.* Apa.org. https://www.apa.org/topics/women-girls/female-leaders-make-work-better?utm_source=linkedin&utm_medium=social&utm_campaign=apa-leadership&utm_content=female-leaders-make-work-better

CAPÍTULO 6

- Funcionamiento de nuestro cerebro y formación de creencias que impactan en nuestra realidad:
  Vilhauer, J. (2020, septiembre 27). *How your thinking creates your reality.* Psychology Today. https://www.psychologytoday.com/us/blog/living-forward/202009/how-your-thinking-creates-your-reality

- El poder de la meditación, el silencio interior y la lentitud para conocer quiénes somos, y para amarnos y amar a los demás:
D'Ors, P. (2022). *La meditación es un camino radical para el autoconocimiento.* Aprendemos Juntos. https://www.youtube.com/watch?v=pG7mMRYTP6Q

CAPÍTULO 7

- La diversidad étnica y racial de los ejecutivos genera mayores ganancias en las compañías:
Dixon-Fyle, S., Dolan, K., Hunt, D. V., & Prince, S. (2020). *Diversity wins: How inclusion matters.* McKinsey & Company. https://www.mckinsey.com/featured-insights/diversity-and-inclusion/diversity-wins-how-inclusion-matters
- Barreras para la comunidad latina cuando se trata de traer nuestra persona completa al lugar de trabajo:
Hewlett, S. A., Allwood, N., & Sherbin, L. (2016, octubre 11). *U.S. latinos feel they can't be themselves at work.* Harvard business review. https://hbr.org/2016/10/u-s-latinos-feel-they-cant-be-themselves-at-work
- Costo en la salud emocional y física de quienes sienten que deben reprimir y suprimir su personalidad:
Elsig, C. M. (2022, enero 24). *The dangers of suppressing emotions.* The CALDA Clinic. https://caldaclinic.com/dangers-of-suppressing-emotions/
- América Ferrera y el poder de nuestro verdadero yo para transformar el sistema:
Ferrera, A. (2019, mayo 23). *My identity is a superpower -- not an obstacle.* https://www.ted.com/talks/america_ferrera_my_identity_is_a_superpower_not_an_obstacle/transcript?language=en
- Cómo salir del armario (o no) puede impactar nuestra vida profesional:
Hewlett, S. A. (2011, julio 18). *The cost of closeted employees.* Harvard business review. https://hbr.org/2011/07/the-cost-of-closeted-employees

CAPÍTULO 8

- Por qué nos hace mal llamar «síndrome» al síndrome del impostor:
Jamison, L. (2023, febrero 6). *Why everyone feels like they're faking it.* New Yorker. https://www.newyorker.com/magazine/2023/02/13/the-dubious-rise-of-impostor-syndrome
- Discurso de graduación pronunciado por Reshma Saujani:
Saujani, R. (2024). *Imposter Syndrome Is A Scheme.* Smith College. https://www.youtube.com/watch?v=BoHDDgeQtlc

CAPÍTULO 9

- Los legados psíquicos y el trauma se van transmitiendo de los adultos a los niños:
  Castelloe, M. S. (2020, septiembre 23). *Cómo se transmite el trauma entre generaciones.* Psychology Today. https://www.psychologytoday.com/es/blog/como-se-transmite-el-trauma-entre-generaciones
- Las mujeres solo aplican a trabajos si cumplen con el 100% de los requisitos:
  Mohr, T. S. (2014, agosto 25). *Why women don't apply for jobs unless they're 100% qualified.* Harvard business review. https://hbr.org/2014/08/why-women-dont-apply-for-jobs-unless-theyre-100-qualified
- Las mujeres reciben retroalimentación poco clara o poco detallada:
  Language bias in performance feedback. Textio. https://textio.com/feedback-bias
- Sesgos en la retroalimentación hacia latinos o afroamericanos:
  Makoni, A. (2022, julio 20). *Black and latinx employees face bias in job performance feedback, study finds.* POCIT. https://peopleofcolorintech.com/front/black-and-latinx-employees-face-bias-in-job-performance-feedback-study-finds/

CAPÍTULO 10

- Barreras que las mujeres enfrentan en el trabajo, incluyendo el «escalón roto»:
  Women in the Workplace 2023: Key findings & takeaways. Lean In. https://leanin.org/women-in-the-workplace?gclid=CjwKCAiAjfyqBhAsEiwA-UdzJDri9sOYo3n8MTmAbXTxHu8AHa5mkbb8yUDnYsjVB6tGtnz_8HWrgxoC-mY4QAvD_BwE
- Estadísticas del censo referentes a negocios con y sin empleados:
  Total Nonemployer Establishments. (2024). Census.gov. https://www.census.gov/quickfacts/fact/note/US/NES010220
- Diferencias en las motivaciones e intereses por generación:
  Generational Differences in the Workplace. Purdueglobal.edu. https://www.purdueglobal.edu/education-partnerships/generational-workforce-differences-infographic/
- Intereses y preferencias de los *millennials* en el lugar de trabajo:
  Gallup, Inc. (2018, agosto 1). *How millennials want to work and live.* Gallup.com; Gallup. https://www.gallup.com/workplace/238073/millennials-work-live.aspx

- Estilo de liderazgo y gerenciamiento de los *millennials:*
  Millennials are managers now. (2020, marzo 10). Zapier.com; Zapier. https://zapier.com/blog/millennial-managers-report/
- Características que hacen que las mujeres seamos líderes más efectivas que los hombres:
  Kruse, K. (2023, marzo 31). *New research: Women more effective than men in all leadership measures.* Forbes. https://www.forbes.com/sites/kevinkruse/2023/03/31/new-research-women-more-effective-than-men-in-all-leadership-measures/?sh=3ee064fa577a

CAPÍTULO 11

- Tareas y compromisos que tienden a recaer desproporcionalmente sobre las mujeres:
  Women in the Workplace 2023. Leanin.org and McKinsey & Company. https://womenintheworkplace.com/
- Cómo las mujeres en puestos directivos trabajan más en esfuerzos de diversidad y otras tareas no remuneradas:
  Yee, L. (2021, octubre 19). *The «third shift» matters - and women do more of it.* Fastcompany.com. https://www.fastcompany.com/90687404/the-third-shift-matters-and-women-do-more-of-it
- Estadísticas del agotamiento de las mujeres, hombres y jóvenes:
  Smith, M. (2023, marzo 14). *Burnout is on the rise worldwide—and Gen Z, young millennials and women are the most stressed.* CNBC. https://www.cnbc.com/2023/03/14/burnout-is-on-the-rise-gen-z-millennials-and-women-are-the-most-stressed.html
- Acerca de la «penalidad maternal» y las barreras adicionales que enfrentamos cuando decidimos ser madres:
  Personal finance. (2011, septiembre 8). Business Insider. https://www.businessinsider.com/personal-finance

CAPÍTULO 12

- Concepto «P. I. E.» de Harvey Coleman, acerca de los pilares de nuestro éxito profesional:
  Hatler, R. (2021, febrero 24). *The P.I.E theory of success - performance, Image, Exposure.* Arrowhead Consulting | Business Consulting Tulsa; Arrowhead Consulting. https://arrowheadconsulting.com/2021/02/24/the-p-i-e-theory-of-success-performance-image-exposure/

- Concepto de capital social de Putnam y cómo construirlo para nuestro crecimiento profesional:
  Kiechel, W. (2000, julio 1). *The new new capital thing.* Harvard Business Review. https://hbr.org/2000/07/the-new-new-capital-thing
- Acerca de la falta de mentoría para las mujeres en espacios laborales:
  Neal, S., Boatman, J., & Miller, L. (2013, abril 9). *Mentoring women in the workplace: A global study.* Ddiworld.com. https://www.ddiworld.com/research/mentoring-women-in-the-workplace
- Reticencia de hombres ejecutivos a encontrarse a solas o viajar con mujeres de su espacio laboral:
  The number of men who are uncomfortable mentoring women is growing. Lean In. https://leanin.org/article/the-number-of-men-who-are-uncomfortable-mentoring-women-is-growing

CAPÍTULO 13

- Metodología de la ejecutiva Carla Harris para solicitar patrocinio de sus líderes:
  Connley, C. (2023, febrero 23). *Why This Wall Street Executive Says "Hard Work Will Not Complete Your Success Equation".* Chief.com. https://chief.com/articles/wall-street-executive-hard-work-will-not-complete-success-equation?utm_campaign=2023-02-23-editorial&utm_medium=social&utm_source=linkedin&utm_content=cta&1
- Mentoría y patrocinio de profesionales latinos según estudio de Gallup:
  Den Houter, K and Maese, E (2023, abril 13). Mentors and Sponsors Make the Difference (gallup.com)

CAPÍTULO 14

- Edad más frecuente en la comunidad latina en Estados Unidos:
  2023 LDC Fast Facts. Latinodonorcollaborative.org. https://latinodonorcollaborative.org/reports/2023-ldc-fast-facts/
- Acerca de la misión de HISPA (Hispanics Inspiring Students' Performance and Achievement):
  Annual review. (2017, febrero 6). HISPA. https://www.hispa.org/annual_review/
- Evolución de DEI (Diversidad, Equidad e Inclusión) en los últimos años:
  Chen, T.-P., & Weber, L. (2023, julio 21). *The Rise and Fall of the Chief Diversity Officer.* Wsj.com. https://www.wsj.com/business/c-suite/chief-diversity-officer-cdo-business-corporations-e110a82f?mod=hp_lead_pos9

- Acerca de LCDA (Latino Corporate Directors Association):
  Latino Corporate Directors Association. Latinocorporatedirectors.org. https://latinocorporatedirectors.org/
- Representación latina en los directorios de las mil compañías más grandes:
  Latino representation on Fortune 1000 boards. Latinocorporatedirectors.org. https://latinocorporatedirectors.org/latinorepresentationonfortune-1000boards.php

CAPÍTULO 15

- Las mujeres y las minorías somos vistas con recelo cuando nos participamos en la promoción de la diversidad en nuestros espacios:
  Johnson, S. K., & Hekman, D. R. (2016, marzo 23). *Women and minorities are penalized for promoting diversity.* Harvard business review. https://hbr.org/2016/03/women-and-minorities-are-penalized-for-promoting-diversity

CAPÍTULO 16

- Estadísticas del progreso del talento afroamericano en espacios de liderazgo:
  Smith, R. A., & Fuhrmans, V. (2023, noviembre 28). *What a Drop in Promotions for Black Workers Says About Corporate Diversity Efforts.* Wsj.com. https://www.wsj.com/business/fewer-black-professionals-are-getting-promoted-into-management-reversing-trend-e2e002d5
- Estadísticas de la diversidad racial y étnica dentro de la comunidad judía:
  How Many Jews of Color are There? (2020, mayo 17). Ejewishphilanthropy.com. https://ejewishphilanthropy.com/how-many-jews-of-color-are-there/

CAPÍTULO 17

- Concepto de la *hibridación* de Homi Bhabha, o creación de una nueva cultura como resultado del encuentro de dos culturas diferentes:
  Kay, C. (2005, diciembre). *Celso Furtado: Pioneer of Structuralist Development Theory.* Researchgate.net. https://www.researchgate.net/publication/317102764_Celso_Furtado_Pioneer_of_Structuralist_Development_Theory
- Las seis dimensiones culturales de Geert Hofstede, comparadas por países:
  Country comparison tool. Hofstede-insights.com. https://www.hofstede-insights.com/country-comparison-tool?countries=mexico%2Cunited%2Bstates

Acerca de la autora

Valeria Aloe es una consultora experta en cultura, diversidad, equidad e inclusión, así como conferencista, autora galardonada y fundadora de Rising Together.

Siendo la primera en su familia en asistir a la universidad y en acceder a espacios profesionales, tanto en su Argentina natal como en los Estados Unidos, Valeria tiene más de 20 años de experiencia en la gestión de marcas, el desarrollo de negocios y finanzas en corporaciones líderes en siete países, incluyendo Procter & Gamble, Citibank, Reckitt Benckiser, TIAA y PriceWaterhouseCoopers.

En 2018 lanzó Rising Together, una empresa de consultoría y de desarrollo de talento que tiene como misión ayudar a cerrar las brechas de género y liderazgo en la comunidad latina. A través de ella, Valeria ayuda a empresas Fortune500 a atender las necesidades culturales únicas de sus profesionales latinos y a apoyar a sus gerentes y líderes no latinos a convertirse en mentores y patrocinadores del talento hispano.

Su trabajo ha sido reconocido con varios premios, incluyendo "Top 100 Latina en los EE.UU. en 2023", "Top 50 Mujeres en Negocios en Nueva Jersey en 2020" y "5ª hispana más influyente en Nueva Jersey en 2021". Su primer libro, *Latinas Descolonizadas*, ganó el primer lugar en la categoría de no ficción en el Festival del Libro de Nueva York, entre otros 16 reconocimientos nacionales e internacionales.

Valeria es Vicepresidenta de Lean In Latina Surge National y forma parte del Consejo de Graduados de Tuck School of Business at Dartmouth. Posee títulos universitarios en Administración de Empresas y en Finanzas de la Universidad Católica Argentina, un MBA del Tuck School of Business at Dartmouth y una Maestría en Ciencias Espirituales. Actualmente, está cursando un Doctorado en Ciencias Espirituales.

Para conocer más sobre el trabajo de Valeria, visita
www.ValeriaAloe.com